Kartengesteuerter
Zahlungsverkehr
Außergerichtliche
Streitschlichtung

Bankrechtstag 1998

BrV 14

Schriftenreihe der Bankrechtlichen Vereinigung

herausgegeben von

Walther Hadding, Mainz
Klaus J. Hopt, Hamburg
Herbert Schimansky, Karlsruhe

Band 14

Walter de Gruyter · Berlin · New York

Kartengesteuerter Zahlungsverkehr Außergerichtliche Streitschlichtung

Bankrechtstag 1998

1999
Walter de Gruyter · Berlin · New York

♾ Gedruckt auf säurefreiem Papier, das die US-ANSI-Norm über Haltbarkeit erfüllt.

Die Deutsche Bibliothek – CIP-Einheitsaufnahme

Kartengesteuerter Zahlungsverkehr, außergerichtliche Streitschlichtung / Bankrechtstag 1998. – Berlin ; New York : de Gruyter, 1999
(Schriftenreihe der Bankrechtlichen Vereinigung ; Bd. 14)
ISBN 3-11-016499-X

Printed in Germany
Druck und buchbinderische Verarbeitung: Werner Hildebrand, Berlin
Umschlaggestaltung: Angela Dobrick, Hamburg

Vorwort

Die Bankrechtliche Vereinigung – Wissenschaftliche Gesellschaft für Bankrecht e.V. – hat auf ihrem Bankrechtstag am 26.6.1998 in Dresden zwei aktuelle Themenkreise behandelt. Zivilrechtliche Fragen des kartengesteuerten Zahlungsverkehrs, Gegenstand der ersten Abteilung, sind nicht nur praktisch von großer Wichtigkeit, sondern werfen auch zahlreiche Rechtsfragen auf. Das liegt an dem rechtlichen Dreiecksverhältnis (manchmal sogar Vierecksverhältnis) zwischen Kreditkartenherausgeber, Karteninhaber und Vertragsunternehmen. Das wichtigste selbständige Zahlungsinstrument ist die ec-Karte, die heute multifunktional ist. Der Trend geht zur transnational-einheitlichen Ausgestaltung. Ein neues Instrument ist die Geldkarte zur Zahlung mittels elektronischer Geldbörsen. In der zweiten Abteilung stand die Streitschlichtung in der Kreditwirtschaft zur Debatte. Dabei interessierten die alternative Streitbeilegung, das Ombudsmannverfahren und die Streitschlichtung außerhalb der Gerichte sowie erst in der Revisionsinstanz. Die Fülle der damit aufgeworfenen Fragen wurde in Dresden in Vorträgen von J. Taupitz, S. Grundmann, L. Wand, R. Fischer sowie P. Schlosser, K.-D. Bundschuh, A. Krämer und in einer von R. Metz eingeleiteten, lebhaften Diskussion der zahlreich erschienenen Mitglieder und Teilnehmer behandelt und diskutiert. Auszüge aus der Diskussion finden sich zusammengefaßt im Anhang.

Die Drucklegung hat wiederum Frau I. Stahl besorgt, die Bearbeitung der Manuskripte hat Herr wiss. Ass. M. von Olenhusen übernommen, beide Max-Planck-Institut für ausländisches und internationales Privatrecht, Hamburg. Allen, die an dem Gelingen des Bankrechtstags 1998 und dem Erscheinen dieses Bandes 14 der Reihe Anteil hatten, gilt unserer besonderer Dank.

Mainz, Hamburg, Karlsruhe
im November 1998

Hadding, Hopt, Schimansky

Inhaltsverzeichnis

I. Abteilung:
Zivilrechtliche Fragen des kartengesteuerten
Zahlungsverkehrs
Leitung: Professor *Dr. Walther Hadding*
wiss. Leiter des Instituts für deutsches und int. Recht des
Spar-, Giro- und Kreditwesens
an der Johannes-Gutenberg-Universität, Mainz

Zahlung mittels Kreditkarten*

Prof. *Dr. Jochen Taupitz*, Universität Mannheim

Inhaltsübersicht

---

* Die Form des mündlich auf dem Bankrechtstag gehaltenen Vortrags blieb nahezu unverändert; der Text wurde lediglich um die notwendigsten Nachweise ergänzt.

I. Einleitung

Kreditkarten sind inzwischen alltägliche Mittel des bargeldlosen Zahlungsverkehrs. Es ist ja auch so bequem, nicht ständig Geld mit sich herumtragen zu müssen und dennoch für alle Kaufwünsche offen zu sein.[1] Nicht von ungefähr flüstert uns die Karten-Werbung „Freiheit", „Unabhängigkeit" und „Sorglosigkeit" ins Ohr. Und nach landläufiger Auffassung gibt es zudem kein Zahlungsmittel, das sicherer ist als die Karte.[2] Karte weg – kein Problem. Sie wird einfach gesperrt – und im übrigen kann der Dieb ja ohnehin nichts mit ihr anfangen, weil er die für Geldautomaten nötige Geheimzahl nicht kennt und beim Kauf von Ware eine Unterschrift zu leisten ist, die penibel mit derjenigen auf der Karte verglichen wird.

Und dennoch geraten die kleinen Plastikkarten immer wieder in die Schlagzeilen. Dabei geht es in der öffentlichen Diskussion derzeit vor allem

1 Zur kaufanregenden Wirkung der Kreditkarte und den daraus resultierenden Problemen der Verbraucherverschuldung siehe *Streit*, Kartenzahlung und Verbraucherverschuldung aus rechtlicher Sicht, 1997.

2 Vgl. die Werbung für die EUROCARD: „Ich hab' mir die EUROCARD geholt, weil sie sicherer als Bargeld ist".

um die Sicherheit der Karten bei ihrem Einsatz an Geldautomaten unter Verwendung der sogenannten Geheimzahl[3] – ein Thema, das Herr Grundmann anschließend behandeln wird. In meinem Vortrag soll es nach dem Willen der Veranstalter vor allem um die zivilrechtlichen Grundlagen der Bezahlung mit der Kreditkarte gehen.[4]

II. Die Rechtsbeziehungen zwischen den Beteiligten des Kreditkartengeschäfts

Führen wir uns deshalb zunächst die Rechtsbeziehungen zwischen den Beteiligten des Kreditkartengeschäfts vor Augen. Bei der „echten“ Kreditkarte sind Rechtsbeziehungen zwischen (mindestens) drei Beteiligten gegeben.[5] Zentraler Akteur ist der Kartenherausgeber, z.B. American Express, Diners oder VISA, der mit bestimmten Unternehmen (den sog. Vertragsunternehmen) Verträge geschlossen hat, in denen sich die Vertragsunternehmen verpflichten, die Kreditkarte des Kartenherausgebers als Zahlungsmittel zu akzeptieren. Umgekehrt verpflichtet sich der Kartenherausgeber, den Vertragsunternehmen die durch den Einsatz der Kreditkarte entstandenen Forderungen (abzüglich einer bestimmten Vergütung[6]) zu erstatten.[7]

Daneben hat der Kartenherausgeber Verträge mit den Karteninhabern geschlossen, wonach diese berechtigt sind, die Kreditkarte bei den Vertragshändlern als Mittel des bargeldlosen Zahlungsverkehrs einzusetzen, also „mit der Karte“ zu bezahlen. Im Gegenzug verpflichtet sich der Karten-

---

3 Dazu *Taupitz*, Österr. Bank-Archiv (ÖBA) 1997, 765 (778 ff.)

4 Wegen der Beschränkung auf Grundfragen kann auf Sondersituationen wie z.B. die unterschriftslose Verwendung der Karte (etwa bei telefonischer Bestellung) oder die Besonderheiten bei Zusatzkarten (Firmen- und Familienkarten) nicht eingegangen werden, siehe dazu *Taupitz*, Zivilrechtliche Haftung bei Kreditkartenmißbrauch, 1995.

5 Zu Mehrparteiensystemen (insbesondere im sog. Interchange-System), auf die hier nicht näher einzugehen ist, siehe *Pfeiffer*, Kreditkartenvertrag, in: *v. Westphalen* (Hrsg.), Vertragsrecht und AGB-Klauselwerke, Stand: Januar 1995, Rdn. 4; *Taupitz* (Fn. 4), S. 9 ff.

6 Dieses sog. Disagio beträgt je nach Kartenherausgeber, Höhe des Kartenumsatzes und Art der Abrechnung zwischen 1,6% und 7% des jeweiligen Rechnungsbetrages.

7 Zur umstrittenen Rechtsnatur der Zahlungspflicht des Kartenherausgebers gegenüber dem Vertragsunternehmen siehe *Pfeiffer* (Fn. 5), Rdnrn. 16 ff.; *Taupitz* (Fn. 4), S. 60 f.

inhaber zur Zahlung einer Jahresgebühr an den Kartenherausgeber und vor allem zur Erstattung der vom Kartenherausgeber in Rechnung gestellten Beträge für die Geschäfte, die der Karteninhaber seinerseits mit der Karte getätigt hat.

Drittens schließlich ist jeweils ein Vertrag zwischen dem Karteninhaber und dem Vertragsunternehmen gegeben. Dies ist in der Regel ein ganz normaler Kaufvertrag oder Dienstvertrag, der lediglich die Besonderheit aufweist, daß das Entgelt nicht durch Barzahlung zu leisten ist, sondern durch Einsatz der Kreditkarte erbracht werden kann.[8] Insgesamt sind die drei Beteiligten somit jeweils durch bilaterale Verträge verbunden, aus denen sich auch gegenseitige Sorgfalts- und Treuepflichten ergeben.[9]

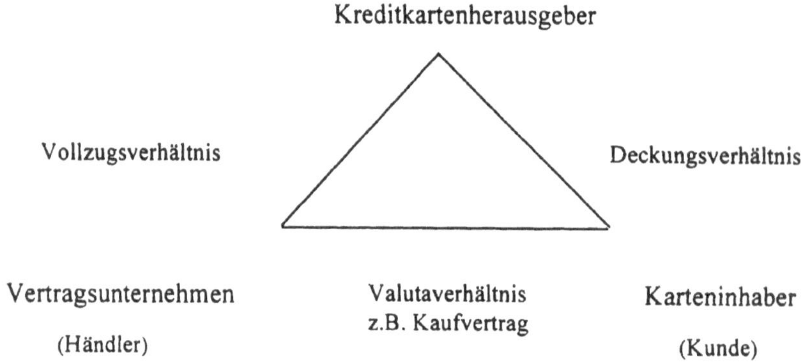

Nur kurz sei erwähnt, daß es neben den Kreditkarten im drei-Parteien-System auch sogenannte Kundenkarten gibt, bei denen nur zwei Parteien beteiligt sind.[10] Hier gibt ein Unternehmen, z.B. eine Warenhauskette, eine

8 Nach h.A. stellt diese Form der Bezahlung eine Leistung erfüllungshalber gem. § 364 Abs. 2 BGB dar, siehe *Canaris*, Bankvertragsrecht, in: Großkommentar zum HGB, Bd. 3, 3. Teil, 3. Aufl. (2. Bearbeitung), 1981, Rdn. 1650.

9 Österreichischer OGH, SZ 61/55 = ÖBA 1988, 1021 (1023) m. Anm. *Jabornegg* (Pflicht des Kartenherausgebers, dem Vertragsunternehmen bei einer Störung in der Abwicklung des Geschäfts mit dem Karteninhaber dessen Anschrift bekanntzugeben).

10 Siehe hierzu statt vieler *Nentwich/Peissl/Pisjak*, Konsumentenkarten, 1993, S. 145 f.

Karte aus, mit der die Kunden im eigenen Unternehmen bargeldlos zahlen können; ein Einsatz der Karte bei anderen Händlern ist dagegen nicht möglich. Die Rechtsbeziehungen sind hier natürlich ein wenig einfacher, wobei die zentralen Fragen, insbesondere die Haftungsfragen, aber weitgehend denen der echten drei-Parteien-Karte gleichen.

III. Die auf das Kreditkartengeschäft anwendbaren Rechtsregeln

Suchen wir nach den auf das Kreditkartengeschäft anwendbaren Rechtsregeln, dann ist zunächst festzuhalten, daß es spezielle gesetzliche Regeln zu den zivilrechtlichen Fragen des Kartenmißbrauchs bisher in Deutschland nicht gibt. Der Versuch, die Bundesregierung zur Ausarbeitung eines Kreditkartengesetzes zu veranlassen, ist Anfang der neunziger Jahre kläglich gescheitert.[11] Auch das Verbraucherkreditgesetz ist nicht anwendbar, weil der faktische Zahlungsaufschub, den der Karteninhaber als Folge der monatlichen Abrechnung erhält, vom Karteninhaber nicht besonders zu vergüten ist und auch die Jahresgebühr unabhängig von der Nutzung der Karte zu zahlen ist. Es liegt daher kein entgeltlicher Kredit im Sinne des Verbraucherkreditgesetzes vor.[12]

Zur Anwendung gelangen daher die allgemeinen Regeln des Vertrags- und Deliktsrechts.[13] Da diese jedoch kaum zwingende Vorgaben liefern, kommt den (sehr unterschiedlichen) AGB der Kartenherausgeber für das Vertragsverhältnis zum Karteninhaber einerseits sowie den (ebenso unterschiedlichen) AGB der Kartenherausgeber für das Verhältnis zum Vertragsunternehmen andererseits eine überragende Bedeutung zu.[14] Kriterien für die

---

11 Dazu *Taupitz* (Fn. 4), S. 17 f.

12 *Martinek*, Moderne Vertragstypen, Bd. III, 1993, S. 89; *Seibert*, DB 1991, 429 f.; *Häde*, ZBB 1994, 33 (35 f.); zum Problem der Anwendbarkeit des Verbraucherkreditgesetzes vgl. auch *Metz*, NJW 1991, 2804 (2811); *v. Usslar/ v. Morgen*, Aktuelle Rechtsfragen der Kreditkarten-Praxis, 1989, S. 71 ff.

13 Wobei im Hinblick auf die vielfältigen Funktionsmöglichkeiten der Kreditkarte (Zahlungsmittel, Kreditgewährung, Mietwagenkaution, *Reise*recht, Devisenbeschaffung etc.) die jeweiligen gebietsspezifischen Rechtsregeln heranzuziehen sind, siehe zutreffend *Metz*, NJW 1991, 2804; vgl. z.B. für die Anwendung von *Reise*recht OLG Celle, NJW-RR 1990, 445.

14 Abdruck derzeit gängiger AGB bei *Taupitz* (Fn. 4), S. 243 ff.

wirksame Einbeziehung der AGB in den jeweiligen Vertrag und Maßstäbe der Inhaltskontrolle liefert insbesondere das AGB-Gesetz.

Die in Deutschland verwendeten AGB der Kartenherausgeber sind in den vergangenen Jahren mehr oder weniger umfassend geändert worden. Erheblichen Einfluß auf die Neugestaltung mancher (keineswegs aller) AGB hat offenbar die „Empfehlung der [EG-]Kommission vom 17. November 1988 zu Zahlungssystemen, insbesondere zu den Beziehungen zwischen Karteninhabern und Kartenausstellern" ausgeübt.[15] Darin spricht die Kommission die Empfehlung aus, daß „die Aussteller von Zahlungsinstrumenten und die Systemanbieter ... spätestens zwölf Monate nach dem Datum dieser Empfehlung ... nach den im Anhang enthaltenen Bestimmungen ... arbeiten". Der genannte Anhang wiederum enthält detaillierte Vorgaben für „vollständige und faire Vertragsbedingungen". Der Kommissionsempfehlung folgend haben die Kreditverbände einen entsprechenden „Wohlverhaltenskodex" verabschiedet.[16] Die heute verwendeten AGB stimmen allerdings nicht durchgängig mit den Vorgaben der Empfehlung und des Kodizes überein.

IV. Unberechtigte Weigerung des Vertragsunternehmers, die Karte als Zahlungsmittel zu akzeptieren

Ärger entsteht in der Praxis häufig schon dann, wenn der Karteninhaber seine Karte bei einem Vertragshändler zur Zahlung einsetzen will, dies aber vom Vertragshändler abgelehnt wird. Häufig geschieht dies mit der Begründung, daß Karten erst ab einem bestimmten Mindestbetrag akzeptiert würden, Sonderangebote oder Schlußverkaufswaren nicht mit der Karte bezahlt werden könnten, die Formulare für die betreffende Kreditkarte

15 Nr. 88/590/EWG, Abl. 1988, L 317/55 vom 24.11.1988; siehe zum Komplex Zahlungskarten auch die Mitteilung der Komission an den Rat vom 12.1.1987 – Trümpfe für Europa: Neue Kartenzahlungssysteme –, Kom(86) 754 endg.; ferner die Empfehlung der Kommission vom 8.12.1987 für einen Verhaltenskodex im Bereich des elektronischen Zahlungsverkehrs (Beziehungen zwischen Finanzinstituten, Händlern/Dienstleistungserbringern und Verbrauchern), 87/598/ EWG, Abl.EG 1987, L 365/72.

16 „Code of conduct concerning payment systems, and in particular the relationship between cardholders and company-specific card issuers" vom 16.9.1991, Abdruck bei *Taupitz* (Fn. 4), S. 346 ff.

ausgegangen seien oder eine Verbindung zur Autorisierungszentrale im Moment leider nicht zustandekomme.[17]

Eindeutig ist, daß sich der Kunde nicht auf diese Ausflüchte einlassen muß.[18] Denn der Vertrag zwischen dem Kartenherausgeber und dem Vertragsunternehmen ist als echter Vertrag zugunsten Dritter (des Karteninhabers[19]) im Sinne des § 328 BGB ausgestaltet.[20] Dies bedeutet keinen Kontrahierungszwang,[21] gibt dem Karteninhaber aber (ohne besondere Vereinbarung mit dem Vertragsunternehmer[22]) einen Anspruch auf Abschluß der Nebenabrede, mit der Kreditkarte (also unter Einräumung einer Stundung) zahlen zu dürfen, ohne daß dies für ihn einen Aufpreis gegenüber den Barzahlern zur Folge hätte (Akzeptanz- und Barzahlungsklausel [Preisaufschlagverbot][23]). Dabei kann der Kunde auch noch dann Zahlung mit der Karte verlangen, wenn der Kaufvertrag an sich schon zuvor ohne Hinweis auf den Wunsch, mit der Karte zu zahlen, zustandegekommen ist (und der Kunde noch nicht bar bezahlt hat); der Anspruch des Karteninhabers ist dann auf eine vertragliche Änderung des Inhalts des Schuldverhältnisses hinsichtlich der Zahlungsmodalität gerichtet (§ 305 BGB).[24]

---

17 Näher *Taupitz* (Fn. 4), S. 58.

18 Ggf. muß der Vertragshändler ein Formular mit dem Druckstempel oder gar handschriftlich erstellen.

19 Dies allerdings nur für den Fall, daß der Karteninhaber selbst Kunde des Vertragsunternehmens ist. Ein Vertragsunternehmen ist nicht verpflichtet, die Karte einer Person, die nicht Kunde ist, für die Bezahlung der Schuld eines Kunden zu akzeptieren: LG Düsseldorf, NJW-RR 1991, 310, 311; *Soergel/Huber*, BGB, 12. Aufl. 1991, Vor § 433 Rdn. 304a; *Wolf*, in: *Wolf/Horn/Lindacher*, AGBG, 3. Aufl. 1994, § 9 Rdn. K 64.

20 LG Düsseldorf, NJW-RR 1991, 310 (311); *Hadding*, in: Festschrift Pleyer, 1986, S. 22, 27; *Canaris* (Fn. 8), Rdn. 1649; *Hammann*, Die Universalkreditkarte, 1991, S. 31 f. (38); *Horn*, in: *Heymann*, HGB, Bd. 4, 1990, Anh. § 372 Rdn. 158; *Wolf*, in: *Wolf/Horn/Lindacher* (Fn. 19), § 9 Rdn. K 64. Zu Österreich siehe OGH, SZ 61/55 = ÖBA 1988, 1021 m. Anm. *Jabornegg*.

21 *Hadding*, FS Pleyer (Fn. 20), S. 22; *Canaris* (Fn. 8), Rdn. 1649; *Eckert*, WM 1987, 161 (167); *Hammann* (Fn. 20), S. 30; a.A., soweit ersichtlich, nur *Zahrnt*, NJW 1972, 1077 (1079) Fn. 26.

22 *Custodis*, Das Kreditkartenverfahren, 1970, S. 35; *Ranft*, JuS 1988, 673 (676).

23 Siehe dazu *Reinfeld*, WM 1994, 1505 (1506); *Dorner*, Das Kreditkartengeschäft, 1991, S. 37 f.; *Taupitz* (Fn. 4), S. 57 (m.N. zur kartellrechtlichen Problematik).

24 *Hadding*, FS Pleyer (Fn. 20), S. 23.

Weigert sich der Vertragsunternehmer unberechtigterweise, die Karte als Zahlungsmittel zu akzeptieren, kann der Karteninhaber Schadensersatz verlangen, und zwar vom Vertragsunternehmen[25] oder vom Kartenherausgeber.[26] Ein solcher Schadensersatzanspruch kommt etwa dann in Betracht, wenn eine Ersatzbeschaffung bei einem anderen Unternehmen nur zu einem höheren Preis möglich war, wenn zusätzliche Fahrtkosten entstanden sind oder der Karteninhaber beim Vertragsunternehmen einen Aufschlag gezahlt hat, um letztlich doch noch mit der Karten zahlen zu können. In der Praxis wird ein Schadensersatzanspruch allerdings gleichwohl so gut wie nie geltend gemacht. In den meisten Fällen weiß der Kunde nämlich schlichtweg nichts von seinem Anspruch. Und in vielen Fällen entsteht ihm auch kein nachweisbarer finanzieller Schaden – der bloße Ärger über die Weigerung des Vertragshändlers ist jedenfalls nicht in Geld zu ersetzen.

V. Einwendungen des Karteninhabers gegenüber dem Kartenherausgeber auf der Grundlage von Einwendungen des Karteninhabers gegenüber dem Vertragsunternehmen?

1. Die Gesetzeslage: Zulässigkeit des „Einwendungsdurchgriffs"

Ein nicht selten in der Praxis auftretendes Problem resultiert daraus, daß der Karteninhaber dem Kartenherausgeber mitteilt, die vom Vertragshändler gelieferte Ware sei mangelhaft und er wolle deshalb weder an den Vertragshändler noch an den Kartenherausgeber zahlen. Oder er beruft sich darauf, daß die mit der Karte bezahlten Dienstleistungen im „Rotlichtmilieu" sittenwidrig und die dabei konsumierten Getränke auch völlig überteuert gewesen seien. Kann also, so die juristische Frage, der Karteninhaber dem Kartenherausgeber Einwendungen entgegenhalten, die ihren Grund im Verhältnis Karteninhaber – Vertragsunternehmen haben?

---

25 *Canaris* (Fn. 8), Rdn. 1649; *Eckert*, WM 1987, 161 (167); *Hadding*, FS Pleyer (Fn. 20), S. 23, 25; *Ranft*, JuS 1988, 673 (676 f.); *Weller*, Das Kreditkartenverfahren, 1986, S. 166 ff. (mit Darstellung von Ausnahmen).

26 Innerhalb des Vertrages Karteninhaber – Kartenherausgeber muß sich der Kartenherausgeber das Fehlverhalten seiner Vertragsunternehmen nach § 278 BGB zurechnen lassen, siehe *Taupitz* (Fn. 4), S. 58 (mit Hinweis auf die Zulässigkeit einer beschränkten AGB-förmigen Freizeichnung des Kartenherausgebers).

Nach der gesetzlichen Lage kann der Karteninhaber Einwendungen aus dem Valutaverhältnis durchaus auch im Deckungsverhältnis vorbringen. Soweit dem Kartenherausgeber die Forderung des Vertragsunternehmens gegen den Karteninhaber in Erfüllung eines Forderungskaufs abgetreten wurde,[27] können dem Kartenherausgeber als Neugläubiger nach § 404 BGB Einwendungen entgegengehalten werden, die dem Karteninhaber gegenüber dem Altgläubiger (dem Vertragsunternehmer) zustanden. Soweit Aufwendungen nach § 670 BGB im Rahmen eines Geschäftsbesorgungsvertrages geltend gemacht werden, darf der Kartenherausgeber Aufwendungen zur Erfüllung einer einredebehafteten Forderung nicht für „erforderlich" halten, sofern ihm die entsprechende Einrede vor seiner eigenen Zahlung an das Vertragsunternehmen bekannt geworden ist.[28].

2. Grundsätzliche Wirksamkeit eines Einwendungsausschlusses in den AGB des Kartenherausgebers im Vertrag Kartenherausgeber–Karteninhaber

Allerdings haben die Kartenherausgeber in ihrem Vertrag mit dem Karteninhaber über Allgemeine Geschäftsbedingungen regelmäßig einen Einwendungsausschluß vereinbart. Ein solcher Einwendungsausschluß ist nach herrschender Auffassung auch grundsätzlich wirksam.[29] Er führt insbesondere nicht zu einer unangemessenen Benachteiligung des Karteninhabers im Sinne des § 9 des AGB-Gesetzes. Denn es ist zu berücksichtigen, daß der Kartenherausgeber im allgemeinen überhaupt nicht beurteilen kann, ob Einreden oder Einwendungen im Valutaverhältnis berechtigterweise geltend gemacht werden, etwa das Vertragsunternehmen die Leistung nicht vertragsgerecht erbracht hat.[30] Deshalb ist es dem Kartenherausgeber im allgemeinen nicht zumutbar, zunächst an das Vertragsunternehmen zu zahlen und anschließend mit dem Karteninhaber um die Berechtigung der vorgebrachten

---

27 Näher dazu *Taupitz* (Fn. 4), S. 65 f.

28 *Taupitz* (Fn. 4), S. 71 ff.

29 BGH, NJW 1990, 2880 (2881); OLG Schleswig, WM 1991, 453; LG Berlin, NJW 1986, 1939 (1941); *Baumbach/Duden/Hopt*, HGB, 29. Aufl. 1995, (7) BankGesch Rdn. F/11; *Canaris* (Fn. 8), Rdn. 1632; *Eckert*, WM 1987, 161 (163); *Erman/Hefermehl*, BGB, 9. Aufl. 1993, § 9 AGBG Rdn. 240b; *Horn*, in: *Heymann* (Fn. 20), Anh. § 372 Rdn. 151.

30 LG Heidelberg, NJW 1988, 1273.

Einreden und Einwände zu streiten. Ganz allgemein kann man sagen, daß den Kartenherausgeber eine Störung im Valutaverhältnis grundsätzlich „nichts anzugehen hat“. Aufgrund seiner Neutralität zwischen Karteninhaber und Vertragsunternehmen[31] darf sich der Kartenherausgeber aus einem Streit zwischen Karteninhaber und Vertragsunternehmen grundsätzlich heraushalten. Demgemäß benachteiligt eine Klausel, wonach der Karteninhaber Mängel im Valutaverhältnis nicht im Deckungsverhältnis geltend machen kann, den Karteninhaber keineswegs in unangemessener Weise.

Diese Grundaussage zum (vertraglich vereinbarten) Einwendungsausschluß wird allerdings von zwei Ausnahmen durchbrochen:

3. Der verbleibende Einwand des Rechtsmißbrauchs bei schweren und liquide beweisbaren Mängeln im Valutaverhältnis

Zum einen kann der Karteninhaber richtigerweise den Einwand des Rechtsmißbrauchs gegenüber dem Kartenherausgeber geltend machen, wenn ein schwerer und liquide beweisbarer Mangel im Valutaverhältnis gegeben ist und der Kartenherausgeber noch nicht an das Vertragsunternehmen gezahlt hat.[32] Denn der Kartenherausgeber seinerseits kann die Zahlung an das Vertragsunternehmen unter Berufung auf den Einwand des Rechtsmißbrauchs verweigern, wenn ihm ein schwerer und liquide beweisbarer Mangel im Valutaverhältnis (also letztlich die Nichtberechtigung des Vertragsunternehmens, vom Karteninhaber Zahlung zu verlangen) bekannt ist; dann aber soll der Kartenherausgeber dieses Verweigerungsrecht auch im Interesse des Karteninhabers tatsächlich geltend machen und nicht einfach Zahlung vom Karteninhaber verlangen; tut er es gleichwohl, ist dies rechtsmißbräuchlich. Voraussetzung für diesen (doppelten) Einwand des Rechtsmißbrauchs ist allerdings, daß tatsächlich präsente und durchschlagende

31 *Weller* (Fn. 25), S. 154; *Taupitz* (Fn. 4), S. 75.

32 LG Berlin, NJW 1986, 1939 (1941); *Bitter*, ZBB 1996, 104 (113 f.); *Hammann* (Fn. 20), S. 105 ff. (127 f.); *Köndgen*, NJW 1992, 2263 (2272); *ders.*, NJW 1996, 558 (568); *Pütthoff*, Die Kreditkarte in rechtsvergleichender Sicht Deutschland – USA, Diss. München 1974, S. 162 ff.; ähnlich LG Frankfurt, WM 1994, 111 (113); *Martinek* (Fn. 12), S. 79 (81 f.); *Metz*, NJW 1991, 2804 (2808); siehe auch LG Aachen, NJW-RR 1994, 1009 (1010); a.A. *Eckert*, WM 1987, 161 ff. (165 f.); *Etzkorn*, WM 1991, 1901 (1906).

Beweismittel vorliegen, die keine schwierige Beweiswürdigung erfordern[33] und der Kartenherausgeber in seiner neutralen Position keinen vernünftigen Zweifel an dem schweren Mangel im Valutaverhältnis haben kann. In den Worten des LG Frankfurt muß also ein „offenkundiger Sachverhalt“ vorliegen, dem „der Makel des Rechtsgeschäfts zwischen dem Karteninhaber und dem Vertragsunternehmen auf der Stirn steht“[34]. In den AGB zur VISA-Karte der Santander Direkt Bank heißt es denn auch in vergleichbarem Sinne, daß die Bank dann nicht ermächtigt sei, einen vom Vertragsunternehmen geltend gemachten Anspruch zu erfüllen, „wenn für die Bank offensichtlich war, daß der vom Vertragsunternehmen erhobene Anspruch aus tatsächlichen oder rechtlichen Gründen nicht besteht“.[35] In einer solchen Situation wird man dem Kartenherausgeber (auch ohne entsprechende Festlegung in den AGB) zuzumuten haben, das offenkundig bestehende berechtigte Interesse des Karteninhabers, nicht zahlen zu müssen, zu wahren, ohne seinerseits die Befürchtung hegen zu müssen, „zwischen die Fronten“ zu gelangen und an einer langwierigen Auseinandersetzung zwischen Vertragsunternehmen und Karteninhaber beteiligt zu werden.

4. Der Einfluß einer Rückforderungsklausel im Vertrag Kartenherausgeber–Vertragsunternehmen

Der Karteninhaber kann sich gegenüber dem Kartenherausgeber ferner dann auf einen Mangel im Valutaverhältnis berufen, wenn sich der Kartenheraus-

33 Vgl. die Nachweise bei *Weth*, AcP 189 (1989), 303, 331 f.; ähnlich *Martinek* (Fn. 12), S. 79 (81 f.): „offenkundige und leicht nachweisbare Einwendungen“; Fälle, „in denen das Leistungsverweigerungsrecht des Karteninhabers sowohl im Hinblick auf die tatsächliche Beweislage als auch auf die rechtliche Beurteilung keine Probleme bereitet“; *Köndgen*, NJW 1996, 558 (568 FN 185): „Fälle, in denen der Mangel des Valutaverhältnisses auch aus der Sicht des KU auf der Hand liegt“.

34 LG Frankfurt, WM 1994, 111 (113) = WuB I D 5a. – 2.95 m. Anm. *Reiser* (mit dem zutreffenden Hinweis, daß eine telefonische Mitteilung an den Kartenherausgeber grundsätzlich nicht ausreicht, vielmehr zur Glaubhaftmachung der vom Karteninhaber behaupteten Mängel im Valutaverhältnis eine Vorlage von Unterlagen – ggf. per Telefax – erforderlich sei; siehe dazu auch OLG Schleswig, WM 1991, 453 (454)).

35 *Taupitz* (Fn. 4), S. 78.

geber seinerseits – wie weithin üblich[36] – in seinem Vertrag mit dem Vertragsunternehmen ausdrücklich das Recht vorbehalten hat, die bereits an das Vertragsunternehmen geleistete Zahlung bei einer Reklamation des Karteninhabers zurückzufordern.[37] Denn eine solche – in der Praxis zum Teil recht weit gefaßte – Rückforderungsklausel kann vom Kartenherausgeber nicht nach seinem Belieben zur Anwendung gebracht werden. Vielmehr muß der Kartenherausgeber seine gegenüber dem Vertragsunternehmen tatsächlich bestehenden Rechte jedenfalls dann auch im Interesse des Karteninhabers ausüben, wenn kein vernünftiger Zweifel an der Berechtigung der Reklamation besteht bzw. der Vertragsunternehmer den fraglichen Umstand bei einer direkten Auseinandersetzung mit dem Karteninhaber zu beweisen hätte.[38] In einem solchen Fall muß die Rückforderungsklausel eine faktisch drittbegünstigende Wirkung auch zugunsten des Karteninhabers haben.

Trotz dieser beiden Ausnahmen bleibt aber festzuhalten, daß der Karteninhaber die Zahlung an den Kartenherausgeber eben doch nur im Ausnahmefall unter Hinweis auf Mängel im Valutaverhältnis verweigern kann.

VI. Möglichkeit des Karteninhabers, seine dem Kartenherausgeber erteilte Weisung zu „widerrufen“

1. Rechtsfolgen des Fehlens einer Weisung

Damit stellt sich die Frage, ob der Karteninhaber nicht einfach seine Weisung an den Kartenherausgeber widerrufen kann – etwa mit der Begründung, er wolle das gesamte Geschäft „stornieren“. Rechtlich gesehen

---

36 Nachweise bei *Taupitz* (Fn. 4), S. 68 f.; zur Wirksamkeit derartiger Rückforderungsklauseln siehe BGH, NJW 1990, 2880 (2881); LG Heidelberg, NJW 1988, 1273; *Soergel/Hadding*, BGB, 12. Aufl. 1990, § 329 Rdn. 12; *Hadding*, FS Pleyer (Fn. 20), S. 28 f.; *Canaris* (Fn. 8), Rdn. 1642; *Schmidt*, in: *Ulmer/Brandner/Hensen/Schmidt*, AGBG, 7. Aufl. 1993, Anh. §§ 9-11 Rdn. 454; *Weller* (Fn. 25), S. 157 ff.; *Wolf*, in: *Wolf/Horn/Lindacher* (Fn. 19), § 9 Rdn. K 67. – Zu Österreich siehe ebenso (implizit) OGH, SZ 61/55 = ÖBA 1988, 1021 m. Anm. *Jabornegg*. Ablehnend (im Hinblick auf §§ 3, 9 AGBG) *Erman/ Hefermehl* (Fn. 29), § 9 AGBG Rdn. 241; *Welter*, WuB I D 5. – 3.88; *Horn*, in: *Heymann* (Fn. 20), Anh. § 372 Rdn. 157; *Bitter*, ZBB 1996, 104 (121 f.); kritisch auch *Martinek* (Fn. 12), S. 103 ff.

37 *Wolf*, in: *Wolf/Horn/Lindacher* (Fn. 19), § 9 Rdn. K 54; siehe auch LG Berlin, NJW 1986, 1939 (1940 f.).

38 Näher zu dieser Differenzierung *Taupitz* (Fn. 4), S. 76 f.

ist dieser Widerruf als Gegenweisung zu derjenigen Weisung zu verstehen, die der Karteninhaber dem Kartenherausgeber mit seiner Unterschrift auf dem jeweiligen Belastungsbeleg erteilt.[39] Mit seiner Unterschrift weist der Karteninhaber nämlich im Rahmen des bestehenden Geschäftsbesorgungsvertrages den Kartenherausgeber an, auf seine, des Karteninhabers, Rechnung die beim Vertragsunternehmen unter Einsatz der Karte begründete Forderung zu bezahlen. Und diese Weisung des Karteninhabers übermittelt der Vertragshändler dem Kartenherausgeber als Bote, wenn er seinerseits den fraglichen Beleg beim Kartenherausgeber zum Zwecke der Abrechnung einreicht. Wenn schließlich eine solche Weisung des Karteninhabers an den Kartenherausgeber nicht vorliegt, entweder weil sie von vornherein nicht gegeben ist (z.B. ein nichtberechtigter Dritter den Beleg unterschrieben hat),[40] oder sie nicht wirksam ist (etwa weil der anweisende Karteninhaber geschäftsunfähig war)[41] oder weil ihr durch eine spätere Gegenweisung der Boden entzogen wurde,[42] dann darf der Kartenherausgeber im Rahmen des Geschäftsbesorgungsvertrages eben nicht auf Rechnung des Karteninhabers an den Vertragsunternehmer zahlen. Zahlt er gleichwohl, kann er jedenfalls nicht beim Karteninhaber Erstattung von „weisungsgemäß" getätigten „Aufwendungen" verlangen.[43]

Deshalb stellt sich die Frage, ob der Karteninhaber seine Weisung tatsächlich – durch Erteilung einer Gegenweisung – wirksam „widerrufen" kann.

---

39 LG Tübingen, NJW-RR 1995, 746; siehe ferner zum Widerruf des Überweisungsauftrags im Rahmen des Girovertrages hier nur BGHZ 103, 143 (145 f.); *Reifner*, BB 1989, 1912 (1920); *Häuser*, NJW 1994, 3121 (3122) mit umfangreichen Nachweisen auch zu älteren abweichenden Ansätzen.

40 BGHZ 91, 221 (224); LG Bückeburg, WM 1995, 526 f.; *Beck*, Einwendungen bei eurocheque und Kreditkarte, 1986, S. 98; *Custodis* (Fn. 22), S. 66; *Hadding*, FS Pleyer (Fn. 20), S. 38 f.; *Hammann* (Fn. 20), S. 164; *Martinek* (Fn. 12), S. 86. Zu den Wirkungen des Fehlens einer Weisung bei Nutzung der *ec-Karte* siehe hier nur *Bucher*, Die Risikovertreilung bei der Benutzung elektronischer kartengesteuerter Zahlungssysteme, 1992, S. 179 ff. m.w.N.

41 Siehe dazu hier nur *Baumbach/Duden/Hopt* (Fn. 29), (7) BankGesch Rdn. F/11; *Canaris* (Fn. 8), Rdn. 1635; *Reiser*, WuB I D 5a. – 2.95.

42 *Wolf*, in: *Wolf/Horn/Lindacher* (Fn. 19), § 9 Rdn. K 53; *Bitter*, ZBB 1996, 104 (106); OLG Karlsruhe, WM 1991, 184 (187 f.); LG Berlin, NJW 1986, 1939 (1941).

43 *Taupitz* (Fn. 4), S. 88 ff.

2. Kein Widerruf der Weisung nach Zahlung des Kartenherausgebers an das Vertragsunternehmen

Anerkanntermaßen ist ein Widerruf in Form einer Gegenweisung jedenfalls dann nicht mehr möglich, wenn der Kartenherausgeber bereits an das Vertragsunternehmen gezahlt hat, er also die früher erteilte Weisung bereits ausgeführt hat.[44]

3. Möglichkeit des Widerrufs vor Zahlung des Kartenherausgebers an das Vertragsunternehmen

a) Kreditkartensystem-immanente Unwiderruflichkeit der Weisung?

Nach verbreiteter Auffassung ist ein Widerruf sogar per se im Kreditkartengeschäft nicht möglich, also selbst dann nicht, wenn der Kartenherausgeber noch nicht an das Vertragsunternehmen gezahlt hat.[45] Begründet wird dies damit, daß die Zahlung mittels Kreditkarte für das Vertragsunternehmen genauso sicher sein müsse wie eine Barzahlung. Denn sonst würde sich kein Vertragsunternehmen auf die Annahme der Karte einlassen. Die Barzahlung sei aber eben auch nicht durch einen Widerruf oder eine Gegenweisung rückgängig zu machen – so daß auch bei der Kartenzahlung ein solcher Widerruf oder eine Gegenweisung nicht in Betracht komme.

Diese Argumentation ist allerdings nicht sehr überzeugend – und zwar schon deshalb nicht, weil es in der Praxis ja bezeichnenderweise die bereits genannten Rückforderungsklauseln gibt, so daß ein Vertragsunternehmer wegen dieser Klausel nicht einmal nach Erhalt des Geldes vom Karten-

---

44 OLG Frankfurt a.M., WM 1994, 942; LG Tübingen, NJW-RR 1995, 746; *Köndgen*, NJW 1996, 558 (568); *Hadding/Häuser*, WM 1988, 1149 (1153 f.); *Hammann* (Fn. 20), S. 169 mit umfangreichen Nachweisen; *Weller* (Fn. 25), S. 115; für den Widerruf eines Überweisungsauftrags im Rahmen eines Girovertrages *Häuser*, NJW 1994, 3121 (3122).

45 *Hadding*, FS Pleyer (Fn. 20), S. 37; *Erman/Hefermehl* (Fn. 29), § 9 AGBG Rdn. 240b; *Baumbach/Duden/Hopt* (Fn. 29), (7) BankGesch Rdn. F/11; *Beck* (Fn. 40), S. 140 f.; *Bitter*, ZBB 1996, 104 (108 ff.); *Eckert*, WM 1987, 161 (165); *Etzkorn*, WM 1991, 1901 (1906); *Meder*, NJW 1993, 3245 (3246 f.); *Weller* (Fn. 25), S. 115 (156 f.); siehe auch *Martinek* (Fn. 12), S. 78 f.; OLG Schleswig, WM 1991, 453 (454); LG Frankfurt, WM 1994, 111 (113); AG Frankfurt, NJW-RR 1994, 1010.

herausgeber sicher sein kann, daß dieser den bereits bezahlten Betrag nicht doch später zurückfordert.[46]

b) AGB-förmiger Ausschluß der Möglichkeit, die Weisung zu widerrufen

Auf nähere Einzelheiten ist hier gleichwohl nicht einzugehen, weil in der Praxis ein Widerruf der Weisung zumeist ausdrücklich durch die Allgemeinen Geschäftsbedingungen des Kartenherausgebers ausgeschlossen ist. Selbst wenn man also keine kreditkartensystem-immanente Unwiderruflichkeit der Weisung annimmt, dann kommt man doch jedenfalls aufgrund einer entsprechenden vertraglichen Gestaltung letztlich zum gleichen Ergebnis.[47] Und wenn der Kartenherausgeber von einer dahingehenden Regelungsbefugnis mit seinen AGB keinen Gebrauch macht, dann muß er auch die negativen Folgen seiner fehlenden Vorsorge tragen. Konkret bedeutet das, daß der Kartenherausgeber dann, wenn er den Widerruf der Weisung nicht ausgeschlossen hat, im Falle eines Weisungswiderrufs keinen Aufwendungsersatzanspruch gegen den Karteninhaber aus dem Geschäftsbesorgungsvertrag hat.

---

46 Zur grundsätzlichen Widerruflichkeit der Weisung im Kreditkartengeschäft OLG Karlsruhe, WM 1991, 184 (187); LG Berlin, NJW 1986, 1939 (1941); AG und LG München, NJW-RR 1993, 626; LG Tübingen, NJW-RR 1995, 746; AG Berlin-Charlottenburg, VuR 1997, 17 (18); *Canaris* (Fn. 8), Rdn. 1634; *Metz*, NJW 1991, 2808; *Kenntner*, BB 1995, 2281 (2283); *Köndgen*, NJW 1992, 2263 (2272); *ders.*, NJW 1996, 558 (568); *Wolf*, in: *Wolf/Horn/Lindacher* (Fn. 19), § 9 Rdn. K 53; *Taupitz* (Fn. 4), S. 95 ff.

47 Zur Wirksamkeit des AGB-förmigen Ausschlusses eines Weisungswiderrufs OLG Karlsruhe, WM 1991, 184 (187 f.); LG Aachen, NJW-RR 1994, 1009 (1010); AG Frankfurt, NJW-RR 1994, 1010; *Beck* (Fn. 40), S. 118 (121); *Eckert*, WM 1987, 161, 165; *Köndgen*, NJW 1996, 558, 568; *Pütthoff* (Fn. 32), S. 176; *Schmidt*, in: *Ulmer/Brandner/Hensen/Schmidt* (Fn. 36), Anh. §§ 9-11 Rdn. 454 (mit dem zutreffenden Hinweis, daß dies auch für die Kundenkreditkarte gilt); *Wolf*, in: *Wolf/Horn/Lindacher* (Fn. 19), § 9 Rdn. K 53. Allgemein dazu, daß die Anweisung durch Vereinbarung zwischen dem Angewiesenen und dem Anweisenden als unwiderruflich ausgestaltet werden kann, MünchKomm/ *Hüffer*, BGB, 2. Aufl. 1986, § 790 Rdn. 6 m.w.N. – a.A. für die Kreditkarte aber *Reich*, Verbraucherkredit, 1979, Rdn. 104; *Kenntner*, BB 1995, 2281 (2283) (jedenfalls für einen „generellen Widerrufsausschluß").

c) Der verbleibende Anspruch aus abgetretenem Recht

Allerdings kann der Kartenherausgeber den Karteninhaber u.U. dann dennoch aus einem anderen Rechtsgrund in Anspruch nehmen. Dies ist in der Tat dann der Fall, wenn der Kartenherausgeber vom Vertragsunternehmen eine wirksame Forderung abgetreten bekommen hat. Denn dann kann der Kartenherausgeber aus dieser Forderung vorgehen, soweit sie ihrerseits wirksam besteht. Man kommt also auf diesem Weg zu dem durchaus gerechten Ergebnis, daß sich der Karteninhaber durch einen unberechtigten Weisungswiderruf letztlich nicht aus der bestehenden Zahlungsverantwortung stehlen kann. Durch den Weisungswiderruf kann er lediglich erreichen, daß der Kartenherausgeber nicht einfach an das Vertragsunternehmen zahlt und argumentiert, daß ihn die Frage, ob tatsächlich eine Forderung des Vertragsunternehmens gegen den Karteninhaber besteht, nichts anzugehen habe. Nach einem wirksamen Weisungswiderruf hat den Kartenherausgeber diese Frage nämlich durchaus etwas anzugehen, weil er dann eben nur aus einer wirksam abgetretenen Forderung vorgehen kann.

VII. Haftung bei Kartenmißbrauch durch Dritte, insbesondere nach unfreiwilligem Verlust der Karte

1. Einleitung

Damit sei auf das vielleicht größte Problem des Kreditkartensystems eingegangen, nämlich die Haftung bei Kartenmißbrauch. Beinahe täglich berichtet die Presse über die immensen Schäden von inzwischen über 80 Millionen DM pro Jahr allein in Deutschland.[48] Längst haben auch organisierte Banden das Potential der Kreditkarte erkannt – die Karten werden auf dem Postweg abgefangen, in großem Umfang gestohlen oder sogar komplett gefälscht. Und für viele Länder insbesondere Asiens wird dem Karteninhaber dringend geraten, die Karte beim Bezahlen ja nicht aus den Augen zu lassen – zu

48 Frankfurter Allgemeine Zeitung Nr. 34 vom 10.4.1996, S. 13. Zwischenzeitlich lagen die Schäden sogar bei über 100 Mio DM, siehe *Taupitz* (Fn. 4), S. 20 ff.; für Österreich kann nach *Edelbacher/Horngacher* (Internationaler Finanzbetrug, o.J., S. 56 f.) davon ausgegangen werden, daß die drei größten österreichischen Kreditkartenfirmen im Jahre 1992 einen Schaden in Höhe von je 60 Mio. Schilling zu verzeichnen hatten.

leicht werden dort unversehens weitere Belastungsbelege oder gar Duplikate der Karte erstellt. Dringlicher denn je stellt sich damit die Frage, wer eigentlich im Kreditkartengeschäft das Mißbrauchsrisiko trägt und dabei insbesondere für den Schaden einzustehen hat, den ein nicht am System beteiligter Dritter (etwa der Dieb einer Karte oder der Fälscher) verursacht hat.[49]

2. Das Risiko des Drittmißbrauchs im Verhältnis Kartenherausgeber–Vertragsunternehmen

a) Einleitung: Die dem Vertragsunternehmen obliegenden Sorgfaltspflichten

Dabei sei die Frage, wer das Risiko des Drittmißbrauchs trägt, zunächst im Verhältnis zwischen Kartenherausgeber und Vertragsunternehmen betrachtet.

Im Interesse der Sicherheit des Systems enthält nämlich der Rahmenvertrag zwischen Vertragsunternehmen und Kartenherausgeber eine Reihe von Sorgfaltspflichten, die das Vertragsunternehmen bei Annahme der Karte zu beachten hat. Allen Kreditkartensystemen ist gemein, daß

— die Karte innerhalb des auf ihr angegebenen Gültigkeitszeitraums vorgelegt sein muß,
— das Vertragsunternehmen nicht von einer Sperrung der Karte durch Listen oder ähnliche Sicherungsmittel unterrichtet worden sein darf,
— die Karte nicht beschädigt oder offensichtlich verändert sein darf,
— die Karte vom Karteninhaber unterschrieben sein muß und die Unterschriften auf der Karte und auf dem Beleg übereinstimmen müssen,
— sofern vorhanden, das auf der Karte aufgebrachte Bild des Karteninhabers mit der Person, die die Karte vorlegt, übereinstimmen muß,
— eine eventuell erforderliche individuelle Genehmigung des Kartenherausgebers wegen Überschreitung des sogenannten floor limits eingeholt wurde. Die Kartenherausgeber verlangen nämlich bei Überschreiten einer bestimmten Kaufsumme, daß das Vertragsunternehmen vor Akzeptanz der Karte beim Kartenherausgeber rückfragt, ob es die

---

49 Zur Haftung in Fällen des Mißbrauchs durch die am Kartensystem beteiligten Vertragsunternehmen oder Karteninhaber siehe *Taupitz* (Fn. 4), S. 183 ff.

Karte tatsächlich für dieses Geschäft akzeptieren darf. Die Summe, ab der eine Rückfrage und individuelle Zustimmung erforderlich ist, wird von den Kartenherausgebern für die jeweiligen Vertragsunternehmen aus Sicherheitsgründen und je nach Risiko unterschiedlich hoch angesetzt.

b) Haftung des Vertragsunternehmens bei Verletzung der ihm obliegenden Sorgfaltspflichten

Hat das Vertragsunternehmen eine der genannten Sorgfaltsanforderungen nicht erfüllt, kann es vom Kartenherausgeber nicht die Erstattung des fraglichen Betrages verlangen. Denn die Kartenherausgeber haben ihre Erstattungspflicht (zu Recht[50]) regelmäßig von der Bedingung abhängig gemacht, daß das Vertragsunternehmen sämtliche genannten Sorgfaltspflichten erfüllt hat.[51] Die Vertragsunternehmen sind also im ureigenen Interesse gehalten, sorgfältig auf Anzeichen eines mißbräuchlichen Einsatzes der Karte zu achten, weil sie sonst auf dem Schaden sitzenbleiben.[52]

Allerdings ist der Kartenherausgeber dem Vertragsunternehmen richtigerweise dann gleichwohl nach Treu und Glauben zur Zahlung verpflichtet, wenn der Kartenherausgeber seinerseits beim Karteninhaber Ersatz erlangt, sich also die Verletzung der Sorgfaltspflicht des Vertragsunternehmens nicht zum Nachteil des Kartenherausgebers ausgewirkt hat.[53] Denn es kann nicht angehen, daß der Kartenherausgeber den fraglichen Betrag vom Karteninhaber erhält, ihn aber nicht an das Vertragsunternehmen weitergibt. Oft wird in einem solchen Fall natürlich ohnehin kein Anlaß bestehen, an der Einhaltung der Sorgfaltspflichten zu zweifeln – wenn der Karteninhaber der Belastung später nicht widerspricht, wird kaum jemand auf die Idee kommen

---

50 Dem Karteninhaber gegenüber erfüllen die Kartenherausgeber damit ihre Pflicht, das System möglichst sicher auszugestalten; vgl. hierzu auch österr. OGH, SZ 52/89; *Fitz/Hacksteiner*, ÖBA 1992, 442 (447 f.).

51 *Hadding*, FS Pleyer (Fn. 20), S. 32 f., 38 Fn. 74; *Weller* (Fn. 25), S. 153; zu Österreich siehe *Taupitz*, ÖBA 1997, 765 (768).

52 Um so erstaunlicher ist, wie unsorgfältig die Vertragsunternehmen oft bei Annahme der Karte agieren; siehe zu einer Studie aus den USA (deren Ergebnisse sicher auf Deutschland und Österreich übertragbar sind), *Taupitz* (Fn. 4), S. 105.

53 *Taupitz* (Fn. 4), S. 187 ff. (mit Hinweis auf AGB in Fn. 684, die eine derartige Regelung ausdrücklich enthalten).

zu fragen, ob die Karte seinerzeit ordnungsgemäß eingesetzt worden war oder nicht.[54] Das Gesagte gilt aber gleichermaßen auch bei Überschreiten des floor limit, das auf seiten des Kartenherausgebers leicht festgestellt werden kann.[55]

Abgesehen von dieser Ausnahmesituation ist allerdings festzuhalten, daß der Vertragsunternehmer dann keine Zahlung vom Kartenherausgeber verlangen kann, wenn er selbst seine Sorgfaltspflichten bei Annahme der Karte verletzt hat und deshalb der Mißbrauch nicht erkannt und verhindert wurde.

c) Haftung des Vertragsunternehmens bei Einhaltung der ihm obliegenden Sorgfaltspflichten

Sehr viel brisanter ist dagegen die Frage, ob der Vertragsunternehmer auch dann keine Bezahlung vom Kartenherausgeber verlangen kann, wenn es trotz Einhaltung der gebotenen Sorgfalt beim Vertragsunternehmer zu einem mißbräuchlichen Einsatz der Karte gekommen ist und sich der Karteninhaber anschließend weigert, an den Kartenherausgeber zu zahlen. Diese Fälle dürften durchaus nicht selten sein. Denn zum einen kann der Vertragsunternehmer Komplettfälschungen der Karte in der Regel überhaupt nicht erkennen. Und zum zweiten genügt der Vertragsunternehmer seiner Sorgfaltspflicht (auch angesichts der Tatsache, daß es sich beim Kreditkartengeschäft um ein Massengeschäft handelt) bereits dann, wenn ein laienhafter Vergleich der Unterschriften auf der Karte und dem Beleg erfolgt.[56] Die Kenntnisse und Fähigkeiten eines erfahrenen Bankangestellten[57] oder gar berufsmäßigen Sachverständigen können dagegen nicht erwartet werden.[58] Auch eine Identitätskontrolle durch Überprüfung der Ausweispapiere kann vom Vertragsunternehmen im Normalfall und angesichts des Fehlens einer vom Kartenherausgeber allen Vertragsunternehmen auferlegten Verifika-

---

54 Ausgeschlossen ist dies allerdings nicht; bei manchen Kartenherausgebern werden auch normal abgewickelte Geschäfte stichprobenartig kontrolliert, und etwa das Überschreiten des Gültigkeitsdatums der Karte kann ohnehin EDV-mäßig festgestellt werden.

55 OLG Köln, VersR 1995, 1245; *Taupitz* (Fn. 4), S. 185 ff.

56 Vgl. österr. OGH, SZ 52/89; *Fitz/Hacksteiner*, ÖBA 1992, 442 (448).

57 Selbst dessen Kenntnisse und Fähigkeiten sind nicht an denen eines Graphologen zu messen: österr. OGH, ÖBA 1996, 558 (560); ÖBA 1990, 938 (941); LG Wels WBl 1994, 132.

58 LG Hamburg WM 1986, 353 (354).

tionspflicht nicht verlangt werden – die Kunden wären reichlich verärgert, wenn das Bezahlen mit der Karte entgegen der Werbung der Kartenherausgeber bei einzelnen Vertragsunternehmen so umständlich wäre und sich ein Karteninhaber durch das ohne Anlaß geäußerte Mißtrauen einzelner Vertragsunternehmen in seiner Ehre getroffen und geradezu diskriminiert fühlen müßte.[59] Erhöhte Anforderungen an die Überprüfung der Berechtigung desjenigen, der die Karte vorlegt, bestehen allerdings dann, wenn besondere Anhaltspunkte oder gar auffällige Hinweise Zweifel an dessen Nichtberechtigung wecken,[60] etwa wenn ein abgerissener Stadtstreicher eine „Goldkarte" vorlegt.[61]

Da es somit durchaus vorkommen kann, daß das Vertragsunternehmen trotz Einhaltung der ihm obliegenden Sorgfalt einem Nichtberechtigten auf den Leim geht, stellt sich die Frage, ob das Vertragsunternehmen in einem solchen Fall gleichwohl den Kartenherausgeber in Anspruch nehmen kann. Nach den AGB der Kartenherausgeber ist die Lage eindeutig: Erstattet werden nur Belege, die vom berechtigten Karteninhaber selbst unterschrieben wurden. In Fällen des Drittmißbrauchs erhält das Vertragsunternehmen also keine Zahlung. Darin liegt jedoch (soweit die zahlungsverkehrstechnischen Risiken des Kreditkartengeschäfts betroffen sind[62]) eine unangemessene Benachteiligung des Vertragsunternehmens im Sinne des § 9 AGBG. Denn damit wird dem Vertragsunternehmen verschuldensunabhängig ein Risiko übertragen, das dem vom Kartenherausgeber initiierten Kreditkartensystem immanent ist und das in erster Linie vom Karten-

---

59 Dies hätte wiederum für den einzelnen Vertragsunternehmer einen erheblichen Wettbewerbsnachteil zur Folge. Eine andere Beurteilung gilt allerdings dann, wenn der Kartenherausgeber in seinen AGB ausdrücklich auf die Möglichkeit einer Ausweiskontrolle hinweist, so etwa Nr. 4 AGB VISA-Austria; siehe dazu *Taupitz*, ÖBA 1997, 765 (768).

60 Vgl. zum Scheckverkehr österr. OGH, ÖBA 1991, 751 (754); LG Wels WBl 1994, 132 f.

61 Manche Kartenherausgeber geben neben der „normalen" Karte eine besonders exklusive Kreditkarte heraus, die oft als „goldene" Karte bezeichnet und von der Farbe her entsprechend ausgestaltet ist. Die Jahresgebühr ist regelmäßig höher als für die „normale" Kreditkarte; zugleich sind mit der „Goldkarte" i.d.R. Zusatzleistungen verbunden, etwa Versicherungen, Rabatte bei Autovermietungen etc.

62 Anderes gilt für die allgemeinen Geschäftsrisiken des Vertragsunternehmens (z.B. Geschäftsunfähigkeit des Karteninhabers bei Kaufvertragsabschluß), siehe näher *Taupitz* (Fn. 4), siehe 115 ff.

herausgeber gesteuert werden kann. Zwar ist die Teilnahme am Kreditkartengeschäft auch für das Vertragsunternehmen vorteilhaft, indem die Kunden zum Kauf „ohne Grenzen" animiert werden und folglich der Vertragsunternehmer die Chance erhält, seinen Umsatz zu steigern. Jedoch hat der Vertragsunternehmer faktisch keine Möglichkeit, abgesehen von der Einhaltung der ihn treffenden Sorgfaltsanforderungen zur Sicherheit des Systems beizutragen. Umgekehrt geht der Vertragsunternehmer aber ohnehin ein erhebliches Risiko ein, wenn er die Karte als Zahlungsmittel akzeptiert. Denn anders als bei einem normalen Bargeschäft, bei dem er Geld gegen Ware erhält und es auf eine irgendwie geartete Berechtigung des Kunden nicht ankommt,[63] ist er im Kreditkartengeschäft zur Vorleistung verpflichtet: Er muß seine Ware an den Kunden übereignen und bekommt als Gegenleistung zunächst nur einen Zahlungsanspruch gegen den Kartenherausgeber. Wenn aber der Anspruch gegen den Kartenherausgeber für das Vertragsunternehmen so sicher sein soll, daß die Kreditkarte – wie immer betont wird – Bargeldersatzfunktion hat,[64] dann wiederum ist es widersprüchlich, dem Vertragsunternehmen auch dasjenige Risiko aufzuerlegen, das dem System als solchem immanent ist und das er selbst nicht steuern kann. Deshalb ist dem Vertragsunternehmer in jenen Fällen, in denen es trotz Einhaltung der ihm obliegenden Sorgfaltspflichten zu einem Mißbrauch kommt, im Wege der ergänzenden Vertragsauslegung des Vertrages Kartenherausgeber–Vertragsunternehmen ein Zahlungsanspruch gegen den Kartenherausgeber zuzubilligen.[65]

Zusammenfassend gilt also: Der Kartenherausgeber hat im Verhältnis zum Vertragsunternehmen das Risiko des Drittmißbrauchs zu tragen, sofern das Vertragsunternehmen die ihm auferlegten Sorgfaltspflichten erfüllt hat. Dabei sei nur am Rande erwähnt, daß im Ergebnis der Kartenherausgeber zu beweisen hat, daß der Vertragsunternehmer die ihm obliegenden Pflichten

63 Beim Bargeschäft kann sich das Vertragsunternehmen gegen das Risiko der Geldfälschung relativ sicher durch die heute üblichen UV-Licht-Geräte schützen.

64 Siehe dazu statt vieler *Pfeiffer* (Fn. 5), Rdn. 12, 18 und öfter.

65 Der Grundsatz von Treu und Glauben kann nicht nur zur Einschränkung von Rechten führen, sondern über den Weg der ergänzenden Vertragsauslegung auch zur Begründung vertraglicher Ansprüche führen.

bei Annahme der Karte verletzt hat, wenn er darauf gestützt seine Zahlung verweigern will.[66]

3. Das Risiko des Drittmißbrauchs im Verhältnis Kartenherausgeber–Karteninhaber

a) Aufwendungsersatzanspruch des Kartenherausgebers aus Geschäftsbesorgungsvertrag trotz Drittmißbrauchs?

Damit stellt sich die Frage, ob und in welchen Fällen des Drittmißbrauchs der Kartenherausgeber den Karteninhaber in Anspruch nehmen kann. Der zwischen Kartenherausgeber und Karteninhaber bestehende Vertrag stellt nach allgemeiner Auffassung einen Geschäftsbesorgungsvertrag dar.[67] Aus diesem Vertrag hat der Kartenherausgeber bei ordnungsgemäßem Einsatz der Karte einen Aufwendungsersatzanspruch gegen den Karteninhaber gemäß §§ 675, 670 BGB.[68] Denn der Karteninhaber hat im Rahmen des

---

66 Dies gilt nicht nur, soweit man die fraglichen Pflichten aus dem Blickwinkel der pVV prüft, sondern auch aus dem Blickwinkel jener AGB, die die Einhaltung der vertraglichen Pflichten als Bedingung der Zahlungspflicht des Kartenherausgebers konstruieren, siehe *Taupitz* (Fn. 4), S. 177 ff.; siehe entsprechend zur Beweislast der Bank dafür, daß die Unterschriften auf ec-Scheck und ec-Karte *nicht* übereinstimmen, *Avancini*, in: *Avancini/Iro/Koziol*, Österreichisches Bankvertragsrecht, Band 1, 1987, 7/72.

67 BGHZ 125, 343 (349); 91, 221 (223 f.); OLG Karlsruhe, WM 1991, 184 (187 f.); KG, NJW 1993, 2879; AG Frankfurt, NJW-RR 1994, 1010; AG Freudenstadt, NJW-RR 1994, 238 f.; *Bitter*, ZBB 1996, 104 (105 f.); *Canaris* (Fn. 8), Rdn. 1628; *Hadding*, FS Pleyer (Fn. 20), S. 34 m.w.N.; *Hammann* (Fn. 20), S. 33 f.; *Horn*, in: *Heymann* (Fn. 20), Anh. § 372 Rdn. 146; *Reinfeld*, WM 1994, 1505 (1506); *Meder*, NJW 1994, 2597. Die Einordnung als Geschäftsbesorgungs*werk*vertrag wird allerdings zum Teil bezweifelt und stattdessen ein Geschäftsbesorgungs*dienst*vertrag angenommen, siehe hier nur die Nachweise in BGHZ 125, 343 (350); OLG Frankfurt, WM 1993, 889 (892); *Beck* (Fn. 40), S. 80 f.; *Weller* (Fn. 25), S. 113 f.

68 Der Aufwendungsersatzanspruch umfaßt dabei richtigerweise die volle Höhe der Kausalforderung des Vertragsunternehmens, auch wenn der Kartenherausgeber dem Vertragsunternehmen nicht diesen vollen Betrag, sondern einen um das Disagio geminderten Betrag zahlt. Siehe näher zu diesen Fragen *Beck* (Fn. 40), S. 81 ff. (allerdings mit eigener, sehr umständlicher Konstruktion); *Hadding*, FS Pleyer (Fn. 20), S. 35 f. – Zur Höhe des Erstattungsbetrags bei Fremdwährungsforderungen siehe *Wolf*, in: *Wolf/Horn/Lindacher* (Fn. 19), § 9 Rdn. K 53 m.N.

Geschäftsbesorgungsvertrags ein Weisungsrecht, das er – wie dargestellt – bei jedem Zahlungsvorgang mit der Kreditkarte jeweils durch die Unterzeichnung des Belastungsbelegs ausübt. Der Kartenherausgeber seinerseits darf Aufwendungen gemäß § 670 BGB für erforderlich halten, denen eine entsprechende Weisung des Karteninhabers zugrundeliegt, so daß er nach weisungsgemäßer Zahlung an ein Vertragsunternehmen gegen den Karteninhaber einen Aufwendungsersatzanspruch hat.

Fraglich ist aber, ob diese Voraussetzungen auch dann erfüllt sind, wenn nicht der Karteninhaber selbst, sondern ein Nichtberechtigter die Karte zur Zahlung benutzt hat.

Manche Autoren nehmen in der Tat an, daß in dem zwischen Kartenherausgeber und Karteninhaber geschlossenen Vertrag eine generelle Weisung enthalten sei, wonach der Kartenherausgeber auf alle unter Verwendung der Kreditkarte angefertigten Belege zahlen soll.[69] Deshalb dürfe der Kartenherausgeber auch Aufwendungen bei Drittmißbrauch grundsätzlich für erforderlich halten. Gegen diese Auffassung spricht jedoch, daß sie in besonderem Maße den Interessen des Karteninhabers als Auftraggeber zuwiderläuft, da er hierdurch das Risiko jeglichen Mißbrauchs durch Dritte übernehmen würde. Denn auch die unter Verwendung einer gestohlenen Karte begründeten Forderungen müßten danach vom Karteninhaber ohne weiteres beglichen werden. Eine derartige den Kartenherausgeber begünstigende „Haftung" des Karteninhabers für alle Forderungen aus der Benutzung der Karte, unabhängig von jeglichem Verschulden, widerspricht aber dem Wesen der Geschäftsbesorgung als einer Tätigkeit in fremdem Interesse, nämlich hier im Interesse des Karteninhabers. Sie kann daher keinesfalls als gewissermaßen normaler Inhalt des Vertrages Kartenherausgeber–Karteninhaber angesehen werden. Zumeist sehen die AGB der Kartenherausgeber denn auch tatsächlich überhaupt nicht vor, daß der Karteninhaber den Kartenherausgeber allgemein zur Erfüllung der unter Verwendung der Karte begründeten Forderungen ermächtige; vielmehr wird in der Regel entweder ausdrücklich auf die Unterzeichnung des jeweiligen Bela-

69 *Eckert*, WM 1987, 161 (165) (unter II 2 a am Ende; anders aber offenbar unter II 2 b); i.E. auch *Stauder*, in: *Stauder/Weisensee*, Das Kreditkartengeschäft, 1970, S. 99; *Weller* (Fn. 25), S. 147 ff.: der Kartenherausgeber dürfe Aufwendungen auch bei Drittmißbrauch grundsätzlich für erforderlich halten und deshalb Erstattung verlangen; weitere Nachweise für die entsprechend auch zur ec-Karte vertretene Auffassung bei *Bucher* (Fn. 40), S. 181.

stungsbeleges durch den Karteninhaber abgestellt oder aber eine Weisung nur in den Fällen ordnungsgemäßer Kartennutzung angenommen. Dies wiederum entspricht der ganz herrschenden Auffassung, wonach erst in der Unterzeichnung eines konkreten Belastungsbelegs durch den berechtigten Karteninhaber eine Weisung liegt, die ihrerseits erst eine Pflicht und zugleich das Recht des Kartenherausgebers zum Tätigwerden für den Karteninhaber, nämlich zur Erstattung des fraglichen Betrages an das Vertragsunternehmen, begründet.[70] Ohne eine solche Einzelweisung darf der Kartenherausgeber somit für den Karteninhaber nicht tätig werden und keine Aufwendungen vornehmen. Selbst eine pauschale AGB-Formulierung, wonach der Karteninhaber den Kartenherausgeber beauftrage und ermächtige, „für seine Rechnung alle unter Verwendung der Karte begründeten Forderungen zu begleichen", kann jedenfalls dann, wenn der Drittmißbrauch in anderem Zusammenhang geregelt wird, in dem Sinne verstanden werden, daß damit nur die normale Verwendung durch den Berechtigten gemeint ist.[71]

Sofern im Gegensatz dazu jedoch tatsächlich aus einzelnen AGB eine allgemeine Weisung entnommen werden kann, die auch dann eingreifen soll, wenn die Karte mißbräuchlich durch einen Dritten verwendet wurde, ist die entsprechende Klausel gemäß § 9 AGBG unwirksam. Denn indem die Klausel dem Karteninhaber über den konstruktiven Weg einer allgemeinen Weisung verschuldensunabhängig das Risiko der mißbräuchlichen Verwendung der Karte durch einen Dritten überträgt, benachteiligt sie ihn entgegen den Geboten von Treu und Glauben in unangemessener Weise. Dies ist nachfolgend im Hinblick auf die AGB-förmige Begründung einer verschuldensunabhängigen Haftung, die das gleiche Ergebnis herbeiführt, näher darzulegen. An dieser Stelle ist festzuhalten: Ohne Unterzeichnung eines Belastungsbelegs durch den berechtigten Karteninhaber selbst hat der Kartenherausgeber gegen ihn keinen Aufwendungsersatzanspruch nach §§ 675, 670 BGB. Nach allgemeinen Grundsätzen trägt dabei der Karten-

---

70 BGHZ 91, 221 (224); KG Berlin, NJW 1993, 2879; OLG Karlsruhe, WM 1991, 184 (187); *Pfeiffer* (Fn. 5), Rdn. 48 f.; *Meder*, NJW 1994, 2597 f.; *Taupitz* (Fn. 4), S. 84 ff. (näher auch zur Bedeutung der Weisung).

71 So durchgehend die bei *Taupitz* (Fn. 4), S. 85 Fn. 323 genannten AGB.

herausgeber die Beweislast für die Echtheit der Unterschrift des Karteninhabers auf den Belastungsbelegen und damit das Fälschungsrisiko.[72]

b) Schadensersatzansprüche des Kartenherausgebers

aa) Vertragliche Verschuldenshaftung

In Betracht kommen könnte in Fällen des Drittmißbrauchs allerdings ein Schadensersatzanspruch des Kartenherausgebers gegen den Karteninhaber, und zwar aus einer schuldhaften Verletzung des Geschäftsbesorgungsvertrages (also aus sogenannter positiver Vertragsverletzung).

Voraussetzung hierfür ist, daß der Karteninhaber schuldhaft eine (Neben-)Pflicht dieses Vertrages verletzt hat und dem Kartenherausgeber dadurch ein Schaden entstanden ist. Aus dem Vertrag zwischen Karteninhaber und Kartenherausgeber ist nach allgemeiner Auffassung die Pflicht des Karteninhabers abzuleiten, die Karte sorgfältig zu verwahren und dadurch einem Mißbrauch durch Dritte vorzubeugen.[73] Ferner trifft den Karteninhaber die Pflicht, die Karte sofort bei Erhalt zu unterzeichnen – sonst wird einem Dieb auch noch die Sorge abgenommen, eine fremde Unterschrift fälschen zu müssen.[74] In den AGB der Kartenherausgeber sind diese Pflichten regelmäßig auch ausdrücklich niedergelegt. Verletzt der Karteninhaber schuldhaft eine dieser Pflichten, hat er dem Kartenherausgeber den daraus resultierenden Schaden zu ersetzen.[75]

Auch in diesem Rahmen sind jedoch die vertraglichen Abreden im Einzelfall zu beachten. Die AGB einiger (keineswegs aller![76]) Kartenherausgeber entlasten nämlich den Karteninhaber zum Teil recht erheblich von der an sich bestehenden Haftung – ein erstaunliches Zeichen von Großzügigkeit,

---

72 Siehe zur zwingenden Beweislast des Kartenherausgebers BGHZ 91, 221 (224); KG Berlin, NJW 1993, 2879; *Pfeiffer* (Fn. 5), Rdn. 48.

73 *Fitz/Hacksteiner*, ÖBA 1992, 442 (443 f.), 445; *Fitz*, ÖBA 1992, 279 (280 f.).

74 In den AGB kann durchaus vorgesehen werden, daß beim Mißbrauch einer nicht unterschriebenen Karte ein an sich gewährter Haftungsausschluß nicht eingreift, siehe österr. OGH, ÖBA 1992, 277 ff.

75 Österr. OGH, ÖBA 1992, 277 ff.; *Fitz*, ÖBA 1992, 280.

76 Insbesondere weichen die AGB der vielfältigen Kundenkarten z.T. erheblich von den AGB der großen Kreditkartenherausgeber ab. Deshalb kann das Problem der Haftungsverteilung zwischen Kartenherausgeber und -inhaber nicht durch Hinweis darauf als unbedeutend abgetan werden, daß der Karteninhaber ohnehin nur relativ beschränkt haftet.

zumal dieser Gesichtspunkt in der Werbung der Kartenherausgeber bisher keineswegs groß herausgestellt wird:

Z.B. beschränken die AGB einiger Kartenherausgeber die Haftung des Karteninhabers auf einen bestimmten Maximalbetrag, der zumeist bei 100,- DM liegt, beim Mißbrauch einer ec-Karte der Sparkassen aber z.B. 1.000,- DM beträgt. Sehr unterschiedlich ist allerdings ausgestaltet, ob dieser Maximalbetrag in jedem Fall gilt oder ob der Karteninhaber nicht etwa bei grob fahrlässigem Verhalten in voller Höhe haftet.[77] Bedenken gegen die Wirksamkeit solcher Einschränkungen der Verschuldenshaftung bestehen nicht, da sie im Vergleich zur gesetzlichen Lage lediglich eine Verbesserung der Situation des Karteninhabers bewirken.

bb) Auferlegung einer verschuldensunabhängigen Haftung durch AGB

(1) Grundsätzliche Unangemessenheit einer verschuldensunabhängigen Haftung durch AGB

Um erfolgreich einen Schadensersatzanspruch gegen den Karteninhaber geltend machen zu können, muß der Kartenherausgeber allerdings beweisen, daß der Karteninhaber die ihm obliegende Sorgfaltspflicht (insbesondere die Aufbewahrungspflicht) tatsächlich schuldhaft (also mindestens fahrlässig) verletzt hat. Da dieser Nachweis in der Praxis selten gelingen wird, liegt es für den Kartenherausgeber nahe, mit Hilfe seiner AGB eine verschuldensunabhängige Haftung des Karteninhabers für Mißbrauchsschäden zu begründen. In der Tat enthalten die AGB verschiedener Kartenherausgeber Klauseln, aus denen die Begründung einer verschuldensunabhängigen Haftung entnommen werden kann.[78] Allerdings sieht die Rechtsprechung die formularförmige Auferlegung einer verschuldensunabhängigen Haftung grundsätzlich als unwirksam an.[79] Verwiesen wird zu Recht auf den allgemeinen Grundsatz des Haftungsrechts, daß die Verpflichtung zum Schadensersatz prinzipiell (und vorbehaltlich einer abweichenden gesetzlichen Anordnung) nur bei schuldhaftem Verhalten bestehe, so daß eine davon abweichende Regelung grundsätzlich eine unangemessene Benachteiligung darstellt.

77 Näher *Taupitz* (Fn. 4), S. 142.

78 *Taupitz* (Fn. 4), S. 130 ff.

79 BGHZ 114, 238 (242); OLG Koblenz, WM 1990, 1108 (1111) als Vorinstanz zur vorstehenden BGH-Entscheidung; AG Aachen, NJW-RR 1992, 1323 zu ec-Kartenbedingungen.

Anderes gilt nach zutreffender Ansicht allerdings dann, wenn höherrangige Interessen des AGB-Verwenders eine verschuldensunabhängige Haftung des Vertragspartners erfordern oder eine Kompensation mit anderen rechtlichen Vorteilen für den Vertragspartner besteht.[80] Damit stellt sich die Frage, ob im Kreditkartenverfahren höherrangige Interessen des Kartenherausgebers eine verschuldensunabhängige Haftung des Karteninhabers tragen oder ob eine solche Haftung wenigstens durch andere, den Karteninhaber begünstigende Regelungen kompensiert wird.

Ein höherrangiges Interesse des Kartenherausgebers könnte man darin sehen, daß sich die Karte nach Aushändigung an den Karteninhaber in dessen Verantwortungsbereich befindet und das Mißbrauchsrisiko dann vor allem vom Verhalten des Karteninhabers abhängt. Das Argument der Risikosphären spricht also auf den ersten Blick für die Zulässigkeit einer verschuldensunabhängigen Haftung des Karteninhabers.[81] Demgegenüber muß man sich aber auch die vielfältigen Möglichkeiten des Kartenherausgebers vor Augen führen, mit technischen Mitteln einem Drittmißbrauch entgegenzusteuern. Genannt sei etwa die Möglichkeit, die Karte mit dem Bild des berechtigten Karteninhabers zu versehen, die Umrüstung der Karten von Magnetstreifen auf Microchip, der Ausbau von on-Line-Verbindungen zwischen Vertragsunternehmen und Kartenherausgeber, die Verwendung von sichereren Verfahren zur Verschlüsselung der PIN[82] oder – zumindest in der Zukunft – die Einführung von biometrischen Verfahren, die das Auge oder die Stimme des Berechtigten erkennen können.[83] Es liegt also zumindest nicht allein in der Hand des Karteninhabers, durch besondere Vorsicht einen Mißbrauch der Karte durch Dritte zu verhindern, so daß das Argument der Risikosphären jedenfalls keine einseitige Belastung des Karteninhabers rechtfertigt.

---

80 BGH, WM 1997, 910 (912); BGHZ 114, 238 (242 f.); BGHZ 82, 238 (240 f.); *Wolf/Ungeheuer*, JZ 1995, 176 (180); *Heinrichs*, NJW 1993, 1817 (1820) m.w.N..

81 Siehe *Pfeiffer* (Fn. 5), Rdn. 52 ff., sowie die Nachweise bei BGH, WM 1997, 910 (911); siehe ferner österr. OGH, SZ 52/89.

82 Dazu, daß es durchaus sicherere Verfahren als das derzeit verwendete DES-Verfahren zur Verschlüsselung der PIN gibt, siehe Weis, à la Card aktuell 1997, 243.

83 Siehe näher *Schöchle*, Kartengebundene Zahlungssysteme in Deutschland, 5. Aufl. 1995, S. 26 ff., 280 ff.; *Taupitz* (Fn. 4), S. 25 f.; Bericht in Konsument 2/1995, 23 f.; Biegler, Süddeutsche Zeitung Nr. 109 vom 14.5.1997, S. 12.

Hinzu kommt, daß der Kartenherausgeber die besseren Möglichkeiten einer Versicherung gegen das Mißbrauchsrisiko hat und er mit einer Mißbrauchsquote innerhalb eines gewissen (nur geringfügig schwankenden) Spielraums fest kalkulieren kann (und dies auch tatsächlich tut), so daß ihn die Mißbrauchsschäden nicht so hart und unvorbereitet treffen wie den einzelnen Karteninhaber, der (oft auch durch die Werbung der Kartenherausgeber in Sicherheit gewogen) in der Regel davon ausgeht, daß es ihn selbst schon nicht so hart treffen werde. Die Gedanken der Absorbierbarkeit des Risikos, der Risikostreuung und der Versicherbarkeit sprechen also für eine Belastung des Kartenherausgebers.[84] Auch hat der Kartenherausgeber selbst im eigenen wirtschaftlichen Interesse das Kreditkartensystem als erheblich mißbrauchsgefährdetes Verfahren geschaffen (Argument der Risikoveranlassung).[85] Insgesamt sind damit die Interessen auf seiten des Kartenherausgebers denen des Karteninhabers jedenfalls nicht eindeutig übergeordnet, so daß sich eine verschuldensunabhängige Haftung des Karteninhabers nicht auf ein überragendes Interesse des Kartenherausgebers stützen läßt.

Damit kommt es noch nicht einmal darauf an, ob der für eine objektive Haftung des Karteninhabers herangezogene Gedanke einer Sphärenhaftung als solcher überhaupt tragfähig ist. Immerhin hat der BGH bezogen auf die Situation eines gefälschten Schecks eine Sphärenhaftung des Kontoinhabers vor kurzem dezidiert abgelehnt.[86] Das Bürgerliche Recht kenne eine verschuldensunabhängige Sphärenhaftung nur in besonders geregelten und hier nicht einschlägigen Ausnahmefällen, während im übrigen eine Verpflichtung zum Schadensersatz nur bei schuldhaftem Verhalten bestehe. Abgesehen davon beruhe der Schadenseintritt bei Fälschung eines Schecks nie ausschließlich auf Umständen, die aus dem Gefahrenbereich des Kontoinhabers stammen; die Scheckeinlösung als solche sei stets der Sphäre des bezogenen Kreditinstituts zuzuordnen. Folgt man dem und überträgt man

84 BGH, WM 1997, 910, 912; BGHZ 114, 238, 246; OLG Bamberg, NJW 1993, 2813 (2814); *Koller*, NJW 1981, 2433 (2435 f.), 2438; *Martinek* (Fn. 12), S. 88; siehe ferner zu Österreich *Fitz/Hacksteiner*, ÖBA 1992, 442 (445); *Fitz*, ÖBA 1992, 279 (280); *Kurschel*, ecolex 1990, 79 (81); *Nentwich/Peissl/Pisjak* (Fn. 10), S. 158 ff.

85 BGHZ 114, 238 (245); AG Aachen NJW-RR 1992, 1323; zum ec-Verfahren siehe *Reifner*, NJW 1987, 630 (633); *Koller*, NJW 1981, 2433 (2435).

86 BGH, WM 1997, 910 (911 f.).

diese Gedanken auf den Kreditkartenmißbrauch, dann lassen sich erst recht keine tragfähigen Argumente für eine verschuldensunabhängige Sphärenhaftung des Karteninhabers vorbringen.

(2) Angemessenheit einer verschuldensunabhängigen Haftung bei kompensatorischer Einführung einer Haftungshöchstgrenze

Von größerer Bedeutung erweist sich dagegen die Frage, welche Vorteile für den Karteninhaber mit der verschuldensunabhängigen Haftung verknüpft werden. Insoweit ist bezeichnend, daß die Regelung, die die Haftung des Karteninhabers ohne Verschulden statuiert, zumeist[87] im Zusammenhang mit der erwähnten Haftungsbeschränkung (etwa auf 100,- DM) zu finden ist. Betrachtet man dem folgend die verschuldensunabhängige Haftung und die summenmäßige Begrenzung der Haftung des Karteninhabers als Einheit, so erweist sich die Regelung für den Karteninhaber durchaus als vorteilhaft. Denn ohne sie würde er nach der normalen Haftungslage und bei nachweisbarem eigenem Verschulden unbegrenzt und unkalkulierbar haften. Es ist also insgesamt für den Karteninhaber durchaus vorteilhaft, wenn er das in der Schadenshöhe unkalkulierbare Haftungsrisiko aus Verschuldenshaftung „eintauscht" gegen das Risiko, zwar (auch) ohne eigenes Verschulden, aber dafür selbst bei eigenem Verschulden nur in verhältnismäßig geringer Höhe haften zu müssen (ebenso wie auch der Bargeldbesitzer sein Risiko dadurch beschränken kann, daß er nur kleine Mengen Bargeldes mit sich führt[88]). Bei Berücksichtigung der hohen Anforderungen an sorgfaltsgerechtes Verhalten und angesichts der Tatsache, daß schon eine kleine Unaufmerksamkeit des Karteninhabers zu einem ganz erheblichen Schaden führen kann, ist die Begrenzung der Verschuldenshaftung ein großer Vorteil für den Karteninhaber, der eine begrenzte verschuldensunabhängige Haftung kompensieren kann.[89] Insgesamt kann deshalb die Begründung einer verschuldensunabhängigen Haftung dann als zulässig angesehen werden, wenn gleichzeitig eine relativ geringe betragsmäßige Haftungsgrenze vorgesehen ist, die auch

87 Beispiele für abweichende AGB bei *Taupitz* (Fn. 4), S. 138; zu Österreich siehe *Taupitz*, ÖBA 1997, 765 (775, 777).

88 Zutreffend *Pfeiffer* (Fn. 5), Rdn. 60.

89 OLG Bamberg, NJW 1993, 2813 (2814); *Erman/Hefermehl* (Fn. 29), § 9 AGBG Rdn. 240; *Weller* (Fn. 25), S. 147 ff.

bei fahrlässiger Mitverursachung des Schadens durch den Karteninhaber eingreift.[90]

(3) Grenzen der Reichweite einer summenmäßig beschränkten verschuldensunabhängigen Haftung

Allerdings führt eine verschuldensunabhängige Haftung im dargestellten Sinne keineswegs zur Überwälzung jeglichen Risikos (bis zur Haftungshöchstgrenze) auf den Kunden. Sie abstrahiert vielmehr lediglich vom Verschulden des Karteninhabers bezüglich des Abhandenkommens der Karte, während im übrigen aber die normale Risikoverteilung bestehen bleibt. Das bedeutet insbesondere:

(a) Keine Überwälzung des Fälschungsrisikos auf den Karteninhaber

Zum einen ist Voraussetzung für die Haftung des Karteninhabers, daß ihm die Kreditkarte überhaupt (durch Diebstahl oder in sonstiger Weise) abhanden gekommen ist. Nicht erfaßt werden können dagegen Fälle, in denen Belege mit Hilfe einer gefälschten Kreditkarte erstellt wurden oder in denen mit Hilfe der echten Kreditkarte ordnungsgemäß erstellte Belege nachträglich durch ein Vertragsunternehmen oder Dritte verändert wurden. Denn das Risiko einer Totalfälschung der Karte oder einer nachträglichen Belegfälschung liegt völlig außerhalb des Risikobereichs des Karteninhabers, der hiergegen keinerlei Vorsorge treffen kann,[91] und ein Fehlverhalten der Vertragsunternehmen ist in erster Linie dem Kartenherausgeber zuzurechnen, der die Vertragsunternehmen auswählt und mit ihnen einen Rahmenvertrag schließt.[92] Es liegt auch – abgesehen von Ausnahmefällen – kein Verschulden des Karteninhabers darin, wenn er nicht dafür sorgt, daß Belege

---

90 Auf der gleichen Linie liegt es, daß der BGH eine AGB-Klausel, die eine verschuldensunabhängige Haftung des Karteninhabers bis zum Eingang der Verlustmeldung vorsah, gerade (nur) deshalb als nichtig angesehen hat, weil das nach ihr auf den Karteninhaber verlagerte Risiko *mangels betragsmäßiger Haftungsbegrenzung* für diesen unkalkulierbar war: BGHZ 114, 238 (245 f.).

91 Unberührt bleibt selbstverständlich die Pflicht des Karteninhabers, durch sorgfältiges und vollständiges Ausfüllen des Belegs ein späteres Verfälschen zu erschweren.

92 BGHZ 91, 221 (224 ff.); *Hadding*, FS Pleyer (Fn. 20), S. 38 f.; *Hammann* (Fn. 20), S. 168; *Erman/Hefermehl* (Fn. 29), § 9 AGBG Rdn. 240; *Wolf*, in: *Wolf/Horn/Lindacher* (Fn. 19), § 9 Rdn. K 56; *Taupitz* (Fn. 4), S. 111 (145), 183 ff.

bei einem Vertragsunternehmen stets nur vor seinen Augen erstellt werden, um zu verhindern, daß mit dem Druckstempel weitere Belege angefertigt werden oder gar ein Duplikat der Karte. Denn eine solche Pflicht zur jederzeitigen Überwachung der Vertragsunternehmen würde der propagierten Bequemlichkeit des Zahlens mit der Kreditkarte zuwiderlaufen. Wenn der Karteninhaber keine triftigen Anhaltspunkte für das Gegenteil hat, darf er sich darauf verlassen, daß die vom Kartenherausgeber selbst ausgewählten Vertragsunternehmen die Kreditkarte nur bestimmungsgemäß verwenden.[93] Ist nicht zu klären, wie die Fälschung des Belastungsbelegs erfolgt ist, trägt hierfür der Kartenherausgeber das Risiko.[94] Eine Abwälzung dieses Risikos in die Sphäre des Karteninhabers ist mit § 9 AGBG nicht zu vereinbaren.

(b) Keine Überwälzung des Transportrisikos auf den Karteninhaber

Eine verschuldensunabhängige Haftung des Karteninhabers kann ferner nicht das Schicksal der Karte bis zu ihrem Empfang durch den Karteninhaber erfassen. Es ist Sache des Kartenherausgebers dafür zu sorgen, daß die Kreditkarte nicht auf dem Postweg verschwindet, so daß er für hier entstandene Schäden allein zu haften hat; eine Inanspruchnahme des Karteninhabers kommt hier deshalb nicht einmal bis zur festgelegten Höchstgrenze (z.B. 100,- DM) in Betracht.[95] Der Kartenherausgeber hat im Streitfall zu beweisen, daß die Karte an den Karteninhaber gelangt und erst nachträglich dort abhanden gekommen ist.

(c) Keine Befreiung der Vertragsunternehmen von der Einhaltung der ihnen obliegenden Sorgfaltspflichten

Schließlich bleibt es bei der Verpflichtung der Vertragsunternehmen, die dargestellten Sorgfaltspflichten bei Annahme der Karte zu erfüllen. Eine anteilige oder summenmäßig begrenzte Haftung des Karteninhabers ist also

93 BGHZ 91, 221 (226 f.); *Wolf*, in: *Wolf/Horn/Lindacher* (Fn. 19), § 9 Rdn. K 56; *Martinek* (Fn. 12), S. 88; *Schmidt*, in: *Ulmer/Brandner/Hensen/Schmidt* (Fn. 36), Anh. §§ 9-11 Rdn. 453; *Taupitz* (Fn. 4), S. 111, 184.

94 So die ganz h.M., siehe BGHZ 91, 221 (225); *Hammann* (Fn. 20), S. 168; *Hadding*, FS Pleyer (Fn. 20), S. 39; *Erman/Hefermehl* (Fn. 29), § 9 AGBG Rdn. 240; *Schmidt*, in: *Ulmer/Brandner/Hensen/Schmidt* (Fn. 36), Anh. §§ 9-11 Rdn. 453.

95 OLG Bamberg, NJW 1993, 2813 (2814 f.).

nur dann vertretbar, wenn das Vertragsunternehmen auch bei sorgfältiger Prüfung nicht erkennen konnte, daß die Karte von einem Nichtberechtigten verwendet wurde.[96] Ein Abbedingen dieser Prüfungspflicht ist – entgegen durchaus verbreiteten Klauseln – nicht zulässig.[97]

c) Die Verlustanzeige als haftungsbeendendes Ereignis und die Pflicht zu rechtzeitiger Erstattung der Verlustanzeige

In keinem Fall können die AGB dem Karteninhaber schließlich eine Haftung für solche Schäden auferlegen, die nach dem Zeitpunkt entstanden sind, in dem der Karteninhaber den Kartenherausgeber über den Verlust der Karte in Kenntnis gesetzt hat. Dies gilt auch für eine summenmäßig begrenzte Haftung. Denn nach Erhalt der Verlustmeldung hat es allein der Kartenherausgeber in der Hand, durch geeignete Maßnahmen (etwa Sperrlisten) eine Annahme entsprechender Karten durch seine Vertragsunternehmen zu verhindern, während der Karteninhaber überhaupt nichts mehr gegen den Mißbauch tun kann.[98] Nach den Anforderungen „ordnungsgemäßer" (und das heißt „optimaler") Organisation der Informationsweitergabe[99] sowie weitergehend auf der Grundlage des Sphärengedankens ist dem Kartenherausgeber dabei auch nicht etwa eine bestimmte „Reaktionszeit" zuzubilligen.[100]

Wenn somit auch keine Haftung des Karteninhabers über die Verlustmeldung hinaus begründet werden kann, so stellt sich doch die Frage, welche Sanktion an eine verspätet abgegebene Verlustmeldung geknüpft werden kann. Diese Frage ist insbesondere deshalb von Bedeutung, weil manche AGB eine feste Frist zur Erstattung der Verlustmeldung vorsehen, z.B. 48 Stunden nach tatsächlichem Verlust der Karte, oder aber die Verlustmeldung

---

96 Sofern den Karteninhaber ein Mitverschulden am Mißbrauch trifft, kommt eine Schadensteilung in Betracht, siehe näher *Taupitz* (Fn. 4), S. 147 f., 181 f.

97 *Canaris* (Fn. 8), Rdn. 1636; zum ec-Verfahren österr. OGH, ÖBA 1995, 64 (66).

98 BGHZ 114, 238 (247); OLG Bamberg, NJW 1993, 2813 (2814); *Pfeiffer* (Fn. 5), Rdn. 52, 58 f.

99 Wobei insbesondere die Grundsätze der „Wissenszurechnung" nach den Anforderungen „ordnungsgemäß organisierter Kommunikation" in arbeitsteiligen Organisationen auch in diesem Bereich fruchtbar gemacht werden können; siehe grundlegend hierzu *Taupitz*, Karlsruher Forum 1994, 16 ff., 51; ihm folgend BGH, NJW 1996, 1339 (1340 f.)

100 *Taupitz* (Fn. 4), S. 152 f. m.w.N.

„sofort" nach Bemerken des Verlustes verlangen.[101] Eine derartige Regelung ist jedoch erheblichen Bedenken ausgesetzt. Denn eine feste Frist, aus der sich letztlich die Pflicht des Karteninhabers ergibt, periodisch und unabhängig von konkreten Anhaltspunkten für einen Verlust der Karte nachzusehen, ob sich die Karte noch in seinem Besitz befindet, widerspricht der von den Kartenherausgebern propagierten Eigenschaft der Kreditkarte als bequemes und sicheres Zahlungsmittel. Und eine Sanktion für den Fall, daß die Verlustmeldung unabhängig von einem Verschulden nicht „sofort" nach tatsächlichem Verlust abgegeben wird, hat ausschließlich Strafcharakter und ist aus diesem Grund unwirksam.[102]

Etwas anderes gilt allerdings dann, wenn die Sanktion ausschließlich darin besteht, daß eine dem Karteninhaber gegenüber der gesetzlichen Haftungslage gewährte „Wohltat" versagt wird. Denn sofern der Kartenherausgeber den Karteninhaber gegenüber der gesetzlichen Lage ausschließlich günstiger stellt, kann er auch frei bestimmen, von welchen Bedingungen diese Vergünstigung abhängen soll. In einem solchen Fall kann die Vergünstigung also durchaus davon abhängig gemacht werden, daß die Verlustmeldung „sofort" oder innerhalb einer bestimmten Frist nach tatsächlichem Abhandenkommen der Karte erstattet wird.[103]

Im übrigen kann als Sanktion für eine schuldhaft verspätete, also eine nicht „unverzüglich" erstattete Verlustmeldung durchaus vorgesehen werden, daß eine sonst an sich eingreifende Haftungsbeschränkung auf einen bestimmten Betrag solche Schäden nicht erfaßt, die bei pflichtgemäßer Verlustanzeige vermieden worden wären.[104] Wenn der Karteninhaber also den Verlust der Kreditkarte als solchen nicht verschuldet hat, danach aber die Verlustmeldung schuldhaft verzögert erstattet, dann kann er wegen des „schadensauslösenden" Abhandenkommens der Karte bis zu dem vorgesehenen Maximalbetrag (z.B. 100,-- DM) in Anspruch genommen werden und im übrigen in voller Höhe hinsichtlich derjenigen Schäden, die bei

---

101 *Taupitz* (Fn. 4), S. S. 157 ff.; *ders.*, ÖBA 1997, 765 (777 f.).

102 Zutreffend OLG Bamberg, NJW 1993, 2813 (2814); siehe auch *Köndgen*, NJW 1996, 558 (568); *Wolf*, in: *Wolf/Horn/Lindacher* (Fn. 19), § 9 Rdn. K 56.

103 *Taupitz* (Fn. 4), S. 161.

104 So auch *Martinek* (Fn. 12), S. 88; siehe ferner *Salje*, WuB I D 5. – 8.94; für das ec-Verfahren ebenso *Werner*, Das Geldausgabeautomatengeschäft nach deutschem Recht, Diss. St. Gallen 1984, S. 153; siehe ferner die Fallgestaltung LG Hamburg, WM 1986, 353 (354).

früherer Verlustmeldung vermieden worden wären. Erforderlich ist dabei aber, daß gerade die Verzögerung der Verlustmeldung den fraglichen Schaden herbeigeführt hat, also für den Schaden kausal geworden ist, und zudem die Verlustmeldung schuldhaft nicht früher erstattet wurde.

VIII. Schlußbemerkung

Zieht man ein Fazit, dann läßt sich folgendes sagen: Die kleinen Karten sind für den Karteninhaber keineswegs so ungefährlich, wie es von der Werbung oft dargestellt wird. Die Vertragsunternehmen täten gut daran, ihren Sorgfaltspflichten zur Verhinderung von Mißbrauch stärker als bisher üblich nachzukommen. Und die Kartenherausgeber ihrerseits müssen damit rechnen, daß die Rechtsprechung die verwendeten AGB in Zukunft noch kritischer als bisher auf ihre Vereinbarkeit mit dem AGB-Gesetz überprüfen wird. Zudem geht der Trend eindeutig dahin, den Kartenherausgebern weitere Anstrengungen in organisatorischer und technischer Hinsicht abzuverlangen, um einen Mißbrauch durch den Nichtberechtigten noch effektiver als bisher zu vermeiden. Erfolgreiche Versuche mit biometrischen Verfahren werden ja denn auch bereits seit einiger Zeit durchgeführt. Ebenso gewiß ist allerdings auch, daß es eine absolute Sicherheit der Kartensysteme nie geben wird. Aufgabe der Rechtsordnung bleibt es deshalb, die technischen und menschlichen Risiken angemessen zu verteilen.

Die ec-Karte als selbständiges Zahlungsinstrument mit Ausnahme der elektronischen Geldbörse

Prof. *Dr. Dr. Stefan Grundmann*,
Universität Halle-Wittenberg

Inhaltsübersicht

Der Einsatz der ec-Karte als eines selbständigen Zahlungsinstruments, d.h. unabhängig vom Euroscheck, erfolgt in verschiedenen Formen: zur Vorbereitung einer Barzahlung durch Bargeldbeschaffung an Geldautomaten oder bei der Zahlung selbst, d.h. an der Kasse eines Händlers oder – im folgenden stets mitgedacht – eines Dienstleisters, wobei hier wiederum danach zu unterscheiden ist, ob das kontoführende Kreditinstitut eine Zahlungsgarantie abgibt oder nicht. Von den wichtigen Funktionen bleibt nur die ec-Karte als sog. elektronische Geldbörse ausgeklammert.[1] Der Einsatz der ec-Karte als eines selbständigen Zahlungsinstruments betrifft demnach drei unterschiedliche Institute, eigentlich drei Referate. Daher sollen die Probleme schwerpunktmäßig dort erörtert werden, wo die Lösung von der bekannteren bei Euroscheck und Kreditkarte abweicht. Dies bedeutet freilich nicht, daß die

---

1 Dazu der Beitrag von *Wand* im vorliegenden Band.

ec-Karte als selbständiges Zahlungsinstrument in der praktischen Bedeutung hinter den anderen genannten Instrumenten zurückstünde, im Gegenteil (I.). Unter den drei Instituten erscheint die Auszahlung am Geldautomaten (GAA) des eigenen Instituts als die Grundkonstellation (II.). Wird sie erweitert zur Auszahlung am Geldautomaten eines fremden Instituts, also zu einem Dreiecksverhältnis, so ist damit strukturell auch bereits die Zahlung an der Händlerkasse mit Zahlungsgarantie (Point-of-Sale, POS) erfaßt (III.). Gänzlich andere Probleme wirft die Zahlung an der Händlerkasse (Point-of-Sale) ohne Zahlungsgarantie (POZ) auf (IV.). Das System ist inzwischen transnational-einheitlich ausgestaltet und damit grenzüberschreitend gut nutzbar (V.).

I. Die ec-Karte im System der Zahlungsinstrumente und die sie betreffenden Regelungswerke

1. Euroscheck – Kreditkarte – ec-Karte – die Nebenzahlungsinstrumente im Kosten-Nutzen-Vergleich

a) Die überragende praktische Bedeutung der ec-Karte im Kreise der Nebenzahlungsinstrumente

Als Nebenzahlungsinstrumente können alle Zahlungsinstrumente neben der Überweisung zusammengefaßt werden, primär aus praktischen und nicht aus dogmatischen Gründen: Die Überweisung dominiert wirtschaftlich uneingeschränkt. Volumenmäßig werden im inländischen und grenzüberschreitenden Zahlungsverkehr ca. 80%-90% über sie abgewickelt,[2] wobei vor allem in ersterem die Nebenzahlungsinstrumente eher gegen 20% tendieren.[3] Gerade die speziellen Instrumente des grenzüberschreitenden Zahlungsverkehrs wie Dokumentenakkreditiv oder -inkasso sind – mit zunehmender Sicherheit der Abwicklung des internationalen Handels – dramatisch zurückgegangen; die im Gegensatz zu Dokumentenakkreditiv und -inkasso zwar ungesicherte, jedoch auch kostengünstige Überweisung dominiert.

2 *Bank for International Settlements*, Payment Systems in the Group of Ten Countries, 1993, p. 519 unter 1; ähnlich *Zahn/Eberding/Ehrlich*, Zahlung und Zahlungssicherung im Außenhandel, 6. Aufl. 1986, Rdn. 4/1.

3 Zu Begriff und Zahlen sogleich.

Eingerechnet sind hierbei auch die Zahlungen zu Konsumzwecken, bei denen umgekehrt – volumen- und auch transaktionszahlenmäßig – die Barzahlung dominiert.[4] Sie erfolgt zwar außerhalb der Zahlungssysteme des Kreditwesens, vorbereitet wird sie jedoch innerhalb, durch die Barauszahlung am Geldautomaten, die die Auszahlung am Schalter weitgehend verdrängt. Da diese Geldautomatenauszahlung (GAA) die gleichen Probleme aufwirft wie eine Zahlung an automatisierten Kassen, eine Transaktion, die ganz im Rahmen kreditwirtschaftlicher Zahlungssysteme erfolgt, ist es auch dogmatisch vertretbar, die Barzahlung (mit Vorbereitungsphase) in den Kreis der Nebenzahlungsinstrumente einzubeziehen.

Nebenzahlungsinstrumente bilden demnach vor allem (1.) – für das internationale Geschäft – die Instrumente, die Einheitliche Richtlinien und Gebräuche regeln, sowie (2.-5.) – auch national wichtig – die Lastschrift, sodann entstanden der Euroscheck (mit klassischer Scheck- und Wechselzahlung), nochmals später die Kreditkarte (typischerweise außerhalb des Kreditwesens) sowie – zuletzt und nunmehr Thema – der selbständige ec-Karten-Einsatz (an Händlerkassen oder zur Vorbereitung einer Barzahlung). Auch hierzu einige Zahlen: Zunächst zeigt schon die Lastschrift eines sehr eindringlich: Bei einem Anteil am Gesamtvolumen von gut 2% in Deutschland (in der Gemeinschaft noch darunter) entfallen auf sie doch transaktionszahlenmäßig knapp 40%.[5] Deutlich wird: Fast alle Nebenzahlungsinstrumente kommen vorrangig bei Massentransaktionen von eher kleinem Volumen zum Einsatz. Fast noch wichtiger speziell für die ec-Karte: Sie sind teilweise gerade hierauf auch rechtlich zugeschnitten (Stichwort: beschränkter Verfügungsrahmen). Dies ist wichtig auch für die im folgenden besonders eingehend zu behandelnde Haftungsfrage. Sind die Schäden für den einzelnen Kunden ärgerlich, jedoch nicht existentiell, mag ein kostengünstigerer, etwas weniger sicherer Zuschnitt des Instruments eher „angemessen", etwa im Sinne des AGBG, erscheinen als bei existentiellen Schädigungen.

---

4 *Bank for International Settlements*, Statistics on Payment Systems in the Group of Ten Countries, 1997, p. 37 (Volumen der GAA 1996 in Deutschland mit 348 Billionen gut 10 Mal so hoch wie dasjenige von POS und POZ); *Häde*, Die Zahlung mit Kredit- und Scheckkarten – rechtliche Aspekte des „Plastikgeldes" und seine Auswirkungen auf die Währung, ZBB 1994, 33 (43).

5 *Wand*, Die grenzüberschreitende Lastschrift, WM 1995, 2165 (2165).

Zu den weiteren Zahlen, bezogen auf Transaktionsvolumina in Deutschland: Zwei Mal ca. 3,5% (mit fallender Tendenz)[6] entfallen auf Euroscheck und Kreditkarte,[7] inzwischen ca. 9% (mit steigender Tendenz)[8] auf das neuere Instrument der isolierten ec-Karte.[9] Hierbei entfallen laut ZKA-Statistik 1997 knapp 30 Milliarden auf den bekannteren ec-Karten-Einsatz mit Zahlungsgarantie (die sog. Point-of-Sale-Transaktion, POS), 15 Milliarden auf diejenige ohne Zahlungsgarantie (Point-of-Sale ohne Zahlungsgarantie, POZ).[10] Zu den 9% kommen noch die Barzahlungen, die weit überwiegend heute ebenfalls durch den selbständigen Einsatz der ec-Karte bei der Geldautomatenauszahlung vorbereitet werden. Faßt man die vorliegend vereinten Referate zusammen, so wäre das Thema zu überschreiben: Nebenzahlungsinstrumente – die Zeit nach dem Euroscheck. Der Einsatz allein der ec-Karte, der demnach wertmäßig deutlich jenseits der 10%-Marke liegt, ist, sieht man von einigen Dissertationen ab, bisher ungleich weniger Gegenstand der Diskussion in der Fachliteratur als der Euroscheck oder die Kreditkarte mit ihren jeweils 3,5% Anteil am Gesamtvolumen; und wenn die ec-Karte diskutiert wurde, so deutlich intensiver durch die Praxis.[11] In all dem liegt der Reiz des Themas.

---

6 *Gößmann*, Aspekte der ec-Karten-Nutzung, WM 1998, 1264 (1264 f.); anders freilich für den Trend bei der Kreditkarte: *Martinek*, in: *Schimansky/Bunte/Lwowski* (Hrsg.), Bankrechtshandbuch, 1997, § 67 Rdn. 6.

7 *Gößmann*, WM 1998, 1264 (1264 f.).

8 (Abnehmende) Steigerungsraten von fast 100% bis 40% von 1994 bis 1997: vgl. die in der nächsten Fn. aufgeführten beiden Statistiken a.a.O.

9 *Gößmann*, WM 1998, 1264 (1264 f.); ZKA-Statistik 1997, Electronic Cash und POZ. In Zahlen: knapp 45 Milliarden; vgl. auch *Bank of International Settlement* (oben Fn. 4) p. 37 (für 1996 noch knapp 33 Milliarden).

10 *Gößmann*, WM 1998, 1264 (1264 f.) gibt umgekehrt (allerdings ohne Quelle) 2,5% für das POS an, 6,5% für das POZ.

11 Schon 1988, noch vor der praktischen Einführung des Systems, immerhin mit vielen bzw. zwei Randziffern: *Canaris*, Großkommentar HGB, Bankvertragsrecht, 4. Aufl. 1988, Rdn. 527a-527z (GAA) und 527cc, 527dd (POS); die Zahl der Dissertationen ist freilich erheblich: vgl. nur *Brockmeier*, Das POS-System des deutschen Kreditgewerbes, 1991; *Bucher*, Die Risikoverteilung bei der Benutzung elektronischer kartengesteuerter Zahlungssysteme – dargestellt am Beispiel des Geldautomaten, 1992; *Ehrlicher*, Der Bankomatenmißbrauch – seine Erscheinungsformen und seine Bekämpfung, 1989; *Ikas*, Zum Recht der elektronischen Zahlung mit Debetkarten in bargeldlosen Kassensystemen (EFTPOS), 1992; *Kleine*, Aktuelle Probleme im ec-Geldautomaten-System nach deutschem Recht, 1991; *Klingner-Schmidt*, Die Rechtsstrukturen im ec-Service – eine Untersuchung über die verschiedenen Funktionen der eurocheque-

b) Gründe für die Beliebtheit der ec-Karte als Nebenzahlungsinstrument

Diese Zahlen, der ungebrochene Trend hin zur ec-Karte, legen die Frage nach den Gründen nahe. Die ec-Karte ist attraktiver, doch für welchen Beteiligten? Die Händler und Kreditinstitute bilden die treibende Kraft, ihre Kosten-Nutzen-Analyse steht im Vordergrund. Noch bedeutsamer erscheint der Einfluß der Händler. Dies legt einerseits die Geschichte der Einführung des POZ nahe, und andererseits sind sie es, die den Kunden bei der Wahl des Zahlungsinstruments beeinflussen können. Entscheidungsparameter sind primär das Mißbrauchsrisiko sowie die Kosten der Einzeltransaktion.

Unter beiden Aspekten ist der Einsatz von ec-Karten im Rahmen des POS *für den Händler* günstiger als die Euroscheck- und die Kreditkartenzahlung. Bei Hereinnahme eines Euroschecks muß der Händler gewärtigen, daß er den Garantieanspruch im Falle der Unterschriftsfälschung verliert, falls er die Fälschung grobfahrlässig nicht erkennt, bei Fälschung des Vordrucks oder der Karte sogar unabhängig von jeder Fahrlässigkeit.[12] Die Lage bei der Kreditkarte ist im wesentlichen die gleiche,[13] die Rückbelastungsmöglichkeit kommt hinzu.[14] Demgegenüber erhält der Händler beim POS die Autorisierung der Bank, muß also die Verifizierung nicht selbst vornehmen und läuft deshalb auch nicht Gefahr, sich dem Vorwurf grober Fahrlässigkeit auszusetzen. Allenfalls bei positiver Kenntnis dahingehend, daß der Kunde seine individuelle Nutzungsgrenze überschreitet und das Institut dies nicht duldet, kann an den Entfall des Zahlungsanspruchs des Händlers gedacht werden (unten III 3 d). Und wenn ein Einwand bei liquider Beweisbarkeit von Mängeln im Valutaverhältnis anerkannt wird, dann bei allen drei Formen gleichermaßen.

Von erheblicher, teils sogar von vorrangiger Bedeutung ist der Kostenaspekt. Allein mit ihm ist der Erfolg des POZ – auch im Verhältnis zum POS – zu erklären, und insbesondere der Umstand, daß der Handel eine „wilde" Vorform des POZ entwickelte (unten IV 1). Beim Euroscheck fallen

---

Karte und die daraus resultierenden Haftungsrisiken der Bankkunden, 1993; *Schneider, Claus*, Point of Sale-Zahlungen mit der ec-Karte, 1990.

12 Vgl. statt aller *Nobbe*, in: *Schimansky/Bunte/Lwowski* (Hrsg.), Bankrechtshandbuch, 1997, § 63 Rdn. 108 f.

13 Vgl. etwa *Custodis*, Das Kreditkartenverfahren, 1970, S. 68, 77.

14 BGH NJW 1990, 2880 (2881) = WM 1990, 1059 (1060 f.); strittig, vgl. etwa *Hammann*, Die Universalkreditkarte – ein Mittel des bargeldlosen Zahlungsverkehrs, 1991, S. 182 f., 187-190; *Martinek* (oben Fn. 6) § 67 Rdn. 39.

– neben einer komplizierteren Bearbeitung[15]– für den Händler typischerweise Gebühren in Höhe von etwa 1% oder 4,- DM an, bei Kreditkarten von 3-5% vom Umsatz[16] (daneben ein Zahlungsaufschub),[17] bei POS heute von 0,3% des Umsatzes, mindestens 0,15 DM (Nr. 5 der POS-Händlerbedingungen). Zudem wird die Fälligkeit der Schuld aus dem Valutaverhältnis nicht hinausgeschoben; allerdings kommen Leitungskosten hinzu. Beim POZ sinken die Kosten gar auf eine einmalige Gebühr von 0,10 DM bei Sperrabfrage (Nr. 6 der POZ-Händlerbedingungen), die nur bei Umsätzen über 60,- DM vorgeschrieben ist. Angesichts des Verbreitungsgrades der ec-Karte in Europa wird der rational gewinnmaximierende Händler versuchen, Kunden, die nicht aus Übersee kommen oder ihren Verfügungsrahmen erschöpft haben, zu animieren, als Zahlungsinstrument die ec-Karte einzusetzen.

Auf Seiten der Kreditinstitute ergibt sich folgendes Bild: Zwischen POS und POZ wählten sie nicht freiwillig, hier war es der Druck des Handels, der zur Einführung des POZ, der Abwicklung ohne Zahlungsgarantie mit ungleich geringerem Gebührenaufkommen führte (unten IV 1). Die Zahlung mit der ec-Karte mit Zahlungsgarantie – also im POS-System – zu fördern, bot sich für die Kreditinstitute zwar nicht von der Gebührenbilanz her an, wohl jedoch von den Kosten der Bearbeitung[18] sowie von der Bilanz der Mißbrauchsgefahren her: Das Fälschungsrisiko tragen nach dem Gesagten bei Euroscheck (und Kreditkarte) zwar in Ausnahmefällen die Händler, bei der ec-Karte nicht. Die Schäden aus den Mißbrauchsfälle waren für sie dennoch gerade bei der ec-Karte besonders gering – in Relation zum Gesamttransaktionsvolumen – und dies auch solange sie diese Schäden noch in allen Fällen (außer bei Vorsatz) zu 90% trugen.[19] Dies begründet sich damit, daß vor allem zwei Sicherungsinstrumente kein Äquivalent beim

---

15 *Nobbe* (oben Fn. 12) § 63 Rdn. 6.

16 *Martinek* (oben Fn. 6) § 67 Rdn. 4.

17 Vgl. etwa *Hammann* (oben Fn. 14) S. 28; *Harbeke*, Die POS-Systeme der deutschen Kreditwirtschaft – eine Darstellung unter rechtlichen Aspekten, WM Sonderbeil. 1/1994, S. 3; *Martinek* (oben Fn. 6) § 67 Rdn. 4.

18 *Bertrams*, Point-of-Sale – das Zahlungssystem der Zukunft?, ZIP 1985, 963 (965); *Häde*, ZBB 1994, 33 (41); *Nobbe* (oben Fn. 12) § 63 Rdn. 7; *Strube*, Haftungsrisiken der ec-Karte, WM 1998, 1210 (1211); allgemeiner auch *Hartmann*, Organisation und Abwicklung des Zahlungsverkehrs im Europäischen Binnenmarkt, WM 1993, 982 (983).

19 Vgl. zu den Schäden bei selbständigem Einsatz der ec-Karte: *Aepfelbach/Cimiotti*, WM 1998, 1218 (1221).

Euroscheck haben: Die gesicherte Trennbarkeit von PIN und ec-Karte (durch Auswendiglernen der PIN) und die Sperrmöglichkeit, also ein Reaktionsinstrument bei Verlust der Karte.

2. Die ec-Karte als multifunktionales Instrument

Die ec-Karte kann am Geldausgabeautomaten des Instituts des Kunden eingesetzt werden. Hier geht es um ein Zweipersonenverhältnis, regelmäßig um die Geltendmachung und (Teil-)Erfüllung einer bestehenden Forderung (Guthaben) gegen das eigene Institut (dazu unten II). Fast alle ec-Karten-spezifischen Probleme zeigen sich bereits hier, im Bank-Kunden-Verhältnis. Sodann kann die ec-Karte als selbständiges Zahlungsinstrument zur Barabhebung an Geldausgabeautomaten fremder Institute eingesetzt werden oder, strukturell grundsätzlich identisch, zur Begleichung einer Rechnung beim Händler, wobei das eigene Institut die Transaktionen authorisiert und garantiert (sog. GAA beim fremden Institut bzw. POS, unten III). Die ec-Karte kann außerdem als selbständiges Zahlungsinstrument eingesetzt werden zur Ausstellung eines Auftrags zum Einzug im Wege der Lastschrift, wiederum beim Händler, hier nun ohne Zahlungsgarantie des eigenen Instituts (sog. POZ, dazu unten IV).

All diese Funktionen waren schon in den ec-Karten-Bedingungen 1995 vorgesehen – und zwar auch für das Ausland (dazu dann V), wobei insoweit nicht alle Institute in Deutschland die entsprechende Möglichkeit auch tatsächlich eröffnen. In den Bedingungen 1/1997 kam eine weitere Funktion hinzu, die ec-Karte als sog. elektronische Geldbörse, die mit ihrem integrierten Chip am Terminal des eigenen Instituts aufgeladen und am Terminal des Händlers oder Dienstleisters entladen wird. Alle diese Funktionen sind grundsätzlich flächendeckend für alle Kreditinstitute und Kunden gedacht. Daher wurden sie in die vom jeweiligen Spitzenverband empfohlenen ec-Karten-Bedingungen aufgenommen. Andere Funktionen können hinzu kommen, jedoch nunmehr auf der Grundlage besonderer Klauselwerke der einzelnen Institute, also instituts-, nicht branchenbezogen. Allgemeine Rechtsquellen iwS bilden für die folgende Betrachtung nur die branchenbezogenen Klauselwerke.

3. Rechtsquellen

Wie bei den meisten Zahlungsinstrumenten treten drei Normgruppen nebeneinander: Dies sind zum einen die *Regeln des 10., 20. und 21. Titels des Schuldrechts*, Besonderer Teil (Auftrag, Schuldversprechen, Anweisung), Nach ihnen sind die Phänomene in der zivilrechtlichen Betrachtung zu qualifizieren, sie sind jedoch nicht speziell auf die Instrumente des Zahlungsverkehrs zugeschnitten. Für GAA, POS und POZ liegen hier keine spezifischen Probleme. Der Diskussionsstand vor allem zu Zahlungsversprechen und Garantie sowie zu Abstraktheit und Einwendungsausschluß bei anderen Zahlungsinstrumenten gilt auch hier – mit der charakteristischen, bereits erwähnten Besonderheit, daß nicht der Händler die Berechtigung verifiziert und diesbezügliche Fahrlässigkeitsvorwürfe entfallen.

Den zweiten Regelkomplex bilden die *Klauselwerke*. Im Falle der *GAA* bestehen sie aus nur zwei Unterteilen: der Vereinbarung zwischen den Spitzenverbänden der Kreditinstitute, die nicht als AGB zu qualifizieren sind,[20] und den Bedingungen für ec-Karten, die allein das in der Vereinbarung Vorgesehene auch im Verhältnis zum Kunden zum Tragen bringen, AGBs darstellen und heute in der Fassung 1/1997 gelten.[21] Vorangegangen sind: die Fassung 1989, als Scheck-Bedingungen und ec-Kartenbedingungen zusammengeführt wurden, erstmals auch das POS ausgestaltet wurde und die Haftungsregelung sich änderte; und die Fassung 1995, als das POZ hinzukam sowie das grenzüberschreitende POS, das edc-Maestro-System, letzte Teile der Scheckbedingungen integriert wurden und sich wiederum die Haftungsregelung änderte. 1997 kam die elektronische Geldbörse hinzu. Im Falle des *POS und POZ* besteht das Kompendium von Klauselwerken aus vier Untergruppen, für POS und POZ jeweils gesondert.[22] Die vier Untergruppen bilden: wiederum eine Vereinbarung zwischen den Spitzenverbänden der Kreditinstitute; wiederum die Bedingungen für ec-Karten, die das Verhältnis der Kreditinstitute zu den Kunden regeln und die den einzigen Teil jedes dieser Komplexe bilden, der GAA, POS und POS zusammen

20 BGH WM 1989, 1754 (1755); *van Gelder*, in: *Schimansky/Bunte/Lwowski* (Hrsg.), Bankrechtshandbuch, 1997, § 58 Rdn. 115; ausführlich *Schäfer*, Die zivilrechtliche Qualifizierung der Interbankenabkommen, 1990, S. 174-188.

21 Vgl. den Abdruck in Anhang III.

22 Vgl. die Übersichten sowohl für das POS als auch für das POZ in den Anhängen I und II.

erfaßt und verklammert;[23] darüber hinaus eine Untergruppe, die das Verhältnis zum Händler regelt, mit insbesondere den sog. Bedingungen zur „Teilnahme" am System;[24] sowie zuletzt eine Untergruppe, die die Rechtsverhältnisse und Aufgaben des sog. Netzbetreibers betrifft, der das Netz zwischen Händlern und Kreditinstituten aufbaut, also einen Knoten zwischen einer Anzahl von Händlern und von Kreditinstituten bildet, für den Datenfluß sorgt und einige Aufgaben bei der Abwicklung übernimmt. Seine Position ist noch kaum problematisch geworden, er bleibt fortan unberücksichtigt.[25]

Einen dritten Regelungskomplex bildet bei Instrumenten des Zahlungsverkehrs zunehmend *supra- oder internationales Einheitsrecht.*[26] Für die ec-Karte als selbständiges Zahlungsinstrument sind insoweit vier Empfehlungen der Kommission der Gemeinschaft aus den Jahren 1987,[27] 1988,[28] 1990[29] und 1997[30] zu nennen. Die zuletzt genannte könnte, wenn sich die Geschichte der Überweisungs-Richtlinie wiederholt und nach dem 31.12.1998, wie im 12. Erwägungsgrund und in Art. 11 der Empfehlung angekündigt, verbindliche Maßnahmen ergriffen werden, den Kern für eine EG-Richtlinie bilden. Diese würde, wenn es bei Art. 1 I lit. a der Empfehlung iVm der Erklärung im 3. Erwägungsgrund bliebe, die GAA, das POS, die Kreditkarte und wohl auch das POZ erfassen. Nach der Überweisung, die erst 1997

---

23 Vgl., wie gesagt, Anhang III.

24 Für das POS abgedruckt in Anhang IV.

25 Dazu etwa *Harbeke*, WM Sonderbeil. 1/1994, S. 4 f., 11.

26 Kurzüberblick über das supranationale Recht insoweit bei: *Grundmann*, Europäisches Schuldvertragsrecht – das Europäische Recht der Unternehmensgeschäfte (nebst Texten und Materialien zur Rechtsangleichung), 1998, § 7 Einl. Rdn. 18 sowie 4.21 Rdn. 7-10.

27 Empfehlung 87/598/EWG der Kommission vom 8.12.1987 für einen Verhaltenskodex im Bereich des elektronischen Zahlungsverkehrs (Beziehungen zwischen Finanzinstituten, Händlern/Dienstleistungserbringern und Verbrauchern), ABl.EG 1987 L 365/72; Hierzu: *Fischer*, EG-Empfehlungen zum kartengesteuerten Zahlungsverkehr, WM 1989, 397.

28 Empfehlung 88/590/EWG der Kommission vom 17.11.1988 zu Zahlungssystemen, insbesondere zu den Beziehungen zwischen Karteninhabern und Kartenausstellern, ABl.EG 1988 L 317/55; Hierzu: *Fischer*, WM 1989, 397.

29 Empfehlung 90/109/EWG der Kommission vom 14.02.1990 zur Transparenz der Bankkonditionen bei grenzüberschreitenden Finanztransaktionen, ABL.EG 1990 L 67/39.

30 Empfehlung 97/489/EG der Kommission vom 30.7.1997 zu den Geschäften, die mit elektronischen Zahlungsinstrumenten getätigt werden (besonders zu den Beziehungen zwischen Emittenten und Inhabern solcher Instrumente), ABl.EG 1997 L 208/52.

durch EG-Richtlinie geregelt wurde,[31] würde das praktisch zweitwichtigste Zahlungsinstrument Gegenstand eines Harmonisierungsakts, zudem wieder ein Zahlungsinstrument mit erheblichem grenzüberschreitenden Potential. Früher hatte sich die Kommission bei neuen grenzüberschreitenden Zahlungsinstrumenten von Gewicht noch auf höchst punktuelle Regelungen beschränkt – durch Vorgabe bzw. Verbot einiger Klauseln in wettbewerbsrechtlichen Instrumentarien, vor allem für den Euroscheck. Überhaupt bilden international einheitlich praktizierte Klauseln und gemeinschaftsrechtliche Harmonisierung gegenwärtig die beiden Hauptformen und -alternativen für eine spezifische vertragsrechtliche Regelung von Zahlungsinstrumenten.[32] Und zumindest im rein kaufmännischen Verkehr verhilft Gemeinschaftsprimärrecht den Klauselwerken zur Durchsetzung auch gegenüber entgegenstehenden nationalen Regeln zur Inhaltskontrolle.[33] Völlig unberührt von solchen supra- oder internationalen Tendenzen blieb allein die traditionelle Lastschrift – wohl mangels Masse, vor allem jedoch mangels grenzüberschreitendem Potential.

II. Geldautomatenauszahlung (GAA) beim kartenemittierenden Institut

1. Zwei-Personen-Verhältnis

Unproblematisch sind die allgemeinen Fragen. Der Geldautomatenzahlung beim kartenemittierenden Institut liegt ein Zwei-Personen-Verhältnis zugrunde. In ihm ist ein gesonderter Vertrag über die Bereitstellung und Nutzung der ec-Karte, der ec-Karten-Vertrag, vom Girovertrag zu trennen, um beiden Seiten eine gesonderte Entscheidung über die Eingehung der

---

31 Richtlinie 97/5/EG des Europäischen Parlaments und des Rates vom 27.01.1997 über grenzüberschreitende Überweisungen, ABl.EG 1997 L 43/25; dazu vgl. nur *Grundmann* (oben Fn. 26) unter 4.13.

32 Über die vertragsrechtlichen Fragen hinaus weisen diejenigen des Wettbewerbsrecht (§ 102 GWB, § 1 UWG, durchaus auch Art. 85 EGV) und des Datenschutzrechtes (§§ 6 und 24 BDSchG). Zu den Fragen der sog. elektronischen Willenserklärung vgl. unten bei Fn. 80.

33 *Grundmann*, Law merchant als lex lata Communitatis – insbesondere die Unidroit-Principles, FS Rolland 1998 (im Erscheinen); *ders.* (oben Fn. 26) 1. Teil Rdn. 100-104.

zusätzlichen Risiken zu ermöglichen.[34] Der ec-Karten-Vertrag ist ein Geschäftsbesorgungsvertrag.[35] Streitig ist nur, ob die dienst- oder die werkvertraglichen Elementen dominieren.[36] Entscheidend ist hierfür letztlich, wie die im folgenden erörterten Sachfragen zu beantworten sind.

2. Der Auszahlungsanspruch

a) Finanzielle Nutzungsgrenze und Verfügungsrahmen

Ein erster Fragenkomplex zum Auszahlungsanspruch betrifft den Normalbetrieb. In ihm bilden *finanzielle Nutzungsgrenze* und *Verfügungsrahmen* Schranken für einen Anspruch auf Auszahlung am Geldausgabeautomaten des eigenen Instituts. Beim ersten handelt es sich um den Zahlungsanspruch, den der Kunde allgemein im Rahmen eines Girovertrages aufgrund vorhandenen Kontokorrentguthabens oder bei Einräumung einer Kreditlinie hat. Der Verfügungsrahmen betrifft demgegenüber allein den Einsatz der ec-Karte als eines selbständigen Zahlungsinstruments. Die Nutzungsgrenze ist daher im Allgemeinen Teil der Bedingungen geregelt, der Verfügungsrahmen demgegenüber allein in den besonderen Bestimmungen für die ec-Karte (in Abschnitt III unter 2.1). Es handelt sich um den Betrag, über den der Kunde innerhalb einer Woche – üblicherweise beginnend jeweils montags – durch Einsatz der ec-Karte (bei der GAA oder beim POS) verfügen kann. Den Betrag setzt das Kreditinstitut nach der genannten Bestimmung fest, typischerweise auf 2000,- bis 3000,- oder 3500,- DM. Eine Abänderung ist einverständlich möglich und vorgesehen. Dabei wird insbesondere auch die Höhe der finanziellen Nutzungsgrenze berücksichtigt. Je mehr Geld auf dem Konto, je höher die Nutzungsgrenze, desto höher typischerweise auch der Vergügungsrahmen.

Daß das Kreditinstitut eine Auszahlung jenseits der *finanziellen Nutzungsgrenze* verweigern kann, ergibt sich daraus, daß insoweit kein Zahlungsanspruch aus Kontokorrentguthaben oder Kreditzusage (Kreditlinie)

---

34 *Bertrams*, ZIP 1985, 963 (966); *Gößmann*, WM 1998, 1264 (1265, 1272).

35 *Gößmann*, WM 1998, 1264 (1265); *Pfeiffer*, ec-Bedingungen der Banken und Sparkassen, in: Graf v. Westphalen (Hrsg.), Vertragsrecht und AGB-Klauselwerke, 10/1996, Rdn. 12.

36 Für das Letztere die h.M., vgl. *Gößmann*, WM 1998, 1264 (1265); *Pfeiffer* (oben Fn. 35) Rdn. 13; a.A. OLG Frankfurt, ZIP 1993, 665.

besteht. Abschnitt II Nr. 3 I stellt denn auch nur eine Information dar, keine Verabredung und AGB. Die Hauptfragen hinsichtlich der finanziellen Nutzungsgrenze betreffen die unerlaubte Überschreitung (dazu sogleich beim Mißbrauch).

Den *Verfügungsrahmen* muß der Kunde nicht einhalten, bei seiner Überschreitung ist freilich eine ec-Kartenverfügung bei funktionierendem System nicht möglich. Die einzige Grenze, zu deren Achtung er vertraglich verpflichtet ist (unabhängig davon, ob der Verfügungsrahmen erschöpft oder noch nicht erschöpft ist), bildet die finanzielle Nutzungsgrenze.[37] Dennoch wird durch die Festsetzung des Verfügungsrahmens die Geltendmachung von Zahlungsansprüchen durch Einsatz der ec-Karte zumindest faktisch beschränkt.

Der Verfügungsrahmen dient der Mißbrauchsvorbeugung: zunächst derjenigen gegenüber Mißbrauch von Dritten, denn dieser kann etwa mit der gefundenen Karte und PIN nur noch den restlichen Verfügungsrahmen und nicht Guthaben und Kreditlinie ausschöpfen und muß dann den Ablauf der Woche abwarten, bis zu dem die Karte längst gesperrt sein sollte. In dieser Funktionsweise ist der Verfügungsrahmen kundenschützend. Bei Nichteinhaltung treffen daraus resultierende Verluste allein die Kreditinstitute.

Die Festlegung eines beschränkten Verfügungsrahmen bildet daher einen Eckstein des Systems, dieses Instrument macht das Gesamtsystem für alle Beteiligten zu einem System mit beschränkter Haftung. Die klauselrechtliche Wirksamkeit dieses Ecksteins soll daher etwas intensiver begründet werden. Problematisch ist sie nur, weil der Verfügungsrahmen faktisch auch der Vorsorge gegen einen Mißbrauch durch den Karteninhaber dient, allerdings nur unvollständig: Da zwar bei der Auszahlung am Geldausgabeautomaten des kartenemittierenden Instituts, nicht jedoch bei jedem sonstigen Einsatz der ec-Karte die finanzielle Nutzungsgrenze geprüft werden kann, hilft der Verfügungsrahmen dem Kreditinstitut nur, einen sich anbahnenden, sonst nicht erkennbaren Mißbrauch in betragsmäßig abgegrenzten Stücken, in abgegrenzten Wochentranchen, zu erkennen und durch Sperre der Karte zu reagieren. Unvollständig ist der Schutz, da der Verfügungsrahmen nicht etwa

37 Ein noch nicht ausgeschöpfter Verfügungsrahmen erweitert den Nutzungsrahmen rechtlich nicht: *Ahlers*, Die neuen Bedingungen für ec-Karten, WM 1995, 601 (602); *Gößmann*, WM 1998, 1264 (1266, 1272); *Pfeiffer* (oben Fn. 35) Rdn. 136; *Schröter*, Die neuen Bedingungen für ec-Karten, ZBB 1995, 395 (398).

für parallel ausgegebene Euroschecks gilt und da die Kreditlinie immerhin in Höhe des Verfügungsrahmens überzogen werden kann, bevor das Kreditinstitut die erste Chance zur Reaktion hat.

Klauselrechtlich ist die Festlegung eines Verfügungsrahmens über jeden Zweifel erhaben.[38] Ist die Regelungsphilosophie des AGBG darin zu sehen, daß bei Verwendung von AGB strukturell bedingte und sinnvollerweise nicht ausräumbare Informationsasymmetrien auftreten und es daher an der Richtigkeitsgewähr fehlt,[39] so dürfte die Festlegung des Verfügungsrahmens für den jeweiligen Kunden schon nach § 8 AGBG kontrollfrei bleiben. Soweit der Mißbrauch durch Dritte beschränkt werden soll, bedeutet die Festlegung jedenfalls keine Benachteiligung iSv § 9 I und II AGBG, und, wenn parallel Euroschecks ausgegeben werden, dominiert diese Zielrichtung so sehr,[40] daß sie für die Beurteilung entscheidend ist. Umgekehrt unterliegen Klauseln, die den Zweck haben, Mißbräuchen der anderen Vertragspartei vorzubeugen, allenfalls einem Übermaßverbot (hohe Vertragsstrafen etc.)[41] – trotz belastender Tendenz. Hierbei muß dem Institut wegen Haftungsrisiken, die umgekehrt bei zu hoher Festsetzung des Verfügungsrahmens drohen könnten, ein Beurteilungsspielraum eingeräumt werden. In

38 Für Wirksamkeit auch *Gößmann*, WM 1998, 1264 (1272); *Pfeiffer* (oben Fn. 35) Rdn. 136.

39 Die Informationskosten der Kunden sind, bezogen auf den einen Fall des Einsatzes der Allgemeinen Geschäftsbedingungen, ungleich höher als diejenigen des Verwenders bezogen auf jeden einzelnen der vielen Fälle des Einsatzes. Ausführlich dazu: *Adams*, Ökonomische Begründung des AGB-Gesetzes – Verträge bei asymmetrischer Information, BB 1989, 781 (787); *Habersack*, Vertragsfreiheit und Drittinteressen – eine Untersuchung zu den Schranken der Privatautonomie unter besonderer Berücksichtigung der Fälle typischerweise gestörter Vertragsparität, 1992, S. 108 f.; *Frh. v. Hoyningen-Huene*, Die Inhaltskontrolle nach § 9 AGB-Gesetz – ein Kommentar, 1991, Rdn. 19 f.; *Köndgen*, Grund und Grenzen des Transparenzgebots im AGB-Recht – Bemerkungen zum „Hypothekenzins-“ und zum „Wertstellungs-Urteil“ des BGH, NJW 1989, 943 (946 f.); *Koller*, Das Transparenzgebot als Kontrollmaßstab Allgemeiner Geschäftsbedingungen, FS Steindorff 1990, 667 (669 f.); und aus ökonomischer Sicht: *Schäfer/Ott*, Lehrbuch der ökonomischen Analyse des Zivilrechts, 2. Aufl. 1995, S. 420-422.

40 Der mißbrauchswillige Kunde behält de facto diese Option, da er Euroschecks mit der Karte ausstellen kann. Der Verfügungsrahmen wirkt also nur beschränkend für einen Dritten, etwa einen Finder, der allein die Karte in Händen hält.

41 Ulmer/*Brandner*/Hensen/Schmidt, AGB-Gesetz – Kommentar zum Gesetz zur Regelung des Rechts der Allgemeinen Geschäftsbedingungen, 8. Aufl. 1997, § 9 AGBG, Rdn. 74. In der vorliegend erörterten Gestaltung hat man wohl sogar das mildest mögliche Mittel zu sehen.

diesem Zusammenhang ist zudem zu berücksichtigen, daß nur eine Form der Anspruchsgeltendmachung, nicht diese selbst beschränkt wird.

b) Anspruch auf Aufrechterhaltung des Betriebs?

Die zweite Frage zum Auszahlungsanspruch betrifft den gestörten Betrieb: Schuldet das Kreditinstitut die Aufrechterhaltung des Betriebs zumindest im Zweipersonenverhältnis? Zu unterscheiden ist zwischen fehlerhafter Ausführung und gänzlichem Ausfall des Automaten. Unzweifelhaft ist im ersten Fall die Schuld des kontoführenden Instituts nicht (teilweise) erfüllt bzw. hat dieses keinen Aufwendungsersatzanspruch erworben. Nur der gänzliche Ausfall ist problematisch und hier nur der Mangelfolgeschaden, etwa in der Form, daß ein anderer Geldautomat mit dem Taxi aufgesucht werden muß oder bei Abhebung am Geldausgabeautomaten eines anderen Instituts Gebühren anfallen oder gar ein wichtiges Geschäft mangels Liquidität nicht zustandekommt.

In der Fassung der ec-Karten-Bedingungen 1/1989 wurde in Nr. 7.2 noch klargestellt, daß die Funktionserhaltung nicht zugesagt sei. Dennoch wurde ein dahingehender Anspruch im Grundsatz nahezu einhellig bejaht, die Streichung der Klausel 1995 begrüßt.[42] Im System der Verschuldenshaftung wurden – von *Blaurock* – zunächst die Fälle ausgesondert, in denen Verschulden von Angestellten (§ 278 BGB) oder Organisationsverschulden (§ 276 BGB) festzustellen war. Insoweit wurde eine Haftung bejaht,[43] meist nicht explizit. Nur für den Restbereich war demnach die Frage wichtig, ob Versagen der Maschine nach § 278 BGB analog zugerechnet werden konnte – was kontrovers diskutiert wurde. Teils wurde eine Analogie bejaht,[44] teils die Sphärentheorie bemüht und darauf abgestellt, daß der Kunde ebenso Zugriff auf die Maschine habe wie das Kreditinstitut und eine Haftung abgelehnt.[45] Teils wird auch davon ausgegangen, es fehle an der Mahnung

42 *Schröter*, ZBB 1995, 395 (400).

43 *Blaurock*, Haftung der Banken beim Einsatz neuer Techniken im Zahlungsverkehr, CR 1989, 561 (564).

44 So grundsätzlich *Möschel*, Dogmatische Strukturen des bargeldlosen Zahlungsverkehrs, AcP 186 (1986) 187 (200 f.).

45 *Blaurock*, CR 1989, 561 (564).

und daher an der Ersatzfähigkeit,[46] obwohl doch die wohl h.M. schon bei fahrlässiger Zugangsvereitelung durch den Empfänger im Ergebnis Zugang zu diesem Zeitpunkt bejaht, wenn der Absender den Empfänger über die Willenserklärung später informiert.[47]

Die Problematik muß zwar im geltenden Recht in den bürgerlichrechtlichen Kategorien der Rechtsgeschäfts- und Haftungslehre gefaßt werden. Dennoch ist eine Benennung des wirtschaftlichen Problems hilfreich, zumal wenn der Gesetzgeber es andernorts bewertet hat. Die Barauszahlungsmöglichkeit am Geldausgabeautomaten ist auf Massentransaktionen kleineren Umfangs zugeschnitten, die routinemäßige Abwicklung ist wichtig. Bereits die Sorge um das Renommee des Systems ist Anreiz genug, die ökonomisch vertretbaren Aufwendungen für einen möglichst pannenfreien Betrieb zu machen, zumal flankierend die Partnerinstitute einen dahingehenden gesellschaftsrechtlichen Anspruch aus der Vereinbarung der Spitzenverbände haben: In Nr. 1 hat man sich zum (optimierten) Aufbau des Systems als einem gemeinsamen Zweck verpflichtet. Von den ökonomischen Anreizstrukturen her gesehen bedarf es keines weiteren „private advocat general“.

Fraglich ist jedoch, ob es sich hierbei nur um Überlegungen zur ökonomischen Anreizstruktur handelt oder ob diese auch rechtlich fruchtbar zu machen sind. Das Mißbehagen, Kreditinstitute für alle genannten Mangelfolgeschäden selbst bei Ausfall nur eines Geldausgabeautomaten potentiell haftbar zu machen, wird in der Vagheit fast jeder Stellungnahme spürbar.[48] In den Kategorien des Schadensrechts könnte man argumentieren, die Schadensminderungspflicht gebiete es meist, daß der Kunde kein Taxi zum nächsten Geldautomaten nehme. Doch wie, wenn dieser sich im nächsten Dorf befindet? Schon kühner wäre es, stets ein Mitverschulden anzunehmen, wenn sich der Kunde auf das – nach der Prämisse von den Kreditinstituten zugesagte – Funktionieren der Automaten verläßt. Diese Kategorie wäre jedoch sicherlich hilfreich, wenn sich ein Kunde bei einem wichtigen Geschäft darauf verläßt, daß er – hier buchstäblich – das nötige Kleingeld am Geldausgabeautomaten erhält.

---

46 *Canaris* (oben Fn. 11) Rdn. 527i; *Gößmann*, WM 1998, 1264 (1272); *Pfeiffer* (oben Fn. 35) Rdn. 134.

47 BGH NJW 1983, 929 (930 f.); unstreitig, etwa Palandt (-*Heinrichs*), BGB, 57. Aufl. 1998, § 130 BGB, Rdn. 16.

48 Vgl. etwa *Gößmann*, WM 1998, 1264 (1272).

Klarer wäre die Abgrenzung, die die Empfehlung der EG-Kommission von 1997 in Art. 8 I, II als gemeinschaftlich vorgebenen Minimumstandard vorschlägt. Sie ist nicht nur deswegen auch rechtlich potentiell von Bedeutung, weil sie wohl in eine denkbare oder sogar wahrscheinliche EG-Richtlinie bis ca. 2001 eingehen wird, sondern weil sie exakt derjenigen in der bereits verabschiedeten EG-Richtlinie zur Überweisung von 1997 entspricht.[49] Zumindest hierfür wird dieser Standard also in den nächsten Jahren im deutschen Recht verankert sein. Daß – grundsätzlich mögliche – strengere nationale Regeln in Deutschland erlassen werden, ist angesichts der bisher weniger weitreichenden Regeln zur Überweisungskette unwahrscheinlich. Die Regelung hat zwei Inhalte: Einerseits haftet die Kreditinstitutsseite für Pannen an eigenen (jedoch auch an fremden Automaten); andererseits ist die Haftung auf Betrag des nicht abgewickelten Geschäfts (mit Zinsen) beschränkt, so daß der Kunde in den Stand vor der Transaktion versetzt wird, während umgekehrt die genannten Mangelfolgeschäden nach dem gemeinschaftsrechtlichen Minimumstandard nicht ersetzt werden. Daß sich in der Empfehlung die gleiche Abgrenzung wie in der Überweisungs-Richtlinie findet, ist im ersten Teil, soweit eine Haftung bejaht wird, nur für einen Sonderfall von Belang: Die Empfehlung erfaßt auch Überweisungen, zu denen die Weisung im Wege des Homebanking erteilt wird. Hier kann es zu einem Verlust des Betrages in der Überweisungskette kommen, während beim Einsatz der ec-Karte der Betrag entweder dem Kunden zugeflossen bzw. der Zahlungsanspruch beim Händler begründet worden ist oder aber das angegangene Kreditinstitut diese Positionen noch nicht aus den Händen gegeben hat. Für den Einsatz der ec-Karte ist also – abgesehen von den Homebanking-Überweisungs-Fällen – nur die zweitgenannte, negative Aussage von Bedeutung: kein Ersatz der genannten Mangelfolgeschäden. Es wird also aufgrund des Routinecharakters des Geschäfts und angesichts ausreichender ökonomischer Anreizstrukturen, für einen möglichst pannenfreien Betrieb zu sorgen, dahingehend entschieden, daß der Kunde sich gerade nicht in jedem Einzelfall, sicherlich nicht bei wichtigen Geschäften, auf einen störungsfreien Betrieb des Geldautomaten verlassen darf. Und die kleinen Zusatzaufwendungen (Taxi, Gebühr beim fremden Institut) werden dem Kunden aufgebürdet. Andernfalls, so offenbar die Überlegung, würde das System aufgrund der drohenden Abwicklungsaufwendungen für alle

---

49 Nachweise für beide Rechtsakte oben Fn. 30 f.

teurer. Umgekehrt kommen die Preisvorteile alle Kunden zugute. Es erscheint, da auch die Lasten typischerweise jeden Kunden einmal treffen, daher vertretbar, Lasten und Nutzen im Gesamtsystem gegeneinander aufzurechnen.

Diese gesetzgeberische Wertung ist, selbst solange sie nur im Recht der Überweisung ins deutsche Recht Eingang findet, auch für den hier behandelten Bereich relevant. Denn die Aufrechterhaltung des GAA-Betriebs ist in vergleichbarem, tendenziell sogar höherem Maße Gegenstand routinemäßiger, ja automatisierter Abwicklung als der Überweisungsverkehr und umgekehrt steht dem Kunden, der um die Wichtigkeit eines Geschäftes weiß und daher auf sichere, nicht nur routinemäßige Abwicklung angewiesen ist, wiederum ein Alternativinstrument zur Verfügung: bei der Überweisung die Absicherung durch Individualabrede, beim ec-Karten-Einsatz das Arsenal anderer Zahlungsinstrumente und der Schalterabhebung zu den Schalterstunden.

3. Mißbrauchs- und Fälschungsrisiko

Der sicherlich schwierigste und umstrittenste Fragenkomplex zur GAA beim eigenen Institut betrifft das Mißbrauchs- und Fälschungsrisiko. Einfacher gestaltet sich die Rechtslage beim Mißbrauch durch den Kunden.

a) Mißbrauch durch den Kunden

Von mißbräuchlichem Einsatz der ec-Karte seitens des Kunden ist nach dem Gesagten allein bei Überschreitung der finanziellen Nutzungsgrenze zu sprechen – unabhängig vom Verfügungsrahmen. Wie weit die Nutzungsgrenze gezogen ist, mag manchmal erst durch Auslegung zu ermitteln sein, vor allem, ob mit mehrfacher Duldung konkludent die Ausdehnung der Nutzungsgrenze vereinbart wurde. Eine Frage des objektiven Rechts stellt sich in diesem Zusammenhang dahingehend, ob das Kreditinstitut verpflichtet sein kann, den Kunden an einer unvernünftigen Kreditinanspruchnahme jenseits der Nutzungsgrenze zu hindern. Die Prüfungen beim Einsatz der ec-Karte erfolgen über Autorisierungszentralen (typischerweise für mehrere Kreditinstitute), die über die Daten zum Verfügungsrahmen, nicht jedoch über diejenigen zur ungleich komplexeren und „intimeren“ finanziellen Nutzungsgrenze verfügen. Anders ist dies beim noch weitergehend technisch ausgestatteten System der Deutschen Bank. Besteht ein Zwang, sich technisch aufzurüsten, um die Nutzungsgrenze durchsetzen zu können? Logisch vorgelagert ist die oben aufgeworfene Frage, ob überhaupt die Pflicht bestehen kann, den Kunden an einem unvernünftigen Überschreiten der Nutzungsgrenze zu hindern. In den Stellungnahmen wird eine eher diffuse Interessenabwägung vorgeschlagen; teils wird eine Verantwortung aufgrund überlegenden Wissens und aufgrund der Professionalität des Instituts bejaht.[50]

Auszugehen ist demgegenüber von bestehenden gesetzlichen Wertungen. Wenn Einschränkungen der Privatautonomie und der Eigenverantwortung für privatautonom gesetzte Verpflichtungstatbestände im deutschen Zivilrecht davon abhängig gemacht werden, daß eine strukturell bedingte Ungleichgewichtslage zwischen den betroffenen Parteien bestand,[51] so liegt dem letztlich Gedankengut zugrunde, das (auch) in einer ordoliberalen Wirtschaftsverfassung – im Gemeinschaftsrecht ebenso wie im deutschen Recht – Niederschlag gefunden hat. Individuelles Versagen ist allenfalls in eng umrissenen – krankhaften oder ähnlichen – Zuständen relevant (etwa §§ 105, 138 II BGB). Nur Marktversagen, das sich auf strukturell bedingte Ungleichgewichtslagen zurückführen läßt, erlaubt generellere Einschränkungen. Der Kunde ist jedoch nicht – mit strukturell bedingter Notwendigkeit – über die wesentlichen Folgen von hoher Verschuldung desinformiert.

Diese Grundsatzüberlegung wird bestätigt und präzisiert durch gesetzgeberische Wertungen in den jüngsten bankrechtlichen Rechtsakten. Sedes materiae für die aufgeworfene Frage und die insoweit relevanten gesetzgeberischen Wertungen sind primär die EG-Verbraucherkredit-Richtlinie[52] und das deutsche Verbraucherkreditgesetz. Sie statuieren zwar Aufklärungspflichten hinsichtlich der Kreditpositionen (insbesondere zum Gesamtumfang der Belastungen), überantworten jedoch den Rückschluß auf die eigene

50 Dagegen *Gößmann*, WM 1998, 1264 (1266).

51 Grundlegend: *Canaris*, Verfassungs- und europarechtliche Aspekte der Vertragsfreiheit in der Privatrechtsgesellschaft, FS Lerche 1993, 873 (875 f., 886 f.); *Fastrich*, Richterliche Inhaltskontrolle im Privatrecht, 1992.

52 Richtlinie 87/102/EWG des Rates vom 22.12.1986 zur Angleichung der Rechts- und Verwaltungsvorschriften der Mitgliedstaaten über den Verbraucherkredit, ABl.EG 1990 L 61/14; Änderungen: ABl.EG 1990 L 61/14 und 1998 L 101/17.

Lage dem Verbraucher selbst.[53] Und auch Art. 11 der Wertpapierdienstleistungs-Richtlinie bzw. § 31 WpGH kennen zwar den Grundsatz des „Know Your Customer“.[54] Hiernach muß sich zwar das Kreditinstitut über die Präferenzstruktur des Kunden informieren und darüber aufklären, ob das fragliche Anlageinstrument diese trifft; die Festlegung der Präferenzen jedoch bleibt dem Kunden überantwortet, selbst wenn er beispielsweise weitgehend mittellos ist, jedoch schnell und riskant zu Geld kommen will, also „alles auf eine Karte“ setzt.[55] Das patriarchalische Modell einer Vorbeugung von hoher Verschuldung wurde von mancher Seite vehement propagiert, jedoch bewußt nicht gewählt.[56]

Der Mißbrauch durch den Kunden (überziehung), der demnach keine Bankpflichten begründet, führt zu einer Schuld iSv § 5 II VerbrKrG[57] und kann, vor allem bei Wiederholung, einen wichtigen Grund zu Kündigung[58] und zur Sperre der Karte nach II Nr. 6 der ec-Karten-Bedingungem begründen. Überzeugend wird die Sperre als Maßnahme zur Durchsetzung einer Kündigung, typischerweise aus wichtigem Grunde, im Wege der Selbsthilfe verstanden und daher ihre Zulässigkeit davon abhängig gemacht, daß solch eine Kündigung ausgesprochen wurde oder wird.[59]

---

53 *Grundmann* (oben Fn. 26) 4.10 Rdn. 2, 32; Münch.Komm. (*-Ulmer*), Schuldrecht – Besonderer Teil I, 3. Aufl. 1995, Vor § 1 VerbrKrG, Rdn. 3, 13; sowie (wenn auch den Zustand kritisierend) *Grimm*, Das neue Verbraucherkreditgesetz – ein verbraucherpolitischer Beitrag zur Umsetzung der EG-Richtlinie in nationales Recht, 1993, S. 114-119, 496-498.

54 Richtlinie 93/22/EWG des Rates vom 10.5.1993 über Wertpapierdienstleistungen, ABl.EG 1993 L 141/27; zum genannten Grundsatz vgl. nur Assmann/Schneider (*-Koller*), Wertpapierhandelsgesetz, 1995, § 31 WpHG, Rdn. 80-95; *Grundmann* (oben Fn. 26) 4.20 Rdn. 19 f.

55 *Grundmann* (oben Fn. 26) 4.20 Rdn. 20; ausführlicher: Assmann/Schneider *(-Koller)* (vorige Fn.) § 31 WpHG, Rdn. 80 f.; nahezu eine Betreuungsflicht bei übermäßigem (wenn auch aufgedecktem) Risiko annehmend: *Schödermeier*, Nachforschungspflicht einer Bank als Vermögensverwalterin zur Person ihres Kunden, WM 1995, 2053 (2058); demgegenüber für eine Pflicht zur Zuspitzung der Nachfrage aus verfassungsrechtlichen Überlegungen: *Raeschke-Kessler*, Grenzen der Dokumentationspflicht nach § 31 II Nr. 1 WpHG – Anmerkungen zum Bankgeheimnis und informationellen Selbstbestimmungsrecht der Kunden, WM 1996, 1764 (1766 f.).

56 Vgl. dazu *Grundmann* (oben Fn. 26) 4.10 Rdn. 2 f.

57 *Gößmann*, WM 1998, 1264 (1266).

58 Vgl. *Ahlers*, WM 1995, 601 (601) (strafbar); wohl auch *Gößmann*, WM 1998, 1264 (1265); monographisch zum Strafrecht: *Ehrlicher* (oben Fn. 11).

59 *Gößmann*, WM 1998, 1264 (1266 f.); ähnlich wohl *Ahlers*, WM 1995, 601 (608); pauschaler für die Zulässigkeit der Klausel: *Blaurock*, CR 1989, 561 (567).

b) Mißbrauch durch Dritte – Regelungsentwicklung und Faktenlage

Noch ungleich umstrittener ist die rechtliche Behandlung der Fälle eines Mißbrauchs durch Dritte. Wichtig ist insoweit schon die Regelungsentwicklung und die Faktenlage zu Mißbrauchsgefahren und -wahrscheinlichkeit.

Keine Frage hat tiefgreifender Anlaß zu stets neuen Gestaltungen in den ec-Karten-Bedingungen gegeben und zu einer fast schon paradoxen *Regelungsentwicklung* geführt. Ende der 80er Jahre stand die Kritik von *Koller* an den damaligen Bedingungen noch fast allein,[60] obwohl bis zur Fassung 1/1989 der Kunde noch alle Schäden aus dem Mißbrauch tragen sollte – entsprechend der damals noch herrschenden Sphärentheorie, die *Ulmer* 1937 für das Wertpapierrecht entwickelt hatte.[61] 1989 änderte man dies primär aus Akzeptanzüberlegungen, die schon früh das Kreditwesen veranlaßt hatten, den Hauptteil des Schadens zu übernehmen (nach in den einzelnen Sparten unterschiedlichen, in der rechtlichen Problematik aber vergleichbaren Modellen). Beispielsweise wurde in den Privatbanken-Bedingungen 1989 der Schaden aus allen Mißbrauchsfällen Dritter zwischen Kunden und Kreditinstituten im Verhältnis von 10 zu 90 verteilt, unabhängig vom Verschulden des Kunden, jedoch auch bei grober Fahrlässigkeit. Der in dieser Gestaltung weiter mitschwingende Grundgedanke der Sphärentheorie war nach dem Massa-Karten-Urteil des BGH nicht aufrecht zu erhalten.[62] In den Bedingungen 1/1995 wurde daher die genannte Quote nur noch für vom Kunden fahrlässig ermöglichte Mißbrauchsfälle vorgesehen, allerdings bei grober Fahrlässigkeit der Kunde verpflichtet, den ganzen Schaden zu tragen, gemindert nur um die Quote eines Mitverschuldens des Kreditinstituts. Nach einer Anzeige des Kartenverlusts trägt das Kreditinstitut allein mögliche Schäden, weil dadurch eine Sperre ermöglicht wurde. Erstaunlich ist, daß diese Regelung eher stärker im Streit steht[63] als diejenige von vor 1989,

60 *Koller*, Die Verteilung des Scheckfälschungsrisikos zwischen Kunde und Bank, NJW 1981, 2433 (2438-2440); *ders.*, Der Verzicht auf die Prüfung von Scheckunterschriften, WM 1985, 821 (825); noch 1986 als vereinzelter Außenseiter angesehen, vgl. *Reiser*, Rechtliche Aspekte der Zahlungsverkehrsnetze, WM 1986, 1401 (1402).

61 *Ulmer*, Recht der Wertpapiere, 1938, S. 308; etwa noch implizit BGH WM 1984, 1213 (1214) (Kreditkarte).

62 BGH WM 1991, 1110.

63 Vgl. allein die Diskussion um das Urteil des OLG Hamm von 1997 (unten Fn. 76) und etwa die Stellungnahme von *Strube*, WM 1998, 1210; sowie *Ahlers*, WM 1995, 601 (601) („geteiltes Echo").

obwohl sie schlicht §§ 276, 254 BGB entspricht und im Bereich der leichten Fahrlässigkeit nur zur Privilegierung des Kunden führen kann.

Diese Regelung ist vor dem Hintergrund *einiger Fakten zu den Sicherheitsmerkmalen* des Systems zu sehen. Zentral ist das Zwei-Medien-Konzept: Nur durch Zusammenspiel der Karte und der Eingabe der richtigen, vierstelligen PIN kann die Verfügung ausgelöst werden. In zwei Fällen erfolgt die Verfügung allein durch ec-Karten-Einsatz und Unterschrift, beim POZ (dazu später) und bei ec-Karten-Transaktionen mancherorts im Ausland im edc-Maestro-System. Im POZ bleibt die Widerrufsmöglichkeit, im zweiten Fall übernehmen die Sparkassen-Bedingungen (nicht jedoch diejenigen der Privatbanken) den Schaden. Bei der Barauszahlung am Geldausgabeautomaten des eigenen Instituts wird das Zwei-Medien-Konzept lückenlos durchgeführt. Nutzt ein Kunde die Möglichkeit, eines der beiden Medien zu „entmaterialisieren", indem er die PIN auswendig lernt, ist das System, jedenfalls wenn die PIN nicht ermittelt werden kann, sicherer als bei Euroscheck und Kreditkarte, wo jeweils beide Medien materialisiert und damit einem Fremdzugriff ausgesetzt bleiben. Bei der Kreditkarte, wo nicht einmal eine Trennung möglich ist – die Unterschriftsvorlage wird mit der Karte gegeben – ist das Maß der Sicherheit nur so groß wie im genannten Beispiel mancher Länder im edc-Maestro-System.

Die Trennung der Medien, die Sperre der Karte nach Verlust, die vor allem für die Möglichkeiten eines Einsatzes ohne die PIN wichtig ist, und die *Sicherheit der PIN* – dies sind die drei Säulen des Sicherheitskonzepts. Die Frage nach der Sicherheit der PIN hat im letzten Jahr zu erheblichen Kontroversen geführt. *Drei Möglichkeiten einer Ermittlung durch Dritte* gilt es zu unterscheiden:[64] Zunächst könnte die PIN errechnet werden. Wichtig ist, daß die PIN nicht auf dem Magnetstreifen der Karte gespeichert ist, sondern aus verschiedenen Daten unter Zugrundelegung eines Verschlüsselungssystems, des sog. Data Encryption Systems (DES), in der Autorisierungszentrale errechnet wird – bei jeder Transaktion neu. Die Errechnung der PIN setzt demnach voraus, daß dieses Verschlüsselungssystem in Kreisen der Computerkriminalität entschlüsselt wurde. Freilich war bisher in keinem der Mißbrauchsfälle, deren Verlauf geklärt wurde – 1996 etwa gut

64 Vgl. etwa *Aepfelbach/Cimiotti*, Zur Sicherheit des ec-Kartensystems, WM 1998, 1218 (1218-1222); der Sache nach auch *Strube*, WM 1998, 1210 (1213-1217).

20.000 oder gut 75% aller Mißbrauchsfälle[65] – solch eine Entschlüsselung zu konstatieren. Auch behaupteten Skeptiker mit höchstem know-how, wie der Chaos-Computer-Club, sie seien zur Entschlüsselung imstande, konnten aber in keinem Fall einen Beleg hierfür erbringen. Nach menschlichem Ermessen ist eine Aufdeckung des 56-Bit-Schlüssels, der zudem jetzt durch einen 128-Bit-Schlüssel ersetzt wird (bei den Privatbanken abgeschlossen), nicht gelungen und nicht möglich – oder nur bezogen auf einen konkreten PIN-Einzelfall mit prohibitv hohem Aufwand. Für die Regelbildung kann nur davon ausgegangen werden, daß kein vernünftiger Zweifel daran besteht, daß das Verschlüsselungssystem bisher unentschlüsselt geblieben ist. Die PIN kann, zweitens, ausgespäht werden – durch Beobachtung des Kunden bei der Eingabe der Geheimzahl, insbesondere an Geldausgabeautomaten an Außenwänden oder automatisierten Kassen des Handels. Diese Möglichkeit ist realistisch, freilich durch den jeweiligen Kunden auch zu beeinflussen. Besonders kontrovers diskutiert wird die dritte Möglichkeit. Denkbar ist, daß der Dritte, der die Karte (oder eine Kopie) in Händen hält, die PIN errät. Nach pessimistischsten Angaben liegt bei bestimmten PIN-Zahlen-Kombinationen die Erratenswahrscheinlichkeit bei 1:72.[66] Bei Einführung der neuen PIN-Karten, bei denen keine Zahlen-Kombinationen ungleich häufiger vorkommen als andere, wird die Wahrscheinlichkeit auf wohl auch von skeptischen Stimmen tendenziell konzedierte 1 : 3333 gedrückt. Die Einführung dieser Karten ist im Privabankenbereich bereits abgeschlossen. Um einem Erraten vorzubeugen, wurde die Zahl der PIN-Eingabe-Versuche auf drei beschränkt; beim dritten Fehlversuch wird die Karte vom Automat eingezogen. Eine zweite Frage ist bei dieser dritten Möglichkeit von Bedeutung: Kann die Zahl der Fehlversuche erhöht werden? Angeführt wurde die Möglichkeit einer dahingehenden Manipulation auf dem Magnetstreifen einer entwendeten Karte oder der Kopie einer Karte.[67] Alle diese Möglichkeiten sind heute verschlossen, da die Zahl der vorgenommenen Versuche nicht im Magnetstreifen oder auf der Kopie gespeichert und abgeprüft wird, sondern in der Autorisierungszentrale, auf die der Dritte keinen Zugriff hat.

---

65 *Aepfelbach/Cimiotti*, WM 1998, 1218 (1221).

66 *Strube*, WM 1998, 1210 (1210); vgl. außerdem (auch zu den Zahlen im folgenden) *Aepfelbach/Cimiotti*, WM 1998, 1218 (1218 f.).

67 *Strube*, WM 1998, 1210 (1213 f.).

Einige Punkte aus dem Gesagten sind hervorzuheben: Die Verlegung von Operationen in die Autorisierungszentrale beseitigt die Möglichkeit, daß durch Manipulationen auf dem Magnetstreifen die Chancen der PIN-Entschlüsselung gesteigert werden, etwa die Zahl der Versuche erhöht werden kann. Während beim Verschlüsselungs-Code eine relevante Gefahr bisher reine Spekulation geblieben ist, sind die Gefahren des Ausspähens und des Erratens zwar eher gering, jedoch durchaus unterschiedlich hoch, je nachdem welche Vorkehrungen getroffen wurden (eigene Automatenräume oder Außenwände bzw. Gleichverteilung oder Konzentration der PIN-Zahlen-Kombinationen).

c) Mißbrauch durch Dritte – rechtliche Bewertung

Die gegenwärtige Kontroverse auch im juristischen Schrifttum konzentriert sich auf das „ob" dieser Gefahren.[68] Die juristische Bewertung tritt darüber häufig in den Hintergrund. Das juristische Gerüst der Argumentation ist freilich im Kern geklärt: Bestreitet der Kartenberechtigte die Autorschaft einer Verfügung, so ist ihm diese regelmäßig nicht nachzuweisen. Denn sie kann, anders als bei der Unterschrift, bei der Eingabe der PIN im nachhinein nicht (etwa durch Graphologen) ermittelt werden. Daher wird zur Begründung einer Haftung stets auf ein Fehlverhalten des Kunden abgestellt, genauer: darauf, daß ohne solch ein Fehlverhalten die Verfügung nicht möglich geworden wäre.

Teils wird der *materiellrechtliche Ausgangspunkt* verwischt: Danach hat der Kunde – vorbehaltlich § 254 BGB – schon bei leicht fahrlässigem Fehlverhalten den Schaden zu tragen. Keine der Begründungen für eine abweichende Rechtslage im Arbeitsvertragsrecht ist übertragbar, und zwar auch nicht auf den Privatkunden (als sog. Verbraucher).[69] Daher konnte eine Haftung des Kunden für 10% des Schadens vorgesehen werden; diese *AGB begünstigt* ihn *nur*; das Mitverschulden des Kreditinstituts übersteigt in keinem typischen Geschehensablauf 90%, nicht wenn Automaten weniger

68 Etwa *Aepfelbach/Cimiotti*, WM 1998, 1218; *Strube*, WM 1998, 1210.

69 Angesichts des eher geringen Verlustrisikos und da auch das Element der fremdnützigen Leistung von Diensten fehlt, sind die für die arbeitsrechtliche Rechtsentwicklung tragenden Gesichtspunkte im vorliegenden Bereich nicht zu finden: zu diesen Gesichtspunkten vgl. etwa die Übersicht bei Soergel (*-Wolf*), Schuldrecht I, 12. Aufl. 1990, § 276 BGB, Rdn. 80-82, 121, 134 f.

gut gegen Ausspähen geschützt sind, nicht wenn Kreditinstitute die ec-Karte per Brief zusenden und nicht wenn nicht die sicherste PIN-Zahlenkombination zugeteilt wurde. Für das grobfahrlässige Fehlverhalten wiederholt die AGB ohnehin nur die gesetzliche Regelung, nach der vollumfänglich gehaftet wird, das Mitverschulden jedoch zu berücksichtigen ist. Da diese Regelung nach dem Gesetz auch bei leichtfahrlässigem Fehlverhalten eingriffe, ist auch die Spezifizierung einiger Fälle, die als grobfahrlässig qualifiziert werden, für den Kunden materiell nicht belastend und daher wirksam. Es hätte auch formuliert werden können, daß das Kreditinstitut in allen Fällen außer den genannten Beispielen – über § 254 BGB hinaus – 90% des Schadens übernimmt.

Umgekehrt ist jedoch festzustellen, daß diese *Beispiele grober Fahrlässigkeit* einen *abschließenden Katalog* bilden, obwohl sie, häufig betont, als Regelbeispiele formuliert sind. Denn die Kreditinstitute haben – heute unstreitig – über nicht gänzlich fernliegende Gefahren des ec-Karten-Einsatzes aufzuklären.[70] Andernfalls ist der durch Nichtaufklärung entstandene Schaden zu ersetzen. Wird vor bestimmten Handlungen nicht gewarnt, so wird sonst, etwa bei § 31 WpHG, in der Kausalitätsfrage nicht gefordert, daß feststeht, daß die Warnung zu einem anderen Verhalten geführt hätte. Vielmehr muß umgekehrt der Aufklärungspflichtige nachweisen, daß auch bei Erteilung der Auskunft die andere Seite nicht anders gehandelt hätte.[71] Allenfalls gänzlich untypische Fälle, in denen umgekehrt der Sorgfaltsverstoß dem Betroffenen offensichtlich sein muß, sind von dieser Überlegung nicht erfaßt, etwa der Fall des Moslem, der nach Eingabe seiner PIN um 5 Uhr das Terminal verläßt, um sich gen Mekka zu wenden und damit kein Regelbeispiel erfüllt – kurz Fälle, wie sie sich allein in professoraler Phantasie ereignen. Wichtig ist für den ec-Karten-Einsatz, daß danach, wenn nur die Meldung unverzüglich erfolgt, der Verlust der ec-Karte allein in keinem Fall zu einer Schadenstragungspflicht von mehr als 10% führen kann. Die gilt auch für den Fall, daß sie im KfZ verwahrt wurde[72] und dann im Ausland ohne PIN-Abfrage genutzt werden konnte. Alle anderen Regelbeispiele

70 LG MÜnchen WM 1987, 1453; *Kleine* (oben Fn. 11) S. 135-137; *Reiser*, WM 1986, 1401 (1403).

71 Statt aller Soergel (-*Wiedemann*), Schuldrecht I, 12. Aufl. 1990, Vor § 275 BGB, Rdn. 261.

72 Ebenso *Strube*, WM 1998, 1210 (1216), unter Hinweis auf gegenteilige erstinstanzielle Rechtsprechung; a.A. *Ahlers*, WM 1995, 601 (605).

stellen nämlich auf eine kombinierte Fehlleistung hinsichtlich beider Medien, Karte und PIN, ab.

Gestritten wird vor allem über die hiervon zu unterscheidende *Beweislast.* In den AGB ist sie nicht geregelt, die von der Rechtsprechung entwickelten Grundsätze bilden jedoch den Kernpunkt der juristischen Kontroverse. Die weit überwiegende Mehrzahl der Entscheidungen und Autoren geht davon aus, daß die Grundsätze des Anscheinsbeweises zugunsten der Kreditinstitute heranzuziehen seien. Angesichts der Sicherheit des Zwei-Medien-Systems sei prima facie ein Fehlverhalten des Karteninhabers dargetan, wenn nach seiner Einlassung ein anderer verfügte.[73] Wie allgemein beim Anscheinsbeweis kann der Kunden den prima-facie-Beweis freilich bereits dadurch erschüttern, daß er einen untypischen Geschehensablauf plausibel dartut;[74] nicht notwendig ist dahingehender Vollbeweis. Meist wird von einem ersten Anschein grober Fahrlässigkeit ausgegangen.[75] Demgegenüber lehnte das OLG Hamm einen prima-facie-Beweis gänzlich ab: Die Sicherheit des Systems sei nicht über jeden Zweifels erhaben und daher könne in der beschriebenen Konstellation nicht aufgrund der Lebenserfahrung auf einen typisierten Geschehensablauf geschlossen werden.[76]

Da die PIN nach bisherigen Erkenntnissen nicht, jedenfalls nicht mit vertretbarem Aufwand errechnet werden kann und da ein Ausspähen der PIN (kombiniert mit der Entwendung der Karte) nach der Lebenserfahrung zumindest leichte Fahrlässigkeit des Kunden voraussetzt, ist die Frage dahingehend zuzuspitzen, ob die Möglichkeit des Erratens real genug ist, um den ersten Anschein auszuräumen. Bei einer Erratenswahrscheinlichkeit von 1 : 3333, also bei PIN ohne Massierung bestimmter Zahlenkombinationen, ist dies unzweifelhaft zu verneinen. Jedoch trug wohl schon eine Wahrscheinlichkeit von 78 : 1 bereits Leitentscheidungen zum Anscheinsbeweis,

---

73 *Aepfelbach/Cimiotti*, WM 1998, 1218 (1219) (mit umfangreichen Rechtsprechungsnachweisen); *Gößmann*, WM 1998, 1264 (1269 f.); *Reiser*, WM 1986, 1401 (1404); *Werner*, Anscheinsbeweis und Sicherheit des ec-PIN-Systems im Lichte der neueren Rechtsprechung, WM 1997, 1516; vgl. auch die Rechtsprechungszusammenstellung bei *Strube*, WM 1998, 1210 (1211-1213, 1216 f.).

74 Baumbach/Lauterbach/Albers/*Hartmann*, Zivilprozeßordnung – mit Gerichtsverfassungsgesetz und anderen Nebengesetzen, 56. Aufl. 1998, Anh. § 186 ZPO, Rdn. 20; speziell für die ec-Karte: *Gößmann*, WM 1998, 1264 (1270); *Harbeke*, WM Sonderbeil. 1/1994, S. 11; *Strube*, WM 1998, 1210 (1212).

75 Vgl. die von *Strube*, WM 1998, 1210 (1211-1213, 1216 f.) gesammelten Beispiele.

76 OLG Hamm ZIP 1997, 878 = WM 1997, 1203.

etwa dahingehend, daß die Kollision mit einem Baum die Fahrlässigkeit des Fahrers dartue.[77] Anscheinsbeweis ist nicht mit Vollbeweis, mit voller Überzeugung, gleichzusetzen. Im Gegensatz zur h.M. möchte ich freilich von einem ersten Anschein allein der Fahrlässigkeit, nicht der groben Fahrlässigkeit ausgehen. Insbesondere der Fall, daß die PIN ausgespäht und die Karte dann entwendet wurde, erscheint als ein plausibler alternativer Geschehensablauf. Die Kriminalstatistik ist hier leider nicht aussagekräftig. Freilich können im Rahmen des Anscheinsbeweises auch üblicherweise plausible alternative Geschehensabläufe ausgeschieden werden, wenn sie speziell im vorliegenden Fall gänzlich unplausibel erscheinen[78] – so wenn etwa die letzte Verfügung an einem Terminal, an dem überhaupt Chancen für ein Ausspähen bestehen, weit zurückliegt. Denn dann müßte vermutet werden, daß die PIN ausgespäht und die Karte nicht alsbald, sondern erst nach längerem Observieren des Opfers entwendet wurde – dies für einen Gewinn von allenfalls 2000,- bis 3000,- DM.

III. Geldautomatenauszahlung beim fremden Institut und bargeldlose Zahlung an automatisierten Kassen mit Zahlungsgarantie (Point-of-sale – POS)

Die großen Fragen, die spezifisch allein für den ec-Karten-Einsatz als selbständigem Zahlungsinstrument sind, betreffen alle das Bank-Kunden-Verhältnis, im Dreipersonenverhältnis also das Deckungsverhältnis. Dieses Verhältnis bleibt jedoch unverändert, unabhängig ob ein Zweipersonenverhältnis in Frage steht (oben II.) oder ein Dreipersonenverhältnis (hier III.). In den wesentlichen Punkten kann daher auf Gesagtes verwiesen werden. Neu und erörternswert sind freilich das Dreiecksverhältnis und der in ihm durch Autorisierung begründete Zahlungsanspruch des Händlers gegen das kartenemittierende Institut. Streitig ist hier jedoch wenig. Umgekehrt entsprechen Einwendungslehre und Abwicklung ohnehin den bekannten Regeln aus dem Bereich von Euroscheckgarantie und Zahlungsanspruch beim Kreditkarteneinsatz. Im Verhältnis der beteiligten Kreditinstitute

77 BGHZ 8, 239.
78 BGHZ 11, 227.

zueinander wird vor allem um Vergütungsfragen gestritten – mit Rückwirkungen für den Kunden.[79]

1. Dreiecksverhältnis – Gemeinsamkeiten im Grundsätzlichen und Unterschiede

Die Bargeldauszahlung am Geldausgabeautomaten des fremden Instituts erfolgt ebenso wie die Entpflichtung des Kunden an der automatisierten Händlerkasse, nachdem er aufgrund des ec-Karten-Einsatzes und der PIN-Eingabe (Weisung) bei der Autorisierungsstelle des kartenemittierenden Instituts eine Verpflichtungserklärung erwirkt hat. Ist die Karte nicht gesperrt (weil als verloren gemeldet), die PIN korrekt eingegeben und der Verfügungsrahmen nicht erschöpft, so verpflichtet sich das kartenemittierende Institut durch Abgabe einer sog. elektronischen Willenserklärung gegenüber dem fremden Institut oder dem Händler zur Zahlung.[80] In dieser Verpflichtungserklärung liegt das Kernstück in beiden Dreiecksverhältnissen (dazu dann unten gesondert).

Zwar bestehen eine Reihe von Unterschieden: Die Zusammenarbeit mit den Händlern, beim POS, fußt in den sog. Händlerbedingungen, einem Klauselwerk, das einer AGB-Kontrolle unterliegt.[81] Die Zusammenarbeit zwischen den Kreditinstituten, bei Bargeldauszahlung am Geldausgabeautomaten des fremden Instituts, beruht demgegenüber auf einer Interbankenvereinbarung, die als solche nach dem Gesagten nicht der AGB-Kontrolle unterliegt. Kartellrechtlich ist schon der Ausgangspunkt unterschiedlich, hier horizontale, dort vertikale Bindung. Und auch die folgenden Andeutungen

---

79 Vgl. hierzu ausführlich der Beitrag von *Fischer* im vorliegenden Band.

80 Dazu allgemeiner *Brauner*, Das Erklärungsrisiko beim Einsatz von elektronischen Datenverarbeitungsanlagen, 1988, S. 39-41; *Köhler*, Die Problematik automatisierter Rechtsvorgänge, insbesondere von Willenserklärungen, AcP 182 (1982) 126 (bes. 134); *Kuhn*, Rechtshandlungen mittels EDV und Telekommunikation, 1991, S. 54-56. Eine Willenserklärung des autorisierenden Kreditinstituts ist – auch nach den *Köhler'schen* Kategorien – problemlos zu bejahen, was auch nirgends angezweifelt wird. Ausführlich speziell zum Vertragsschluß beim POS: *Bröcker*, Funktion und Begründung des abstrakten Schuldversprechens bei Girоüberweisung, Kreditkartengeschäft und POS-System, WM 1995, 468 (477-479).

81 Vgl. *Harbeke*, WM Sonderbeil. 1/1994, S. 7; Abdruck des entsprechenden Regelwerks für das POZ im Anhang unter IV.

zum Gesellschaftsverhältnis zwischen den Kreditinstituten betreffen nur die Beziehungen zwischen Kreditinstituten.

In den Kernfragen sind beide Dreieckverhältnisse jedoch gleich zu behandeln: in Fragen des Zugangs zum System; in Fragen der Zahlungsverpflichtung des kartenemittierenden Instituts, ihrer Wirkung und der diesbezüglichen Einreden und -wendungen; und auch in Fragen der Abwicklung zwischen diesem Institut und seinem Kunden.

2. Aufrechterhaltung des Betriebs – die Rolle des Automatenaufstellers

Vor Abgabe der Verpflichtungserklärung des kartenemittierenden Instituts steht der Zugang zum System. Die Vereinbarungen zwischen den Spitzenverbänden des Kreditwesens zum GAA-Einsatz sowie die Händlerbedingungen beim POS entfalten unstreitig drittbegünstigende Wirkung.[82] Der Kunde hat demnach Anspruch auf diskriminierungsfreien Zugang, der zudem durch die sog. Barzahlungsklausel ausgestaltet wird. Dieses System ist eingespielt, Erkenntnisse über nennenswerte Verstöße liegen nicht vor. Problematisch ist erst die Frage, ob der pannenfreie Betrieb des fremden Automaten geschuldet ist.

Das oben festgestellte Unbehagen in der Frage, ob das Kreditinstitut seinem Kunden aus dem ec-Karten-Vertrag die Aufrechterhaltung des Betriebs schuldet, zeigt sich deutlich gerade auch im Dreipersonenverhältnis. Immer wieder wird vom grundsätzlichen Bestehen solch eines Anspruchs ausgegangen, das fremde Kreditinstitut, teils auch der Händler und Netzbetreiber als Erfüllungsgehilfe iSv § 278 BGB verstanden, eine Haftung für den Ausfall des Automaten im fremden Institut oder an der Kasse des Händlers jedoch verneint.[83] Nach der oben entwickelten Auffassung ist bei Versagen des fremden Automaten erst recht nicht für Mangelfolgeschäden zu haften – und dies sind nach dem Gesagten die einzigen möglichen Schä-

---

82 Für das POS unstreitig: OLG Düsseldorf, WM 1991, 913; *Gößmann*, Recht des Zahlungsverkehrs – Überweisung, Lastschrift, Scheck, Zahlungssysteme, 3. Aufl. 1997, Rdn. 378; *Harbeke*, WM Sonderbeil. 1/1994, S. 7; *Reiser*, Die Rechtsgrundlagen für das POS-System des deutschen Kreditgewerbes („electronic cash"), WM Sonderbeil. 3/1989, S. 7; ebenso auch für die GAA: *Gößmann*, WM 1998, 1264 (1272), der damit, wohl da heute die Haftung für Funktionsfähigkeit nicht mehr ausdrücklich ausgeschlossen wird, die gegenteilige Stellungnahme (*Gößmann*, Recht ..., Rdn. 368) zurücknimmt.

83 *Gößmann*, WM 1998, 1264 (1272).

den, ein Verlust der Valuta ist nur im Ausnahmefall des Homebanking-Überweisung denkbar.

Dennoch einige Worte zum Zusammenspiel der Rechtsverhältnisse: Dem von den Kreditinstituten für den GAA-Einsatz, das POS und POZ entwickelten System liegt ein Gesellschaftsvertrag zugrunde, in Nr. 1 der jeweiligen Vereinbarung ist ein gemeinsamer Zweck, der Aufbau und Betrieb des System, vereinbart worden. Wie bereits für die Konsortialverhältnisse ausgeführt, muß jedoch vom gesellschaftsvertraglichen Pflichtengefüge der Stern von Rechtsbeziehungen getrennt werden, die nicht gesellschaftsrechtlich verfaßt sind, sondern auf gegenseitige Verträgen beruhen.[84] Entsprechend schulden sich die Kreditinstitute zwar gesellschaftsvertraglich den Betrieb des Systems, dem Kunden gegenüber ist jedoch allein jedes einzelne Kreditinstitut – gesondert – verpflichtet. Schaltet es andere Institute – oder auch Händler und Netzbetreiber ein –, so geht die h.M. in Deutschland für die parallele Problematik bei der Überweisung davon aus, daß allein die sorgfältige Auswahl geschuldet sei, daß die anderen Institute also gerade nicht als Erfüllungsgehilfen iSv § 278 BGB zu qualifizieren seien.[85] Ob nun die Transaktion durch eine gemeinsame Autorisierungsstelle oder in der gegenseitigen Korrespondenzbankverbindung abgewickelt wird, kann keinen Unterschied begründen. Die Steuerungsmöglichkeiten für das kartenemittierende Institut sind sogar geringer als diejenigen des im Überweisungsverkehr

84 *Grundmann*, Konsortien, Gesellschaftszweck und Gesamthandsvermögen – Typendehnung oder Typenmischung im Gesellschaftsrecht?, FS Boujong 1996, 159 (163-173). Demgegenüber geht die h.M. mit *Westermann* davon aus, der gesellschaftsvertragliche Typus werde nur gedehnt: grundlegend *Westermann*, Das Emissionskonsortium als Beispiel der gesellschaftlichen Typendehnung, AG 1967, 285; sowie *de Meo*, Bankenkonsortien – eine Untersuchung zum Innen- und Außenrecht von Emissions-, Kredit- und Sanierungskonsortien sowie zu deren Haftung für das Handeln von Konsortialvertretern, 1994, S. 2; *Hopt*, Die Verantwortlichkeit der Banken bei Emissionen – Recht und Praxis in der EG, in Deutschland und in der Schweiz, 1991, S. 26 f; *Immenga*, Die Stellung der Emissionskonsortien in der Rechts- und Wirtschaftsordnung, 1981, S. 10; *Kümpel*, Bankrecht und Kapitalmarktrecht, 1995, Rdn. 11.131. Für das Nebeneinander zwischen gesellschaftsvertraglichem Typus für manche Fragen und gegenseitigem Schuldvertrag für andere spricht im Konsortialverhältnis zwingend: Über die dem Konsorten zugeteilte Quote könnte dieser, wäre sie tatsächlich noch gesellschaftsrechtlich eingebunden, selbstverantwortlich nicht verfügen, weil der insoweit zwingende § 719 I 1. HS, 1. Alt. BGB entgegenstünde.

85 Statt aller BGH WM 1991, 797 (798) = NJW 1991, 2210 (2210 f.); *Schimansky*, in: *Schimansky/Bunte/Lwowski* (Hrsg.), Bankrechtshandbuch, 1997, § 49 Rdn. 34 (m.w.N.).

beauftragten Instituts. Eine Auswahl, an deren Leichtfertigkeit Haftungsfolgen geknüpft werden könnten, findet gar nicht statt. All dies spricht für eine Beschränkung der Haftung des kartenemittierenden Instituts zumindest im Dreipersonenverhältnis.

Zwar wird in Deutschland aufgrund der EG-Überweisungs-Richtlinie – zumindest für den grenzüberschreitenden Überweisungsverkehr – umgedacht werden müssen. Art. 6 und 8 der Richtlinie sehen die Verantwortung des beauftragten Instituts für Fehlverhalten der Institute in der Überweisungssungskette vor. Allerdings gilt dies nach dem Gesagten wiederum nur für den Verlust der Valuta, nicht für Mangelfolgeschäden. Für diese, die beim ec-Karten-Einsatz allein wichtig sind, rechnet die Richtlinie Fehlverhalten anderer Institute gerade nicht zu. Das auf der Grundlage der bisherigen h.M. im deutschen Recht gefundene Ergebnis ändert sich also in diesem entscheidenden Punkt nicht. Eine Haftung für Folgeschäden bei Ausfall eines Automaten bei fremden Instituten oder beim Händler ist nicht zu begründen.

3. Der Zahlungsanspruch gegen das kartenemittierende Institut

a) Autorisierung

Durch die Autorisierung gibt das kartenemittierende Institut ein abstraktes Zahlungsverprechen gemäß § 780 BGB ab.[86] Jedenfalls entsteht eine von Valuta- und Deckungsverhältnis abstrakte Zahlungsverpflichtung. Gewollt ist eine Verflichtung, die regelmäßig so sicher ist wie Bargeld. Streitig ist, ob die Verpflichtung an Erfüllungs Statt (§ 364 I BGB) oder erfüllungshalber (§ 364 II BGB) eingegangen wird,[87] ob also der Kunde im Valutaverhältnis schon mit Eingehung der Verpflichtung durch sein Institut befreit wird oder erst durch Erüfllung der Zahlungsverpflichtung durch sein Institut. Für die Qualifikation als abstraktes Zahlungversprechen, jedoch auch als Leistung an Erfüllungs Statt spricht der Umstand, daß das fremde Institut bzw. der

---

86 *Bröcker*, WM 1995, 468 (468, 477-479); *Gößmann*, WM 1998, 1264 (1265, 1267); *Harbeke*, WM Sonderbeil. 1/1994, S. 9. Früher wurde die Verpflichtung teils als Garantie qualifiziert, etwa *Bertrams*, ZIP 1985, 963 (967), heute so *Ahlers*, WM 1995, 601 (605 f.); Baumbach/*Hopt*, HGB, 29. Aufl. 1995, (7) Rdn. F/8.

87 Für das erste *Eckert*, Zivilrechtliche Fragen des Kreditkartengeschäfts, WM 1987, 161 (167) (für Kreditkarte); *Gößmann*, WM 1998, 1264 (1270 f.); für das Zweite *Hadding*, Zahlung mittels Universalkreditkarte, FS Pleyer 1986, 17 (24); *Häde*, ZBB 1994, 33 (41); *Harbeke*, WM Sonderbeil. 1/1994, S. 7; *Kümpel* (oben Fn. 84) Rdn. 4.355.

Händler weder Name noch Adresse des Kunden aufnehmen und daß, anders als im POZ, diesbezüglich der Kunde auch nicht zum Verzicht auf das Bankgeheimnis aufgefordert wird, daß also ein Vorbehalt, sich noch gegen den Kunden zu wenden, in keiner Weise vorbereitet wird.

Hinsichtlich der Einwendungen ist entscheidend, daß die Autorisierung, also ein Handeln des kontoführenden Instituts, den Zahlungsanspruch gegen das Institut begründet, nicht ein (Verteter-)Handeln einer anderen Person, etwa des Kunden. Hierin liegt der zentrale Grund dafür, daß die Einwendungslehre zwar im rechtlichen Grundansatz mit derjenigen bei anderen Zahlungsinstrumenten, insbesondere bei der Kreditkarte, übreinstimmt, daß jedoch die Ergebnisse in durchaus wesentlichen Punken divergieren.

b) Einwendungen des Instituts auf der Grundlage des Verhaltens Dritter

In der Frage der Einwendungen des Instituts auf der Grundlage des Verhaltens Dritter liegt für die Händler die bereits angesprochene besondere Stärke des ec-Karten-Einsatzes: Die AGB (Nr. 4 Händlerbedingungen bzw. Nr. 3 der Richtlinien für die institutsfremde GAA) bestätigen, nur den Verwender belastend und daher wirksam: Selbst Fälschung durch den Dritten läßt den Zahlungsanspruch bestehen, da der Schuldner (das kontoführende Institut) bei Autorisierung potentiell auch diesen Punkt überprüfen kann und nach dem objektiven Empfängerhorizont die Überprüfung mit dem entsprechenden Fehlschlagsrisiko übernimmt.[88]

c) Einwendungen des Instituts auf der Grundlage des Verhaltens des Kunden

Demgegenüber wirken sich Unterschiede in der Frage, durch wessen Handeln der Zahlungsanspruch ausgelöst wird und wer entsprechende Überprüfungen vornimmt, nicht auf den zweiten Kreis von Einwendungen aus: Einwendungen des Instituts auf der Grundlage des Verhaltens des Kunden knüpfen nicht an diese Überprüfungstätigkeit und Willenserkärungen bei

88 Unzutreffend *Bröcker*, WM 1995, 468 (479); grundsätzlich wie hier *Gößmann*, WM 1998, 1264 (1267 f.); *Harbeke*, WM Sonderbeil. 1/1994, S. 10. Anders ist dies, wenn die Überprüfung durch einen anderen, etwa den Händler übernommen wird, wie etwa bei der Scheckzahlung: vgl. Nachw. oben Fn. 12.

Begründung des Zahlungsanspruchs an. Daher ist auch die Rechtslage insoweit nicht anders als bei der Scheckgarantie oder dem Zahlungsversprechen bei Kreditkarteneinsatz. Insbesondere ist die Klausel wirksam, daß nach Autorisierung auch der Widerruf des Kunden ausscheidet:[89] Schon nach objektivem Recht ist die Weisung nur bis zur Ausführung widerruflich, danach ist Aufwendungsersatz geschuldet. Die Ausführung liegt bereits in der Autorisierung, da sie die wirtschaftlich wichtige Disposition enthält, nicht erst die Leistung auf den Zahlungsanspruch. Nicht mehr formulieren die verschiedenen Klauselwerke (Nr. 4 Händlerbedingungen bzw. Nr. 3 der Richtlinien [bei institutsfremder GAA]) und nicht mehr wird in Abschnitt III Nr. 2.3 der ec-Karten-Bedingungen dem Kunden mitgeteilt. Gleichermaßen interessant für alle drei Instrumente sind Fälle beschränkter Geschäftsfähigkeit des Kunden.

d) Einwendungen des Instituts auf der Grundlage des Verhaltens des Händlers

Mit der Frage nach den Einwendungen des Instituts auf der Grundlage des Verhaltens des Händlers ist – wiederum bei allen drei Instrumenten in gleicher Weise – das Institut des Rechtsmißbrauchs angesprochen, vor allem bei liquider Beweisbarkeit von Fehlern im Valutaverhältnis.[90] Auch die Kenntnis des Händlers von der Überschreitung der individuellen Nutzungsgrenze des Kunden ist zumindest bei Euroscheckgarantie und ec-Karten-Einsatz gleich zu behandeln.

4. Die Abwicklung im Bank-Kunden-Verhältnis („Aufwendungsersatz“)

Gleich in der Struktur ist auch bei allen genannten Zahlungsinstrumenten die Abwicklung im Bank-Kunden-Verhältnis („Aufwendungsersatz“).[91]

---

89 *Gößmann*, WM 1998, 1264 (1267); *Harbeke*, WM Sonderbeil. 1/1994, S. 10.

90 Dazu für den ec-Karten-Einsatz: *Gößmann*, WM 1998, 1264 (1268).

91 Dazu für den ec-Karten-Einsatz: *Ahlers*, WM 1995, 601 (605 f.); *Harbeke*, WM Sonderbeil. 1/1994, S. 11; *Klingner-Schmidt* (oben Fn. 11) S. 168-178.

IV. Zahlung an automatisierten Kassen (Point-of-Sale) ohne Zahlungsgarantie (POZ)

Aus dem Interessengegensatz zwischen Händler- und Kreditinstitutsseite heraus, insbesondere in der Entgeltfrage, entstand das POZ, zunächst in einer Variante, die allein die Händlerseite gestaltete, das sog. wilde POZ, sodann, als Reaktion darauf, das geregelte POZ als die Variante, die das Kreditwesen in Absprache mit der Händlerseite gestaltete und für die es den oben genannten Komplex von Klauselwerken entwickelte.[92] Fast alles Wesentliche findet sich auch in der Beschreibung in den Bedingungen zur ec-Karte, dort im Anhang zum POZ.

1. Geregeltes und „wildes" POZ

a) Unterschiede

Die Idee des POZ – beider Formen – ist es, die auf dem Magnetstreifen gespeicherten Daten zur Rationalisierung zu nutzen, um einen Einzugsauftrag des Kunden zu erstellen, in dem dieser den Händler oder Dienstleister ermächtigt, den Betrag im Wege des Lastschriftverfahrens bei dessen Institut einzuziehen. Die Unterschiede zwischen beiden Formen beruhen darauf, daß die Kreditinstitute dem „wilden" POZ nicht zugestimmt haben. Demgegenüber stellen die Kreditinstitute der Händlerseite beim geregelten POZ die Sperrdatei zur Verfügung und erhalten vereinbarungsgemäß für jede Sperrabfrage, die bei Transaktionswerten ab 60,- DM verpflichtend vorgeschrieben ist, eine einmalige Gebühr von 0,10 DM (Nr. 6 der POZ-Händlerbedingungen). Außerdem verpflichten sich die Kreditinstitute – bei Achtung der Regeln zum Bankgeheimnis –, bei Nichterfüllung mangels Deckung oder wegen Widerspruches des Kunden dessen Namen und Anschrift mitzuteilen, Angaben, die sich aus dem Magnetstreifen nicht ergeben (Nr. 8 der Händlerbedingungen und Nr. 2 des genannten Anhangs).

92 Eine Übersicht über die einzelnen Klauselwerke im Anhang unter II., die wichtigsten Klauselwerke (Kunden- und Händlerbeziehung) dort unter III. und IV.

b) Schutz des geregelten POZ

Gegen die Zulässigkeit des „wilden“ POZ werden vonseiten des Kreditwesens überzeugend zwei Argumente angeführt, zunächst wettbewerbsrechtliche. Das Verhalten der Händler fällt in die Fallgruppe „Aneignung fremder Arbeitsergebnisse“ (hier des Zahlungsinstruments ec-Karte) im Rahmen von § 1 UWG.[93] Dies schützt die Kreditinstitutsseite vor der Beibehaltung eines „wilden“ POZ-Systems, nach der BGH-Rechtsprechung zu § 1 UWG sogar schon vor der Drohung bei den Vertragsverhandlungen[94] über ein geregeltes POZ, bei Scheitern der Verhandlungen ein „wildes“ POZ-System zu installieren. Jede Nutzung des Zahlungsinstruments ec-Karte setzt also die Zustimmung der Kreditinstitutsseite voraus. Außerdem könnte der Kunde bei Erstellung der Einzugsermächtigung sein Institut zwar wirksam anweisen, die Einzugsermächtigung zu honorieren, nicht jedoch, Name und Adresse bekanntzugeben. Eine entsprechende Erklärung seinerseits würde das Institut nur vom Bankgeheimnis entpflichten, nicht zum Tätigwerden verpflichten (§ 784 BGB).

Das POZ ohne Zustimmung des betroffenen Kreditinstituts ist also unzulässig und ihm eignet, soweit Name und Adresse nicht bekanntgegeben werden, für die Händlerseite ein unkalkulierbares Mißbrauchspotential – zumal wenn sich die Rechtslage „herumspricht“. Umgekehrt stützt sich jedoch nicht jede Vereinbarung zwischen Kreditinstituten und Händlern über die Nutzung der ec-Karte zur Erstellung von Einzugsermächtigungen auf das genannte Regelwerk. Neben das geregelte POZ tritt also eine freie Form des POZ mit Zustimmung des betroffenen Kreditinstituts. Hier werden insbesondere Gebührenabschläge gefordert, die Namens- und Adressnennung bleibt zentrales Element.

2. Lastschriftverfahren

Beim POZ handelt es sich nach dem Gesagten um eine besondere Form des Lastschriftverfahrens. Ist geklärt, daß das POZ nur mit Zustimmung der Kreditinstitutsseite zulässig und praktikabel ist, so verbleiben kaum Rechts-

93 Vgl. näher *Harbeke*, WM Sonderbeil. 1/1994, S. 13.

94 Noch pauschaler und statt aller: Baumbach/*Hefermehl*, Wettbewerbsrecht – Gesetz gegen unlauteren Wettbewerb, Zugabeverordnung, Rabattgesetz und Nebengesetze, 20. Aufl. 1998, § 1 UWG, Rdn. 47.

probleme – nicht bei störungsfreier Abwicklung, jedoch auch nur punktuell bei gestörter Abwicklung: Die Einzugsermächtigung wird schriftlich erteilt und läßt die zugrunde liegende Forderung erkennen, so daß sie die Voraussetzungen von Abschnitt II Nr. 2 des Lastschriftabkommens erfüllt.[95] Wie auch sonst im Lastschriftverfahren ist Zahlung seitens des Kreditinstituts nicht zugesagt: Fehlt die Deckung oder widerspricht der Kunde, so ist das Kreditinstitut nicht verpflichtet, aufgrund der Einzugermächtigung zu leisten.[96] Problematisch ist allein, welche Rechte der Händler hat, um seine Forderung gegen den Kunden durchzusetzen.

3. Mißbrauch durch den Kunden

Die Mißbrauchsgefahr, genauer: die Gefahr gestörter Abwicklung trägt jedenfalls nicht das Kreditinstitut. Dies gilt schon bei Einsatz der ec-Karte durch den Kunden, wie auch Nr. 1 des Anhangs zu den ec-Karten-Bedingungen und Nr. 1 und 5 der Händlerbedingungen (jeweils a.E.) präzisieren. Die Klausel ist aus den genannten Gründen gemäß § 8 AGBG von einer Inhaltskontrolle freigestellt: Das Kreditinstitut übernimmt eben nicht die Hauptleistungspflicht aus abstraktem Zahlungsverprechen. Freilich hat der Händler einen Zahlungsanspruch gegen den Kunden, allerdings nicht etwa wertpapiermäßig unterlegt. Insbesondere muß er die Anspruchsvoraussetzungen beweisen und ist dieser Anspruch Einreden und Einwendungen aus dem zugrunde liegenden Rechtsverhältnis ausgesetzt.[97] All dies ist unproblematisch. Schwierigkeiten verursacht allein der Umstand, daß der Händler Name und Adresse des Kunden nicht kennt. Hier liegt das Hauptproblem der zulässigen Formen des POZ.

Die an der Kasse angefertigte Einzugsermächtigung enthält auch eine *Entbindung des Kreditinistututs vom Bankgeheimnis* (Datenschutzrecht läuft, hier nicht behandelt, insoweit parallel),[98] außerdem eine Weisung des Kunden an das Kreditinstitut, Namen und Adresse dem Händler bei gestörter

---

95 *Gößmann*, WM 1998, 1264 (1271).

96 *Gößmann*, in: *Schimansky/Bunte/Lwowski* (Hrsg.), Bankrechtshandbuch, 1997, § 68 Rdn. 12 f.; *Harbeke*, WM Sonderbeil. 1/1994, S. 12.

97 *Wand*, Die neuen Bedingungen der privaten Banken für ec-Karten und den Scheckverkehr, ZIP 1996, 214 (220).

98 Vgl. dazu *Godschalk*, Datenschutz am Point of Sale, CR 1987, 416; *Harbeke*, WM Sonderbeil. 1/1994, S. 12.

Abwicklung der Lastschrift bekanntzugeben. Daß dies das Institut nicht nur entpflichtet sondern verpflichtet,[99] ergibt sich aus entsprechenden Zusagen in den ec-Karten-Bedingungen und den Händlerbedingungen. Nur so wird der Händler in den Stand versetzt, seinen denkbaren Anspruch auf anderem Wege zu verfolgen. Wie aber, wenn die Ermächtigung widerrufen wird? Zunächst wird zurecht getrennt: Aus dem Widerruf der Einzugsermächtigung ist nicht auf den Widerruf der Willenserklärung zum Bankgeheimis zu schließen.[100] Der Kunde, der Gewährleistungsrechte geltend macht, muß keineswegs dahin verstanden werden, daß er sich kalt aus der eventuell doch bestehenden Verantwortung stehlen will. Wie aber, wenn er gerade dies deutlich macht, ausdrücklich auch diesbezüglich einen Widerruf erklärt?

Die Stellungnahmen legen sich nicht fest: Zulässig sei der Widerruf durchaus, jedoch nur für die Zukunft[101] (also doch nicht für die jeweils allein fragliche Transaktion?); auch sei ein Rechtsmißbrauch unzulässig[102] (liegt der nicht immer vor?). Die Lösung liegt darin, daß das Bankgeheimnis in dieser Konstellation durchbrochen ist, der Widerruf also irrelevant und umgekehrt das Kreditinstitut nach den Händlerbedingungen weiterhin verpflichtet. In der Tat beruht eine der vier Gruppen von Ausnahmen vom Bankgeheimnis darauf, daß der Dritte schon gegen den Kunden einen Anspruch auf Informationspreisgabe hat, d.h. in dem Verhältnis, in dem der Interessenkonflikt letztlich angesiedelt ist.[103] Da unstreitig allein der Kunde

---

99 *Harbeke*, WM Sonderbeil. 1/1994, S. 15.

100 *Gößmann* (oben Fn. 96) § 68 Rdn. 14; *Harbeke*, WM Sonderbeil. 1/1994, S. 15; *Schröter*, ZBB 1995, 395 (397); *Wand*, ZIP 1996, 214 (219 f.).

101 *Gößmann*, WM 1998, 1264 (1271).

102 *Harbeke*, WM Sonderbeil. 1/1994, S. 15; *Wand*, ZIP 1996, 214 (220).

103 Das Institut des Bankgeheimnisses zielt nicht darauf ab, Interessen des Kreditinstituts zu schützen, sondern nur solche des Kunden: BGH DB 1990, 93; Baumbach/Lauterbach/Albers/*Hartmann* (oben Fn. 74) § 383 ZPO, Rdn. 8; sowie (Schutz auch von öffentlichen Interessen, da die Störung des Vertrauensverhältnisses volkswirtschaftliche Schäden hervorriefe): OLG Hamburg, OLGE 6, 126 (127); *Selmer*, Steuerrecht und Bankgeheimnis – zur Stellung der Banken im steuerrechtlichen und steuerstrafrechtlichen Ermittlungsverfahren gegen Dritte (Grundlagen, verfassungsrechtliche Schranken, Rechtsschutz), 1981, S. 2 (implizit); *Sichtermann/Feuerborn/Kirchherr/Terdenge*, Bankgeheimnis und Bankkauskunft – in der Bundesrepublik sowie in wichtigen ausländischen Staaten, 3. Aufl. 1984, S. 210 f.; zum grundrechtlichen Schutz des Kunden: *Lerche*, Bankgeheimnis – verfassungsrechtliche Rechtsgrundlagen, ZHR 149 (1985) 165. Dem steht nicht entgegen, daß das Bankgeheimnis auch durch Art. 12 GG, d.h. die Berufsausübungsfreiheit der Kreditinstitute, geschützt ist; statt aller: *Canaris* (oben Fn. 11) Rdn. 38; *Lerche* a.a.O. 165; *Sichtermann/Feuerborn/Kirchherr/Terdenge*

über das Bankgeheimnis disponiert,[104] ist seine Pflichtenlage entscheidend. Sedes materiae für die Lösung des Konflikts zwischen Drittem und Kunden, um den es geht, ist deren Vertragsverhältnis. Insoweit muß das Kreditinstitut zwar nicht Schiedsrichter in schwierigen Fragen spielen, in liquiden Beweislagen setzt sich jedoch die Pflichtenlage im primär betroffenen Rechtsverhältnis durch. Gerade hiermit sind Durchbrechungen des Bankgeheimnisses im Steuerrecht[105] und in einer Reihe anderer vergleichbar gestalteter Normen des öffentlichen Rechts[106] zu erklären – wobei freilich durchweg vorgeschrieben ist, daß die Behörde zunächst den Kunden zu befragen hat. Im Zivilrecht finden sich ebenfalls wichtige Fälle, vor allem

---

a.a.O. S. 45. Denn insoweit schützt man nur das Interesse, daß der Kunde mit dem Kreditinstitut Geschäfte tätigt, weil seine Interessen gebührend abgesichert sind.

104 Es kommt allein auf den Willen, hilfsweise den mutmaßlichen Willen des Kunden an, eine Unterlegung durch schützenswerte Interessen wird nicht gefordert: BGHZ 27, 241 (246) („alle Tatsachen, die der Kunde geheimzuhalten wünscht"); *Canaris* (oben Fn. 11) Rdn. 48 f.; *Schönle*, Bank- und Börsenrecht, 2. Aufl. 1976, S. 42 f.; *Sichtermann/Feuerborn/Kirchherr/Terdenge* (oben Fn. 103) S. 134-137.

105 Der Anspruch des Fiskus gegen den Bankkunden-Treugeber darauf, daß dieser die Information offenlegt, ergibt sich aus § 93 I 1 AO. Zu den Durchbrechungen des Bankgeheimnisses in diesem Bereich: *Becker*, Der Bankenerlaß – Rechtmäßigkeit, Wirkbereich und Bedeutung für die Bank- und Steuerverwaltungspraxis, 1983, bes. S. 124-128; *Canaris* (oben Fn. 11) Rdn. 65, 65a; *Hamacher*, DB 1985, 1807; *Selmer* (oben Fn. 103) S. 19-35; *Sichtermann/Feuerborn/Kirchherr/Terdenge* (oben Fn. 103) S. 276-313; *Söhn*, Der neue Bankenerlaß, NJW 1980, 1430; *Spitz*, Auskunftspflichten, Bankgeheimnis, Beschlagnahme/Durchsuchung, Zeugenvernehmung im Steuerstrafverfahren, DStR 1981, 428 (430 f.).

106 Dies gilt insbesondere für § 44 AWG und entsprechende Regeln im Rahmen der EG-Marktordnungen; vgl. dazu *Sichtermann/Feuerborn/Kirchherr/Terdenge* (oben Fn. 103) S. 360-367, 370 f., bes. 363 (zum vorrangigen Auskunftsersuchen gegen den Kunden selbst). In den übrigen Fällen der Durchbrechung des Bankgeheimnisses, vor allem in den Fällen der §§ 13, 14 I 4, 16, 30, 44 I Nr. 1 KWG, besteht zwar nicht parallel auch ein Auskunftsanspruch gegen den Kunden selbst, doch ist verbürgt, daß die offenbarten Fakten ausschließlich zu (bankaufsichtsrechtlichen) Zwecken verwendet werden, die ihn nicht tangieren (§ 9 KWG). Dazu *Radbruch*, Das Bankgeheimnis im deutschen und angloamerikanischen Recht – ein Rechtsvergleich, 1977, S. 97 f.; *Sichtermann/Feuerborn/Kirchherr/Terdenge* (oben Fn. 103) S. 371-374 und 374-376 (zu entsprechenden Normen bei Sonderformen von Kreditinstituten). Ansonsten geht das Bankgeheimnis vor. Vgl. statt aller *Sichtermann/Feuerborn/Kirchherr/Terdenge* a.a.O. S. 251-253 (alle Normen zu statistischen Zwecken), 257 f. (§ 131 AktG). Andere Auskunftspflichten treffen die Kreditinstitute nicht als Träger des Bankgeheimnisses, sondern als Arbeitgeber, Marktteilnehmer etc: *Sichtermann/Feuerborn/Kirchherr/Terdenge* a.a.O. S. 253-257 (Sozialrechtliches), 258-265, bes. 260, 262, 264 (Wettbewerbsrechtliches).

solche, in denen das Kreditinstitut an die Stelle des Kunden tritt und entsprechend in dessen Informationspflichtenstellung einrückt. Die Fälle der §§ 809 f. BGB sind hierbei praktisch noch nicht allzu bedeutend.[107] Von ungleich größerem Gewicht sind die Fälle des Emissionsgeschäfts und der Kurspflege. Soweit Kreditinstitute eingeschaltet sind, wenn ihre Kunden den Kapitalmarkt in Anspruch nehmen und insoweit Informationspflichten unterliegen, können diese von jenen auch keine Geheimhaltung relevanter Information verlangen, in welchem Zusammenhang auch immer sie übertragen wurde.[108] Die Beispiele stehen für eine allgemeinere Grenzziehung: Soweit der Dritte einen Auskunftsanspruch gegen den Kunden selbst hat, ist auch das Bankgeheimnis durchbrochen.[109] Praktisch kommt man meist, jedoch nicht in unserem Falle, zu demselben Ergebnis, wenn man – wie meist die Rechtsprechung – den Umstand, daß der Kunde das Kreditinstitut nicht vom Bankgeheimnis entbindet, in solch einem Fall in die Beweiswürdigung einfließen läßt[110] und so die Entscheidung zum Bankgeheimnis überflüssig macht.

---

107 *Canaris* (oben Fn. 11) Rdn. 61 (mit weiteren vergleichbaren Beispielen); a.A. *Sichtermann/Feuerborn/Kirchherr/Terdenge* (oben Fn. 103) S. 180. Solche Ansprüche Dritter gegen den Berechtigten können auch etwa seitens des Bürgen bestehen, vgl. zu diesen Fällen: *Bruchner/Stützle*, Leitfaden zu Bankgeheimnis und Bankauskunft, 1986, S. 24-26; *Radbruch* (oben Fn. 106) S. 105 f.; *Sichtermann/Feuerborn/Kirchherr/Terdenge* (oben Fn. 103) S. 184-186.

108 *Assmann*, Prospekthaftung – als Haftung für die Verletzung kapitalmarktbezogener Informationsverkehrspflichten nach deutschem und US-amerikanischem Recht, 1985, S. 324; *Canaris* (oben Fn. 11) Rdn. 2279; *Hopt*, Der Kapitalanlegerschutz im Recht der Banken – gesellschafts-, bank- und börsenrechtliche Anforderungen an das Beratungs- und Verwaltungsverhalten der Kreditinstitute, 1975, S. 467-469.

109 Vgl. näher zu der großen Kategorie von Durchbrechnungen des Bankgeheimnisses, die sich mit dem „besseren Recht" des Anspruchsstellers in dessen Rechtsbeziehung zum Bankgeheimnisberechtigten erklären lassen, und zur hier gegebenen Erklärung: *Grundmann*, Der Treuhandvertrag – insbesondere die werbende Treuhand, 1997, S. 337-342. Im Zweifelsfall wird der Berechtigte jedoch das Kreditinstitut anweisen können, gegen Kostenübernahme nach §§ 669 f. BGB die Frage in einem Prozeß klären zu lassen, da er das gleiche Recht auch im unmittelbaren Verhältnis zum Auskunftsbegehrenden hätte.

110 Teils wird pauschal gestattet, im Rahmen der Beweiswürdigung den Umstand zu berücksichtigen, daß der Kunde das Kreditinstitut nicht von seiner Geheimhaltungspflicht entbindet: OLG Celle, ZIP 1981, 1323 (1324). Soweit jedoch das Kreditinstitut die Information in der Tat (quasi)treuhänderisch hält und Drittinteressen nicht in einem Maß überwiegen, das die Durchbrechung des Bankgeheimnisses rechtfertigt, widerspricht dies dem Ergebnis, das man bei der Interessenabwägung zwischen dem Kunden

4. Mißbrauch durch Dritte

Nicht angedacht sind bisher Fragen des Mißbrauchs durch Dritte. Hier nur einige Strukturgedanken.

Nicht zu bezweifeln ist, daß der Händler jedenfalls in den Fällen keinen Anspruch gegen den Kartenberechtigten hat, in denen dieser den Verlust der Karte gemeldet hatte (und die *Karte gesperrt* wurde). Denn wo immer eine Vertrauenshaftung überhaupt in Frage kommt, entfällt sie bei Einhaltung des vorhandenen formalisierten Weges zur Ausräumung des Vertrauenstatbestandes – Handelsregistereintrag oder hier Verlustmeldung.

Schwieriger ist die Lage, solange die *Karte nicht gesperrt* wurde. Hat der Händler die Sperrabfrage vorgenommen, so hätte eine vorherige Verlustmeldung ihn von der Transaktion abgehalten, die zum Verlust der eigenen Leistung gegen Erwerb einer nunmehr faktisch uneinbringlichen Forderung führte. Schon ein Anspruch auf Ersatz des negativen Interesses wäre für ihn ausreichend. Fraglich ist nur, ob eine Sonderrechtsbeziehung durch Vertragsanbahnung zu bejahen ist. Die Grundsätze zur Anscheinsvollmacht, die zumindest hinsichtlich des negativen Interesses nahezu einhellig als Fall der Vertrauenshaftung anerkannt sind,[111] wurden in diesem eingeschränkten Umfang durchaus auch höchstrichterlich herangezogen, als eine entwendete Vollmachtsurkunde eingesetzt wurde.[112] Eine Pflicht zum Ersatz des negativen Interesses wurde bejaht, obwohl das Opfer in diesen Fällen nicht im nachhinein reagieren kann. Die Pflicht zum Ersatz zumindest des negativen Interesses ist daher erst recht zu bejahen, wenn, wie bei der ec-Karte, der Rechtsscheintatbestand noch nach Entwendung unschwer ausgeräumt werden kann.

Ist demnach eine Haftung zu bejahen, fehlt dem Händler noch Name und Anschrift des Schuldners (Kunden). Effektiv Ersatz erhält der Händler nur,

---

(Treugeber) und dem Drittem gefunden hat. Möglicherweise ähnlich, jedoch nicht sehr explizit: BGH NJW 1967, 2012 (2012) und *Sichtermann/Feuerborn/Kirchherr/Terdenge* (oben Fn. 103) S. 213 (bei der Beweiswürdigung darf nur die unberechtigte Weigerung, das Kreditinstitut von der Geheimhaltungspflicht zu entbinden, berücksichtigt werden). Pauschal gegen die Berücksichtigung bei der Beweiswürdigung: *Canaris* (oben Fn. 11) Rdn. 63. In der Tat ist es der konsequentere Weg, das Bankgeheimnis insoweit einzuschränken.

111 Streitig ist nur, ob Ersatz des positiven oder nur des negativen Interesses geschuldet ist: vgl. statt aller Münch.Komm (-*Schramm*), AT, 3. Aufl. 1993, § 167 BGB, Rdn. 43-45.

112 BGHZ 65, 13 (15).

wenn er gegen den Kunden auch ein Recht auf Namens- und Adressnennung hat – und dieses würde nach den genannten Grundsätzen wiederum das Bankgeheimnis durchbrechen; das Kreditinstitut wäre also entpflichtet, freilich wohl nicht, weil ihm der Vertrauenstatbestand nicht zuzurechnen ist, auch zur Preisgabe verpflichtet.

V. Der Trend zur transnational-einheitlichen Ausgestaltung

Längst ist auch die ec-Karte als eigenständiges Zahlungsinstrument nicht mehr nur für den Inlandsverkehr ausgestaltet. Das 1994 eingeführte edc-System erlaubt dem Kunden, wenn sein Kreditinstitut diese Möglichkeit eröffnet, Barauszahlungen an Geldausgabeautomaten und POS im europäischen Ausland, das Maestro-System auch außerhalb. Sehr klar zeigen sich zwei Grundzüge des Rechts der internationalen Bankgeschäfte, insbesondere des internationalen Zahlungsverkehrs, auch wenn man das Vertragswerk nicht im einzelnen analysiert.[113]

1. „Inlandisierung"

Das Verhältnis des Kunden zu seinem Institut ist schon nach kollisionsrechtlichen Regeln dem gemeinsamen innerstaatlichen Recht unterstellt (Art. 28 EGBGB). Dies ist jedoch nur der eine Eckpfeiler der „Inlandisierung" dieses Rechtsverhältnisses: Die ec-Karten-Bedingungen, der (einzige) Klauselkatalog, der in diesem Rechtsverhältnis gilt, behandeln die Abwicklung einer Transaktion, die der Kunde im Ausland tätigt, inhaltlich so, als handelte es sich um eine inländische Transaktion – was Europay International als der Rechteinhaber bzw. Bevollmächtigte und Betreiber des Edc- und Maestro-Systems auch in der Lizenzvereinbarung gestattet. Auch die Ausgestaltung im nationalen Sachrecht bürdet dem Kunden also keine zusätzlichen Risiken des grenzüberschreitenden Verkehrs auf. Besonders konsequent sind inso-

113 Zum edc- und Maestro-System: *Ahlers*, WM 1995, 601 (603); *Hoffmann*, Europäisches POS-System mit weltweiter Option, Die Bank 1992, 599; *Krüger*, Electronic-cash-Verfahren ab 1993 grenzüberschreitend, Sparkasse 1992, 331; *Wand*, ZIP 1996, 214 (218 f.); zum internationalen elektronischen Zahlungsverkehr monographisch: *Bourgoignie/Goyens*, Transfert électronique de fonds et protection du consommateur, 1988; *Favre-Bulle*, Le droit communautaire du paiement électronique, 1992.

weit die Sparkassen-Bedingungen, die, wie gesagt, sogar das zusätzliche Risiko übernehmen, daß in manchem Land eine PIN-Abfrage nicht möglich und daher durch Unterschriftsleistung zu ersetzen ist. Diese Inlandisierung ist charakteristisch für die Gestaltung des internationalen Bankgeschäfts, gerade auch durch die Kreditinstitute mittels Klauselrechts. Sie waren es, die zuerst im grenzüberschreitenden Treuhandgiroverkehr und dann noch weitergehend für einige ausgewählte Länder im grenzüberschreitenden Effektengiroverkehr nach § 5 IV DepotG dem inländischen Kunden bei Auslandsverwahrung der Papiere eine durch verschiedene kautelarische Maßnahmen so verstärkte Rechtsposition anboten, daß der Unterschied zur Rechtsposition bei Inlandsverwahrung gering wurde bzw. ganz entfiel.[114] Gleichermaßen geht etwa im Recht des Dokumentenakkreditivs die Rechtsprechung und Aufklärungspraxis dahin, daß dem inländischen Auftraggeber bei rechtsmißbräuchlicher Geltendmachung durch den ausländischen Begünstigten, der etwa trotz offensichtlicher Mängel der Ware den Zahlungsanspruch gegen die Akkreditivbank durchsetzen will, der Rechtsmißbrauchseinwand nach deutschem Recht – weitergehend als in fast allen anderen Ländern – im Verhältnis zu seiner Bank erhalten bleibt.[115] Mit anderen Worten: Die Gefahr des internationalen Geschäfts wird ins Interbankenverhältnis, das die Grenze überspannt, übernommen, von den in diesem Geschäftsfeld professionell tätigen Partnern der Gesamttransaktion.

2. Rechtsangleichung oder -vereinheitlichung

Der zweite Schritt ist der der Schaffung angenäherten Rechts. Im Bankgeschäft unterblieb – trotz starker Internationalität – dieser Schritt in vielen Bereichen, weil und soweit für die Kundenbeziehung letztlich ein sicherer Inlandstandard verbürgt war. Bei der Überweisung waren demgegenüber Laufzeiten und Sicherheit der Gebührenzuordnung und damit -transparenz im grenzüberschreitenden Verkehr ungleich niedriger als im inländischen. Umgekehrt war das Risiko des Totalverlusts des Überweisungsbetrags in der Überweisungskette und der faktischen Unaufklärbarkeit solcher Vorfälle ungleich größer. Dem sollte mit der diesbezüglichen EG-Richtlinie begegnet werden. Im Recht der ec-Karten als eines selbständigen Zahlungsinstruments

114 Vgl. Kurzbeschreibung bei *Grundmann* (oben Fn. 109) S. 347-355.
115 Vgl. Kurzbeschreibung bei *Grundmann* (oben Fn. 109) S. 355-361.

liegen die Dinge jedenfalls für Deutschland anders. Die Ausgestaltung dieses Geschäfts entspricht, zumal aufgrund der Inlandisierung, den in der Empfehlung der Kommission zugrunde gelegten Standards auch im grenzüberschreitenden Geschäft.

Anhang I

Das POS-Vertragswerk (Aufbau POS-Vertragswerk mit Anlagen)

Aufbau electronic cash-Vertragswerk (ergänzt um edc/Maestro)

Vereinbarung ... electronic cash

- Anlage 1: Zugelassene Karten
- Anlage 2: electronic cash-Pictogram/edc/MAESTRO/Logo
- Anlage 3: Spurbelegung der zugelassenen Karten
- Anlage 4: Bedingungen für den ec-Service
- Anlage 5: Vertrag über die Zulassung als Netzbetreiber

– Technischer Anhang (Auszug)

Kap. 1:	**Inland**
Kap. 1.1	Zulassungsverfahren
Kap. 1.2	Zugelassene Karten/Aufbau der Spur3/Kartenerkennung
Kap. 1.3	Terminalanforderungen
Kap. 1.4	Spezifikation der Schnittstelle zwischen Betreibernetz und Autorisierungs-system
Kap. 1.5	Richtlinien für die Abnahme der Schnittstellen von Betreibernetzen
Kap. 1.6	Abrechnung der Entgelte
Kap. 1.7	Abrechnung der Umsätze
Kap. 1.8	Kriterien für die Bewerbung und Konstruktion von electronic cash-Systemen
Kap. 1.9	Verschlüsselung und Key-Management
Kap. 1.10	Kartenechtheitsprüfung (MM-Verfahren)
Kap. 2:	**Ausland (edc/MAESTRO-spezifische Anforderungen)**
Kap. 2.1	Zulassungsverfahren
Kap. 2.2	Zugelassene Karten/Aufbau der Spur2/Kartenerkennung
Kap. 2.3	Terminalanforderungen
Kap. 2.4	Spezifikation der Schnittstelle zwischen Betreibernetzen und Übergabestelle
Kap. 2.6	Abrechnung der Entgelte
Kap. 2.7	Abrechnung der Umsätze

- Anlage 6: Bedingungen für die Teilnahme am electronic cash-System

– Technischer Anhang
Zugelassene Karten/Terminalanforderungen/Ablauf von electronic cash-Transaktionen/Kundenschnittstelle (Display und Belege)/Sicherheit (Sichtschutz bei der PIN-Eingabe)/Logos

Anhang II

Das POZ-Vertragswerk
Aufbau POZ-Vertragswerk mit Anlagen

- Vereinbarung zum PoZ-System
  - 1 Bedingungen für den ec-Service
  - 2 Vertrag ... Konzentrator
    - Technischer Anhang (Auszug)
      - Kap. 1 Schnittstelle Konzentrator – AS
      - Kap. 2 Lastschriftdatei
      - Kap. 3 Abrechnung Entgelte
      - Kap. 4 Routing
      - Kap. 5 Administration und Zulassung
      - Kap. 6 Beschreibung der ec-Karte
      - Kap. 7 Terminalanforderungen
      - Kap. 8 Kartenechtheitsprüfung (MM-Verfahren) (in Vorbereitung
  - 3 Bedingungen ... Teilnahme
    - 1 Ermächtigung zum Lastschrifteinzug
    - 2 Ermächtigung zur Adressenweitergabe
    - 3 Logo

Anhang III

Bedingungen für ec-Karten 1/1997 (Kundenbeziehung), Regelung für GAA, POS und POZ

ec-Service

I. Geltungsbereich

Der Kunde kann die ec-Karte für folgende Dienstleistungen nutzen:

1. ohne Einsatz der persönlichen Geheimzahl (=PIN)

a) als Garantiekarte für den eurocheque;

b) als GeldKarte zum bargeldlosen Bezahlen an automatisierten Kassen des Handels- und Dienstleistungsbereiches, die mit dem GeldKarte-Logo gekennzeichnet sind (GeldKarten-Terminal).

2. in Verbindung mit der persönlichen Geheimzahl (=PIN)

a) zur Abhebung von Bargeld an in- und ausländischen Geldautomaten im Rahmen des

- deutschen ec-Geldautomatensystems;
- internationalen Maestro-Systems.

Auf diese Geldautomaten wird im Inland durch das ec-Geldautomaten-Zeichen und im Ausland durch das Maestro-Zeichen hingewiesen.

b) zur bargeldlosen Zahlung an automatisierten Kassen im Rahmen des
- inländischen elektronic cash-Systems;
- internationalen edc/Maestro-Systems im Ausland. In einigen Ländern kann an Stelle der PIN die Unterschrift gefordert werden.

Auf diese Kassen wird im Inland durch das electronic cash- und im Ausland durch das edc/Maestro-Zeichen hingewiesen.

c) zum Aufladen der GeldKarte an Ladeterminals, die mit dem GeldKarte-Logo gekennzeichnet sind.

II. Allgemeine Regeln

1. Karteninhaber

Die ec-Karte gilt für das auf ihr angegebene Konto. Sie kann nur auf den Namen des Kontoinhabers oder einer Person ausgestellt werden, der der Kontoinhaber Kontovollmacht erteilt hat.

Wenn der Kontoinhaber die Kontovollmacht widerruft, ist er dafür verantwortlich, daß die an den Bevollmächtigten ausgegebene ec-Karte an die Bank zurückgegeben wird. Die Bank wird die ec-Karte nach Widerruf der Vollmacht für die Nutzung an Geldautomaten und automatisierten Kassen sowie für die Aufladung der GeldKarte elektronisch sperren. Solange die Rückgabe der Karte nicht erfolgt ist, besteht jedoch die Möglichkeit, daß sie weiterhin für die Ausstellung garantierter Schecks und zum Verbrauch der noch in der GeldKarte gespeicherten Beträge verwendet wird. Die Aufwendungen, die aus der weiteren Nutzung der Karte bis zu ihrer Rückgabe an die Bank entstehen, hat der Kontoinhaber zu tragen.

2. Nutzung von eurocheque-Vordrucken ohne ec-Karte

eurocheque-Vordrucke können auch ohne Nutzung der ec-Karte zur Ausstellung nicht garantierter Schecks verwendet werden. Die Bank ist gegenüber dem Schecknehmer zur Einlösung eines solchen Schecks nicht verpflichtet.

3. Finanzielle Nutzungsgrenzen

Der Karteninhaber darf Verfügungen mit seiner ec-Karte nur im Rahmen des Kontoguthabens oder eines vorher für das Konto eingeräumten Kredits vornehmen.

Auch wenn der Karteninhaber diese Nutzungsgrenze bei seinen Verfügungen nicht einhält, ist die Bank berechtigt, den Ersatz der Aufwendungen zu verlangen, die aus der Nutzung der ec-Karte entstehen. Die Buchung solcher Verfügungen auf dem Konto führt zu einer geduldeten Kontoüberziehung; die Bank ist berechtigt, in diesem Fall den höheren Zinssatz für geduldete Kontoüberziehungen zu verlangen.

Diese Regelungen zur Nutzungsgrenze gelten auch für die Ausstellung von nicht garantierten eurocheques ohne Verwendung der ec-Karte. Wenn die Bank einen nicht garantierten Scheck nicht einlöst, unterrichtet sie gleichzeitig den Kunden.

4. Umrechnung von Fremdwährungsbeträgen

Nutzt der Karteninhaber die ec-Karte für Verfügungen, die nicht auf Deutsche Mark lauten, wird das Konto gleichwohl in Deutsche Mark belastet. Die Umrechnung von Fremdwährungsbeträgen wird im Inland von der Stelle vorgenommen, die den Vorgang vom Ausland zur weiteren Bearbeitung erhält. Dabei legt sie den Devisenbriefkurs des dem Eingang vorangegangenen Börsentages zugrunde. Die Bank gibt dem Kontoinhaber mit dem Kontoauszug den Eingangstag und den Umrechnungskurs bekannt.

5. Rückgabe der ec-Karte und der eurocheque-Vordrucke

Mit Aushändigung einer neuen, spätestens aber nach Ablauf der Gültigkeit der Karte ist die Bank berechtigt, die alte ec-Karte zurückzuverlangen. Endet die Berechtigung, die ec-Karte zu nutzen, vorher (zum Beispiel durch Kündigung der Kontoverbindung oder des ec-Kartenvertrages), so hat der Karteninhaber die ec-Karte unverzüglich an die Bank zurückzugeben. Ein zum Zeitpunkt der Rückgabe noch in der GeldKarte gespeicherter Betrag wird dem Kontoinhaber erstattet.

Endet die Berechtigung zur Nutzung von eurocheque-Vordrucken, so sind nicht benutzte Vordrucke unverzüglich entweder an das Kreditinstitut zurückzugeben oder entwertet zurückzusenden.

6. Sperre und Einziehung der ec-Karte

Die Bank darf die Karte sperren und den Einzug der Karte (zum Beispiel an Geldautomaten) veranlassen, wenn sie berechtigt ist, den ec-Kartenvertrag aus wichtigem Grund zu kündigen. Die Bank ist zur Einziehung und Sperre der ec-Karte auch berechtigt, wenn die Nutzungsberechtigung der Karte durch Gültigkeitsablauf oder durch ordentliche Kündigung endet. Zum Zeitpunkt der Einziehung noch in der Geld-Karte gespeicherte Beträge werden dem Karteninhaber erstattet.

7. Sorgfalts- und Mitwirkungspflichten des Karteninhabers

7.1 Unterschrift

Der Karteninhaber hat die ec-Karte nach Erhalt unverzüglich auf dem Unterschriftsfeld zu unterschreiben.

7.2 Sorgfältige und getrennte Aufbewahrung der ec-Karte und der eurocheque-Vordrucke

ec-Karte und eurocheque Vordrucke sind mit besonderer Sorgfalt und getrennt voneinander aufzubewahren, um zu verhindern, daß sie abhanden kommen und gemeinsam mißbräuchlich zur Ausstellung garantierter Schecks verwendet werden. Sie dürfen insbesondere nicht unbeaufsichtigt im Kraftfahrzeug aufbewahrt werden. Die eurocheque-Vordrucke sind auch alleine sorgfältig aufzubewahren, da sie nach Verlust auch ohne ec-Karte zur Ausstellung von nicht garantierten Bar- oder Verrechnungsschecks mißbräuchlich verwendet werden können. Auch die ec-Karte alleine ist sorgfältig aufzubewahren, da sie (z.B. im Rahmen des edc/Maestro-Systems) mißbräuchlich eingesetzt werden kann. Darüber hinaus kann jeder, der in Besitz der ec-Karte ist, den in der GeldKarte gespeicherten Betrag verbrauchen.

7.3 Sorgfältiges Ausfüllen von eurocheque-Vordrucken

Die eurocheque-Vordrucke sind deutlich lesbar auszufüllen. Der Scheckbetrag ist in Ziffern und Buchstaben unter Angabe der Währung so einzusetzen, daß nichts hinzugeschrieben werden kann. Ist der eurocheque zum Beispiel durch Verschreiben beim Ausfüllen unbrauchbar geworden, so ist er zu vernichten.

7.4 Geheimhaltung der persönlichen Geheimzahl (PIN)

Der Karteninhaber hat dafür Sorge zu tragen, daß keine andere Person Kenntnis von der persönlichen Geheimzahl erlangt. Die Geheimzahl darf insbesondere nicht auf der Karte vermerkt oder in anderer Weise zusammen mit dieser aufbewahrt werden. Denn jede Person, die die persönliche Geheimzahl kennt und in den Besitz der Karte kommt, hat die Möglichkeit, zu Lasten des auf der ec-Karte angegebenen Kontos Verfügungen zu tätigen (zum Beispiel Geld an Geldautomaten abzuheben).

7.5 Unterrichtungs- und Anzeigepflichten

Stellt der Karteninhaber den Verlust seiner ec-Karte, von eurocheque-Vordrucken oder ausgestellten eurocheques oder mißbräuchliche Verfügungen mit seiner ec-Karte fest, so ist die Bank, und zwar möglichst die kontoführende Stelle, unverzüglich zu benachrichtigen. Den Verlust der ec-Karte kann der Karteninhaber auch gegenüber dem Zentralen Sperrannahmedienst anzeigen. In diesem Fall ist eine Kartensperre nur möglich, wenn der Name der Bank - möglichst mit Bankleitzahl - und die Kontonummer angegeben werden. Der Zentrale Sperrannahmedienst sperrt alle für das betreffende Konto ausgegebenen ec-Karten für die weitere Nutzung an ec-Geldautomaten und automatisierten Kassen. Zur Beschränkung der Sperre auf die abhandengekommene Karte muß sich der Karteninhaber mit seiner Bank, möglichst mit der kontoführenden Stelle in Verbindung setzen.

Wird die ec-Karte mißbräuchlich verwendet, ist unverzüglich Anzeige bei der Polizei zu erstatten.

III. Besondere Regeln für einzelne Nutzungsarten

1. eurocheque-Garantieverfahren

1.1 Zustandekommen der Garantie

Wird bei Ausstellung eines eurocheques die ec-Karte verwendet, so garantiert die Bank die Zahlung des Scheckbetrages jedem Schecknehmer in Europa und in den an das Mittelmeer angrenzenden Ländern bis zu einem Betrag von 400,- DM oder bis zur Höhe des in dem jeweiligen Land maßgeblichen ec-Garantiehöchstbetrages. Dazu müssen folgende Voraussetzungen erfüllt sein:

Der Name der Bank, die Konto- und die ec-Kartennummer sowie die Unterschriften auf eurocheque und ec-Karte müssen übereinstimmen. In Deutschland ausgestellte eurocheques sind für 8 Tage, in anderen Ländern ausgestellte eurocheques sind für 20 Tage ab dem Ausstellungsdatum garantiert. Die Frist ist gewährt, wenn der eurocheque innerhalb dieser Fristen der Bank vorgelegt, einem anderen inländischen Kreditinstitut zum Inkasso eingereicht oder GZS, Gesellschaft für Zahlungssysteme mbH, Frankfurt, zugeleitet worden ist.

Die Bank wird auf jeden mit der ec-Kartennummer versehenen eurocheque Zahlung leisten, sofern die obengenannten Voraussetzungen eingehalten sind.

1.2 Eingeschränkte Sperrmöglichkeit von eurocheques

Ein eurocheque, der die Garantievoraussetzungen erfüllt, kann nicht gesperrt werden. Die Bank ist zur Einlösung eines solchen eurocheques verpflichtet.

Übersteigt der Scheckbetrag den garantierten Höchstbetrag, braucht die Bank den eurocheque nur in der garantierten Höhe einzulösen. Sie wird hinsichtlich des darüber hinausgehenden Betrages und bei eurocheques, die die Garantievoraussetzungen nicht erfüllen, eine Schecksperre beachten, wenn diese der Bank so rechtzeitig zugeht, daß ihre Berücksichtigung im Rahmen des ordnungsgemäßen Arbeitsablaufes möglich ist.

1.3 Einlösung von eurocheques nach Verlust von ec-Karte und eurocheque-Vordrucken

Werden ec-Karte und eurocheque-Vordrucke nach einem Abhandenkommen gemeinsam mißbräuchlich verwendet, so ist die Bank gegenüber einem gutgläubigen Schecknehmer dennoch zur Einlösung der eurocheques verpflichtet, wenn die Voraussetzungen über das Zustandekommen der Garantie (vgl. Ziff. 1.1) eingehalten sind und die Unterschrift auf dem eurocheque dem äußeren Anschein nach den Eindruck der Echtheit erweckt.

Durch eine Sperre der ec-Karte und die Anzeige des Verlustes von eurocheque-Vordrucken kann die mißbräuchliche Verwendung der eurocheque-Vordrucke und deren Einlösung nicht verhindert werden.

1.4 Haftung für Schäden aufgrund gemeinsamer mißbräuchlicher Verwendung von ec-Karte und eurocheque-Vordrucken

Die Bank haftet für die Erfüllung ihrer Verpflichtungen aus dem ec-Kartenvertrag und übernimmt die Schäden in vollem Umfang, wenn der Karteninhaber die ihm nach diesen Bedingungen obliegenden Pflichten erfüllt hat.

Hat der Karteninhaber durch ein schuldhaftes Verhalten zur Entstehung des Schadens beigetragen, bestimmt sich nach den Grundsätzen des Mitverschuldens, in welchem Umfang Bank und Kontoinhaber den Schaden zu tragen haben.

Hat der Karteninhaber seine Pflichten lediglich leicht fahrlässig verletzt, so stellt die Bank den Kontoinhaber von seiner Verpflichtung, einen Teil des Schadens zu übernehmen, in jedem Fall in Höhe von 90% des Gesamtschadens frei.

Hat die Bank ihre Verpflichtungen aus dem ec-Kartenvertrag erfüllt und der Karteninhaber selber seine Pflichten grob fahrlässig verletzt, so trägt der Kontoinhaber den entstandenen Schaden in vollem Umfang. Grobe Fahrlässigkeit kann insbesondere dann vorliegen, wenn ec-Karte und eurocheque-Vordrucke gemeinsam in einem Kraftfahrzeug unbeaufsichtigt aufbewahrt wurden.

1.5 Haftung für Schäden aufgrund mißbräuchlicher Verwendung nicht garantierter eurocheques ohne ec-Karte

Kommen eurocheque-Vordrucke abhanden und werden sie ohne die ec-Karte mißbräuchlich verwendet oder unterliegen die Schecks aus anderen Gründen nicht der eurocheque-Garantie, so gilt folgende Haftungsregelung:

Die Bank haftet für die Erfüllung ihrer Verpflichtungen aus dem Scheckvertrag. Hat der Kunde durch ein schuldhaftes Verhalten, insbesondere durch eine Verletzung seine Sorgfaltspflichten zur Entstehung eines Schadens beigetragen, bestimmt sich nach den Grundsätzen des Mitverschuldens, in welchem Umfang Bank und Kontoinhaber den Schaden zu tragen haben.

1.6. Sperre von nicht garantierten eurocheques

Ein Scheck kann nur gesperrt werden, wenn er nicht garantiert und noch nicht von der Bank eingelöst ist. Die Sperre kann nur beachtet werden, wenn sie der Bank so rechtzeitig zugeht, daß ihre Berücksichtigung im Rahmen des ordnungsgemäßen Arbeitsablaufes möglich ist.

1.7. Beweisregel

Ist die Nummer der an den Karteninhaber ausgegebenen ec-Karte auf dem eurocheque vermerkt, so ist er nach dem Beweis des ersten Anscheins unter Verwendung der ec-Karte ausgestellt worden.

2. Bargeldabhebungen im Rahmen des ec-Geldautomaten- und Maestro-Systems sowie bargeldloses Bezahlen an automatisierten Kassen im electronic cash- und edc/Maestro-System

2.1 Verfügungsrahmen

Für Verfügungen an Geldautomaten, automatisierten Kassen und die Aufladung der GeldKarte teilt die Bank dem Kontoinhaber einen jeweils für einen bestimmten Zeitraum geltenden Verfügungsrahmen mit. Bei jeder Nutzung der ec-Karte an Geldautomaten und automatisierten Kassen wird geprüft, ob der Verfügungsrahmen durch vorangegangene Verfügungen bereits ausgeschöpft ist. Verfügungen, mit denen der Verfügungsrahmen überschritten würde, werden unabhängig vom aktuellen Kontostand und einem etwa vorher zum Konto eingeräumten Kredit abgewiesen.

Der Karteninhaber darf den Verfügungsrahmen nur im Rahmen des Kontoguthabens oder eines vorher für das Konto eingeräumten Kredits in Anspruch nehmen.

Der Kontoinhaber kann mit der kontoführenden Stelle eine Änderung des Verfügungsrahmens für alle zu seinem Konto ausgegebenen ec-Karten vereinbaren. Ein Bevollmächtigter, der eine ec-Karte erhalten hat, kann nur eine Herabsetzung für diese Karte vereinbaren.

2.2 Fehleingabe der Geheimzahl

Die ec-Karte kann an Geldautomaten sowie an automatisierten Kassen nicht mehr eingesetzt werden, wenn die persönliche Geheimzahl dreimal hintereinander falsch eingegeben wurde. Der Karteninhaber sollte sich in diesem Fall mit seiner Bank, möglichst mit der kontoführenden Stelle, in Verbindung setzen.

2.3 Zahlungsverpflichtung der Bank; Reklamationen

Die Bank hat sich gegenüber den Betreibern von Geldautomaten und automatisierten Kassen vertraglich verpflichtet, die Beträge, über die unter Verwendung der an den Karteninhaber ausgegebenen ec-Karte verfügt wurde, an die Betreiber zu vergüten.

Einwendungen und sonstige Beanstandungen des Karteninhabers aus dem Vertragsverhältnis zu dem Unternehmen, bei dem bargeldlos an einer automatisierten Kasse bezahlt worden ist, sind unmittelbar gegenüber diesem Unternehmen geltend zu machen.

2.4 Haftung für Schäden durch mißbräuchliche Verwendung der ec-Karte an Geldautomaten und automatisierten Kassen

Die Bank haftet für die Erfüllung ihrer Verpflichtungen aus dem ec-Kartenvertrag.

Sobald der Bank oder dem Zentralen Sperrannahmedienst der Verlust der ec-Karte angezeigt wurde, übernimmt die Bank alle danach durch Verfügungen an Geldautomaten und automatisierten Kassen entstehenden Schäden.

Sie übernimmt auch die bis zum Eingang der Verlustanzeige entstehenden Schäden, wenn der Karteninhaber die ihm nach diesen Bedingungen obliegenden Pflichten erfüllt hat.

Hat der Karteninhaber durch ein schuldhaftes Verhalten zur Entstehung des Schadens beigetragen, bestimmt sich nach den Grundsätzen des Mitverschuldens, in welchem Umfang Bank und Kontoinhaber den Schaden zu tragen haben.

Hat der Karteninhaber seine Pflichten lediglich leicht fahrlässig verletzt, so stellt die Bank den Kontoinhaber von seiner Verpflichtung, einen Teil des Schadens zu übernehmen, in jedem Fall in Höhe von 90% des Gesamtschadens frei.

Hat die Bank ihre Verpflichtungen erfüllt und der Karteninhaber seine Pflichten grob fahrlässig verletzt, trägt der Kontoinhaber den entstandenen Schaden in vollem Umfang. Grobe Fahrlässigkeit des Karteninhabers kann insbesondere dann vorliegen, wenn

- er den Kartenverlust der Bank oder dem Zentralen Sperrannahmedienst schuldhaft nicht unverzüglich mitgeteilt hat,
- die persönliche Geheimzahl auf der Karte vermerkt oder zusammen mit der ec-Karte verwahrt war (zum Beispiel im Originalbrief, in dem sie dem Karteninhaber mitgeteilt wurde),
- die persönliche Geheimzahl einer anderen Person mitgeteilt und der Mißbrauch dadurch verursacht wurde.

Die Haftung für Schäden, die innerhalb des Zeitraums, für den der Verfügungsrahmen gilt, verursacht werden, beschränkt sich jeweils auf den mitgeteilten Verfügungsrahmen.

3. GeldKarte

3.1 Servicebeschreibung

Die mit einem Chip ausgestattete ec-Karte kann auch als GeldKarte eingesetzt werden. Der Karteninhaber kann an GeldKarten-Terminals des Handels- und Dienstleistungsbereiches bargeldlos bezahlen.

3.2 Aufladen und Entladen der GeldKarte

Der Karteninhaber kann seine GeldKarte an den mit dem GeldKarten-Logo gekennzeichneten Ladeterminals innerhalb des ihm von seiner Bank eingeräumten Verfügungsrahmens (Abschnitt III Nr. 2.1) zu Lasten des auf der Karte angegebenen Kontos aufladen. Vor dem Aufladevorgang muß er seine persönliche Geheimzahl (PIN) eingeben. Der Karteninhaber kann seine GeldKarte darüber hinaus auch gegen Bargeld sowie im Zusammenwirken mit einer anderen Karte zu Lasten des Kontos, über das die Umsätze mit dieser Karte abgerechnet werden, aufladen. Die Bank unterrichtet den Karteninhaber über die Höhe des Betrages, den die GeldKarte maximal aufnehmen kann.

Aufgeladene Beträge, über die der Karteninhaber nicht mehr mittels der GeldKarte verfügen möchte, können bei der kartenausgebenden Bank entladen werden. Die Entladung von Teilbeträgen ist nicht möglich.

Bei einer Funktionsunfähigkeit der GeldKarte erstattet die kartenausgebende Bank dem Karteninhaber den nicht verbrauchten Betrag.

Benutzt der Karteninhaber seine ec-Karte, um seine GeldKarte oder die GeldKarte eines anderen aufzuladen, so ist die persönliche Geheimzahl (PIN) am Ladeterminal einzugeben. Die Auflademöglichkeit besteht nicht mehr, wenn die PIN dreimal hintereinander falsch eingegeben wurde. Der Karteninhaber sollte sich in diesem Fall mit seiner Bank, möglichst mit der kontoführenden Stelle, in Verbindung setzen.

3.3 Sofortige Kontobelastung

Benutzt der Karteninhaber seine ec-Karte, um seine GeldKarte oder die GeldKarte eines anderen aufzuladen, so wird der Ladebetrag dem Konto, das auf der ec-Karte angegeben ist, belastet.

3.4 Zahlungsvorgang mittels GeldKarte

Beim Bezahlen mit der GeldKarte ist die PIN nicht einzugeben.

Bei jedem Bezahlvorgang vermindert sich der in der GeldKarte gespeicherte Betrag um den verfügten Betrag.

3.5 Haftung bei Verlust der aufgeladenen GeldKarte

Bei Verlust der ec-Karte erstattet die Bank den in der Geldkarte vorhandenen Betrag nicht, denn jeder, der im Besitz der ec-Karte ist, kann den in der GeldKarte gespeicherten Betrag ohne Einsatz der PIN verbrauchen.

3.6 Haftung für Schäden durch mißbräuchliche Aufladevorgänge

Die Bank haftet für die Erfüllung ihrer Verpflichtungen aus dem ec-Kartenvertrag.

Sobald der Bank oder dem Zentralen Sperrannahmedienst der Verlust der ec-Karte angezeigt wurde, übernimmt die Bank alle danach durch mißbräuchliche Aufladevorgänge entstehenden Schäden.

Sie übernimmt auch die bis zum Eingang der Verlustanzeige entstehenden Schäden, wenn der Karteninhaber die ihm nach diesen Bedingungen obliegenden Pflichten erfüllt hat.

Hat der Karteninhaber durch ein schuldhaftes Verhalten zur Entstehung des Schadens beigetragen, bestimmt sich nach den Grundsätzen des Mitverschuldens, in welchem Umfang Bank und Kontoinhaber den Schaden zu tragen haben.

Hat der Karteninhaber seine Pflichten lediglich fahrlässig verletzt, so stellt die Bank den Kontoinhaber von seiner Verpflichtung, einen Teil des Schadens zu tragen, in jedem Fall in Höhe von 90% des Gesamtschadens frei.

Hat die Bank ihre Verpflichtung erfüllt und der Karteninhaber seine Pflichten grob fahrlässig verletzt, trägt der Kontoinhaber den entstandenen Schaden in vollem Umfang. Grobe Fahrlässigkeit des Karteninhabers kann insbesondere dann vorliegen, wenn

- er den Kartenverlust der Bank oder dem Zentralen Sperrannahmedienst schuldhaft nicht unverzüglich mitgeteilt hat,

- die persönliche Geheimzahl auf der ec-Karte vermerkt oder zusammen mit der ec-Karte verwahrt war (zum Beispiel im Originalbrief, in dem sie dem Karteninhaber mitgeteilt wurde),
- die persönliche Geheimzahl einer anderen Person mitgeteilt und der Mißbrauch dadurch verursacht wurde.

Die Haftung für Schäden, die innerhalb des Zeitraums, für den der Verfügungsrahmen gilt, verursacht werden, beschränkt sich jeweils auf den mitgeteilten Verfügungsrahmen.

Bargeldloses Bezahlen ohne Zahlungsgarantie an automatisierten Kassen mittels Lastschrift (POZ-System)

1. Service-Beschreibung

Die ec-Karte ermöglicht im Inland im Rahmen des POZ-Systems die bargeldlose Zahlung an automatisierten Kassen mittels Lastschrift ohne gleichzeitige Verwendung der persönlichen Geheimzahl. Auf die Kassen, an denen diese Zahlungsmöglichkeit besteht, wird durch ein entsprechendes Zeichen hingewiesen. Das Unternehmen zeiht die Forderungen gegen den Karteninhaber mit Lastschrift ein. Hierfür erteilt der Karteninhaber dem Unternehmen jeweils auf dem Kassenbeleg eine schriftliche Einzugsermächtigung. Die Bank übernimmt auf diese Zahlungen keine Garantie.

2. Adressenbekanntgabe

Wird eine POZ-Lastschrift nicht bezahlt oder wegen Widerspruchs zurückgegeben, so ist die Bank berechtigt, dem Unternehmen, das die Lastschrift erstellt hat, auf Anfrage den Namen und die Adresse des Karteninhabers mitzuteilen, sofern der Karteninhaber dem Unternehmen hierzu eine wirksame Einwilligung auf dem Kassenbeleg erteilt hat, die Sperrdatei abgefragt wurde und ein ec-Kartenverlust der Bank nicht angezeigt wurde.

Von der Bank angebotene andere Service-Leistungen

1. Besondere Bedingungen

Für weitere von der Bank für die ec-Karte bereitgestellte Service-Leistungen gelten besondere Bedingungen, die vor Inanspruchnahme mit dem Kontoinhaber vereinbart werden.

2. Vereinbarung über Nutzungsarten

Die Bank vereinbart mit dem Kontoinhaber, welche Dienstleistungen er mit der ec-Karte in Anspruch nehmen kann.

Anhang IV

Sog. Bedingungen zur „Teilnahme" am System (Händlerbedingungen) für das POZ

Händlerbedingungen

Bedingungen für die Teilnahme am electronic-cash-System der deutschen Kreditwirtschaft

1. Das Unternehmen ist berechtigt, am electronic-cash-System der deutschen Kreditwirtschaft einschließlich des internationalen edc/Maestro-Systems nach Maßgabe dieser Bedingungen teilzunehmen. Das electronic-cash-System ermöglicht die bargeldlose Zahlung an automatisierten Kassen – electronic-cash-Terminals.

2. An den electronic-cash-Terminals des Unternehmens sind die von den Kreditinstituten (kartenausgebende Institute) emittierten ec-Karten und die sonstigen in Kap.1 des Technischen Anhangs aufgelisteten Kundenkarten zu Barzahlungspreisen und -bedingungen zu akzeptieren. Dies gilt auch insoweit, als das Unternehmen im Rahmen des internationalen edc/Maestro-Systems die von kartenausgebenden Instituten im Ausland herausgegebenen Karten an seinen Terminals akzeptiert. Die Akzeptanz von Karten weiterer Systeme ist hiervon nicht berührt, soweit sie die ordnungsgemäße Verarbeitung der in Satz 1 und 2 genannten Karten nicht beeinträchtigt wird.

3. Die Teilnahme des Unternehmens am electronic-cash-System setzt, sofern das Unternehmen nicht selbst die Aufgabe des Netzbetreibers übernimmt, den Anschluß an ein Betreibernetz auf der Grundlage einer gesonderten Vereinbarung zwischen dem Unternehmen und einem Netzbetreiber voraus. Aufgabe des Betreibernetzes ist, die electronic-cash-Terminals mit dem Autorisierungssystem der Kreditwirtschaft, in dem die electronic-cash-Umsätze genehmigt werden, zu verbinden. Der Netzbetreiber ist für die Aufstellung der electronic-cash-Terminals, deren Anschluß an den Betreiberrechner sowie deren technische Betreuung verantwortlich. Der Netzbetreiber hat sicherzustellen, daß das electronic-cash-Terminalnetz bestimmte Sicherheitsanforderungen erfüllt.

4. Das kartenausgebende Institut im In- und Ausland gibt mit der Nachricht über die positive Autorisierung die Erklärung ab, daß es die Forderung in Höhe des am electronic-cash-Terminal autorisierten Betrages (electronic-cash- bzw. edc/ Maestro-Umsatz) begleicht. Voraussetzung hierfür ist, daß das electronic-cash-Terminal gegenüber dem Netzbetreiber zugelassen und nach den mit dem Netzbetreiber vereinbarten Verfahren betrieben wurde, die in Nr.6 genannten Anforderungen vom Unternehmen eingehalten wurden. Weiterhin ist Voraussetzung, daß der electronic-cash-Umsatz einem Inkassoinstitut im Inland innerhalb von 8 Tagen eingereicht wurde. Edc/Maestro-Umsätze müssen beim karten-

ausgebenden Institut im Ausland innerhalb von 12 Tagen vorliegen. Zur Einhaltung dieser Fristen ist es erforderlich, daß das Unternehmen die bei ihm anfallenden electronic-cash und edc/Maestro-Umsätze taggleich zum Inkasso einreicht.

Durch eine Stornierung des electronic-cash- bzw. edc/Maestro-Umsatzes entfällt die Zahlungsverpflichtung des kartenausgebenden Instituts. Wird ein edc/ Maestro-Umsatz aus dem Ausland wegen Fehlens der Garantievoraussetzungen reklamiert und an die erste Inkassostelle zurückgegeben (charge-back-Fall), so ist dieses berechtigt, den Umsatz dem angeschlossenen Handels- und Dienstleistungsunternehmen während der Zeit der Reklamationsbearbeitung zurückzubelasten.

Aus dem Ausland zurückgegebene charge-back-Fälle werden durch eine von der Kreditwirtschaft beauftragten Stelle gegenüber dem Ausland bearbeitet.

Das angeschlossene Handels- und Dienstleistungsunternehmen ist verpflichtet, der von der Kreditwirtschaft mit der Bearbeitung beauftragten Stelle auf Anforderung, die über den Netzbetreiber geleitet wird, näher spezifizierte Unterlagen bezüglich des reklamierten Umsatzes (z.B. Belegkopie, Händlerjournal) unverzüglich, spätestens aber innerhalb einer Frist von 10 Tagen nach Erhalt der Anfrage zur Verfügung zu stellen. Wird diese Frist überschritten und kann die von der Kreditwirtschaft beauftragte Stelle die Reklamationsbearbeitung gegenüber dem Ausland infolgedessen nicht mehr vornehmen, wird das angeschlossene Handels- und Dienstleistungsunternehmen mit dem reklamierten Umsatz endgültig rückbelastet.

Ergibt sich nach Auswertung der vom Händler rechtzeitig zur Verfügung gestellten Unterlagen, daß der Kartenemittent im Ausland den edc/Maestro-Umsatz berechtigterweise reklamiert hat, kann das angeschlossene Handels- und Dienstleistungsunternehmen seinen Zahlungsanspruch nur noch unmittelbar gegenüber dem Karteninhaber im Ausland geltend machen. War die Reklamation des Umsatzes dagegen unberechtigt, wird der Umsatz dem angeschlossenen Unternehmen wieder gutgeschrieben.

5. Für den Betrieb des electronic-cash-Systems und die Genehmigung der electronic-cash-Umsätze in den Autorisierungssytemen der Kreditwirtschaft bzw. der kartenausgebenden Institute im Ausland wird dem Unternehmen
   - für electronic-cash-Umsätze bis 50,- DM jeweils ein Entgelt in Höhe von 0,15 DM pro Umsatz,
   - für electronic-cash-Umsätze über 50,- DM jeweils ein Entgelt in Höhe von 0,3% des electronic-cash-Umsatzes
   - für edc/Maestro-Umsätze jeweils ein Entgelt in Höhe von 0,95% des edc/ Maestro-Umsatzes

   berechnet. Für stornierte Umsätze wird kein Entgelt erhoben. Das Entgelt wird für das Unternehmen von dem Netzbetreiber ermittelt und über diesen an die kartenausgebenden Institute abgeführt.

6. Das Unternehmen wird die electronic-cash-Terminals für die nach diesen Bedingungen zugelassenen Karten (Nr.2) ausschließlich nach der im beigefügten Technischen Anhang formulierten „Betriebsanleitung" betreiben. Die darin enthal-

tenen Anforderungen sind Bestandteil dieser Bedingungen. Um ein Ausspähen der PIN bei der Eingabe am Terminal auszuschließen, sollten insbesondere bei der Aufstellung von Terminals die aufgeführten Sicherheitsanforderungen beachtet werden.

Das Unternehmen hat alles zu unterlassen, was die Sicherheit oder den ordnungsgemäßen Ablauf des electronic-cash-Systems beeinträchtigen könnte.

7. Zur Bezahlung an electronic-cash-Terminals ist neben der Karte die persönliche Geheimzahl (PIN) einzugeben. Die PIN darf nur durch den Karteninhaber eingegeben werden.

8. Das Unternehmen gewährleistet, daß Beauftragte der Kreditwirtschaft auf Wunsch Zutritt zu den electronic-cash-Terminals erhalten und diese überprüfen können.

9. Der Einzug der electronic-cash- bzw. edc/Maestro-Umsätze erfolgt aufgrund gesonderter Vereinbarungen zwischen dem Unternehmen und dem gewählten Kreditinstitut und ist nicht Gegenstand dieser Bedingungen. Der Netzbetreiber hat sich bereit erklärt, das Unternehmen bei der Abwicklung des Zahlungsverkehrs dadurch zu unterstützen, daß er aus den electronic-cash- bzw. edc/Maestro-Umsätzen des Unternehmens Lastschriftdateien erstellt und diese
   - entweder dem Unternehmen zur Einreichung bei seinem kontoführenden Kreditinstitut bzw. einer von diesem benannten Zentralstelle zur Verfügung stellt,
   - die Einreichung beim kontoführenden Kreditinstitut des Unternehmens in dessen Auftrag selbst vornimmt,
   - oder nach Abtretung der Forderung durch das Unternehmen seinem kontoführenden Kreditinstitut zur Einziehung übergibt.

10. Das Unternehmen wird die Journale von electronic-cash-Terminals, ungeachtet der gesetzlichen Aufbewahrungsfristen, für ein Jahr aufbewahren und auf Verlangen dem Inkassoinstitut, über das der electronic-cash- bzw. edc/Meastro-Umsatz eingezogen wurde, im Original zur Verfügung stellen. Einwendungen und sonstige Beanstandungen von Karteninhabern nach Nr.2 Satz 1, die das Vertragsverhältnis mit dem Unternehmen betreffen, werden unmittelbar gegenüber dem Unternehmen geltend gemacht.

11. Das Unternehmen hat auf das electronic-cash-System sowie auf das edc/ Maestro-System mit dem jeweils zur Verfügung gestellten Logo deutlich hinzuweisen. Dabei darf das Unternehmen ein Kreditinstitut oder eine Kreditinstitutsgruppe werblich nicht herausstellen.

12. Änderungen dieser Bedingungen werden dem Unternehmen, wenn sie es nicht nur unwesentlich belasten, durch schriftliche Benachrichtigungen, in allen anderen Fällen durch ausdrücklichen Hinweis, bekanntgegeben. Sie gelten als genehmigt, wenn das Unternehmen nicht schriftlich Widerspruch erhebt. Auf diese Folge wird das Unternehmen bei der Bekanntgabe der Änderung besonders hingewiesen. Der Widerspruch des Unternehmens muß innerhalb eines Monats nach Bekanntgabe der Änderung bei dem kontoführenden Kreditinstitut eingegangen sein.

Technischer Anhang

Händlerbedingungen

1. Zugelassene Karten

An Terminals des electronic-cash-Systems der deutschen Kreditwirtschaft können folgende Karten eingesetzt werden:

1. eurocheque-Karten (ec-Karten), die von den deutschen Kreditinstituten ausgegeben werden
2. Sonstige Karten („Kundenkarten"):
   - BANK-CARD der Volksbanken und Raiffeisenbanken
   - S-CARD der Sparkassen und Girozentralen
   - Kundenkarte der Deutschen Bank
   - Dresdner ServiceCard
3. Von ausländischen Kreditinstituten ausgegebene Karten, die das edc- und/oder Maestro-Logo tragen, soweit der Netzbetreiber hierfür eine Zulassung besitzt.

2. Betriebsanleitung

Allgemeine Forderungen an Terminals

Der Netzbetreiber ist verpflichtet, nur Terminals an sein Netz anzuschließen, die den Anforderungen der Kreditwirtschaft genügen (vgl. Ziffer 8 der Händlerbedingungen). Diese beschränken sich auf

- den reibungslosen Ablauf der Transaktionen unter Einhaltung weniger Grundfunktionen,
- die Gestaltung der sogenannten Kundenschnittstelle (Display/Kundenbelege), um ein einheitliches Erscheinungsbild des Systems zu gewährleisten und insbesondere
- die Systemsicherheit, die die sichere Übertragung von Kaufdaten und persönlicher Geheimzahl (PIN) durch Einsatz geeigneter Soft- und Hardware gewährleistet.

Ablauf von electronic-cash-Transaktionen

Ein electronic-cash-Terminal umfaßt folgende Komponenten, die in einem oder verschiedenen Geräten angeordnet sein können:

- Kundenbedieneinheit zur Eingabe der persönlichen Geheimzahl,
- Kartenleser zum Übernehmen der Daten des Magnetstreifens,
- Händlereinheit für Bedienungshandlungen des Kassenpersonals,
- Drucker zum Ausgeben der Kundenbelege.

Bei bedienten Terminals werden Zahlungen unter Mitwirkung des Kassenpersonals abgewickelt, bei unbedienten (Waren- und Tankautomaten) ausschließlich durch den Kunden.

Das Terminal muß die Funktionen
- Autorisierung (Genehmigung) und
- automatische Stornierung (Rückgängigmachen bei Fehlern ohne manuellen Eingriff)

von bargeldlosen Zahlungen unterstützen können. Die Funktion der manuellen Stornierung (Rückgängigmachen unter Mitwirkung des Händlers und/oder Kunden) ist optional und hängt von der Unterstützung durch den Netzbetreiber ab.

Der Zahlungsvorgang läuft in folgenden Schritten ab (empfohlene Reihenfolge):

1. Karte einstecken/durchziehen
2. Betrag bestätigen
3. Geheimzahl eingeben
4. Geheimzahl bestätigen

Alle im Terminal ablaufenden Vorgänge müssen im Händlerjournal protokolliert werden, das auch im Betreiberrechner geführt werden kann.

Nach jedem Bedienungsschritt muß der Kunde einen Vorgang abbrechen oder korrigieren können. Die letzte Bestätigung muß durch ihn erfolgen.

Beschreibung der Kundenschnittstelle

Die Kundenschnittstelle des Terminals umfaßt
- die Anzeige-Einrichtung (Display an der Kundeneinheit) und
- die Belegausgabe.

Das Display informiert den Kunden unmittelbar über den Abschluß eines Vorgangs.

Folgende Texte sind vorgesehen:

Zahlung erfolgt	Betrag storniert
Zahlung nicht möglich	Storno nicht möglich
Geheimzahl falsch	Geheimzahl zu oft falsch
Karte nicht zugelassen	Karte ungültig
Karten verfallen	Systemfehler

Der dem Kunden bei erfolgreich abgeschlossenen Vorgängen – Autorisierungen und manuelle Stornierungen – ausgehändigte Beleg muß mindestens folgende Angaben enthalten:

„Kartenzahlung“	–	fester Text
Händlerbezeichnung, -ort		
Name des Zahlungssystems	–	Empfehlung: „electronic cash“
Nummer des Terminals		
Datum/Uhrzeit		

ec-Nummer	–	zusätzl. Identifikation des Vorgangs
Maximalbetrag	–	nur bei unbedienten Terminals des Typs „Tankautomat“
Betrag	–	Zahlung oder Stornierung
AID-Parameter	–	Wert aus der Autorisierungs-Antwort
Autorisierungsmerkmal	–	Zeichen für erfolgte Genehmigung
„Zahlung erfolgt“	–	Text bei genehmigten Zahlungen
„Betrag storniert“	–	Text bei erfolgreichen Stornierungen

Die aufgeführten Angaben sind im Falle von Kundenreklamationen von Bedeutung. Bei nicht erfolgreichen Vorgängen können Belege erzeugt werden, die keine AID-Parameter und kein Autorisierungsmerkmal enthalten dürfen; statt „Zahlung erfolgt“ bzw. „Betrag storniert“ ist ein Fehlertext zu drucken.

Sicherheitsanforderungen

Die Systemsicherheit wird grundsätzlich durch den Netzbetreiber gewährleistet.

Der Händler trägt seinerseits durch geeignete Maßnahmen zum Sichtschutz dazu bei, daß die Geheimzahl des Kunden geschützt ist. Hierzu zählen insbesondere:

- Der Standort der Kundenbedieneinheit sollte so gewählt und gestaltet werden, daß der Sichtschutz zusammen mit dem Körper des Kunden eine optimale Abschirmung der Eingabe ermöglicht.
- Handgeräte sollten dem Kunden in die Hand gegeben werden.
- Tischgeräte sollten verschiebbar sein, so daß sich der Kunde auf wechselnde Verhältnisse einstellen kann.
- Videokameras und Spiegel sollten so aufgestellt werden, daß die PIN-Eingabe mit ihrer Hilfe nicht beobachtet werden kann.
- Vor dem Eingabegerät sollten Abstandszonen eingerichtet werden.

electronic cash-Piktogramm/edc/MAESTRO-Logo ↗nicht abgedruckt

Zahlung mittels elektronischer Geldbörse („GeldKarte“)

Lothar Wand, Rechtsanwalt,
Bundesverband deutscher Banken e.V., Köln

Inhaltsübersicht

I. Organisatorische Ablaufbeschreibung

Bereits in den sechziger Jahren etablierte die deutsche Kreditwirtschaft mit der Einführung des eurocheque-Verfahrens ein Bargeldsubstitut, das bis heute vielfach genutzt wird. Im Zuge der fortschreitenden Beleglosigkeit des Zahlungsverkehrs und der infolge des Einsatzes der Elektronik bestehenden Möglichkeiten einer rationelleren und kostengünstigeren Abwicklung von Zahlungen wird der Einsatz des eurocheque allerdings zunehmend durch die am Markt vorhandenen elektronischen Zahlungsmöglichkeiten substituiert.[1] Dabei kommt insbesondere den kartengestützten Zahlungen eine wachsende Bedeutung zu. So hat sich etwa die Anzahl der grenzüberschreitenden eurocheque-Transaktionen in Europa von 1990 noch über 40 Millionen auf 1997 gut 18 Millionen reduziert, während die Anzahl der grenzüberschreitenden Verfügungen an Geldautomaten und automatisierten Kassen mit der ec-Karte im gleichen Zeitraum von 1990 gut 2,7 Millionen Transaktionen auf rund 52 Millionen Transaktionen im Jahre 1997 anstieg.[2]

---

1 Vgl. dazu auch die Zahlen bei *Gößmann*, Rechtsfragen neuer Techniken des bargeldlosen Zahlungsverkehrs, in *Horn/Schimansky*, RWS-Forum 12-Bankrecht 1998, S. 67, 69 unter I.

2 Zur Entwicklung der grenzüberschreitenden Debitkartentransaktionen in Europa im Bereich eurocheque, Geldautomaten und Point of sale vgl. die Darstellung in der von Europay International herausgegebenen „ec-News“, Nr. 7 vom Juni 1998, S. 2.

In Deutschland hat die Kreditwirtschaft in Ergänzung zu den bereits existierenden Kartenzahlungssystemen „electronic-cash“ und „POZ“[3] im Anschluß an ein vorangegangenes Pilotprojekt im Raum Ravensburg/ Weingarten[4] zum August 1996 bundesweit das GeldKarte-System eingeführt. Unter Nutzung der Chipkartentechnik wird Kunden im Rahmen dieses Systems die Möglichkeit geboten, eine elektronische „Geldbörse“ mit Werteinheiten aufzuladen und diese zur bargeldlosen Bezahlung bei Handels- und Dienstleistungsunternehmen, die dem System angeschlossen sind, zu benutzen.

Die Organisationsabläufe des GeldKarte-Systems lehnen sich zwar von ihrer Struktur her grundsätzlich an die aus anderen Kartensystemen bekannten Abläufe an, weisen allerdings bedingt dadurch, daß es sich bei der elektronischen Geldbörse um ein vorausbezahltes Medium handelt, gewisse Besonderheiten auf, die vor Erörterung der rechtlichen Aspekte zunächst dargestellt werden sollen.

1. Die Ausgabe von „GeldKarten“ durch Kreditinstitute[5]

Eingesetzt werden können im Rahmen des GeldKarte-Systems lediglich solche Karten, die – zumindest auch – über einen Mikrochip mit Geldbörsenfunktion verfügen. Karten, die ausschließlich mit einem Magnetstreifen ausgestattet sind (Hybridkarten) sind dagegen im Rahmen des GeldKarte-Systems nicht einsetzbar. Als GeldKarte-Emittenten kommen nach den geltenden aufsichtsrechtlichen Rahmenbedingungen gemäß § 1 Abs. 1 Satz 2 Nr. 11 KWG nur Kreditinstitute in Betracht.

Aufgebracht werden kann die GeldKarte-Funktion zum einen auf kontobezogene Karten, wie etwa die eurocheque-Karte oder die von verschiedenen

---

3 Vgl. dazu nur die Darstellung von *Harbeke*, Die POS-Systeme der deutschen Kreditwirtschaft – Eine Darstellung unter rechtlichen Aspekten, WM Sonderbeilage Nr. 1/1994 sowie *Gößmann* in *Schimansky/Bunte/Lwowski*, Bankrechtshandbuch, Kommentar, 1. Aufl. 1997, Band I, § 68 jeweils mit umfangreichen Nachweisen.

4 Das „GeldKarte“-System wurde ab dem 29. März 1996 im Raum Ravensburg/Weingarten mit über 80.000 Kunden an etwa 700 Terminals getestet (Pressemitteilung des Zentralen Kreditausschusses vom 12. März 1996).

5 Vgl. dazu auch die in der abgedruckten Skizze mit einer durchgehenden Linie gekennzeichneten Abläufe.

Geldkarte

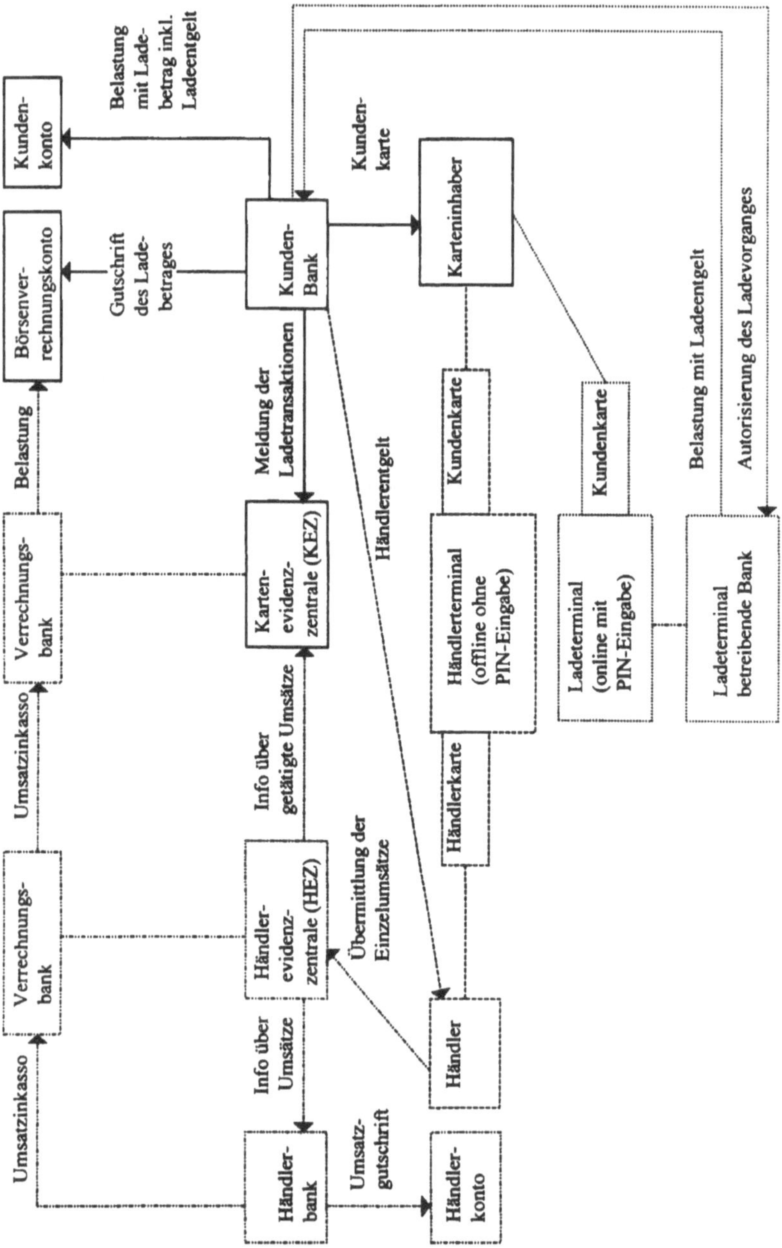
Kunden-konto
Börsenverrechnungskonto
Belastung mit Ladebetrag inkl. Ladeentgelt
Gutschrift des Ladebetrages
Kunden-Bank
Kundenkarte
Karteninhaber
Belastung
Verrechnungs-bank
Meldung der Ladetransaktionen
Karten-evidenz-zentrale (KEZ)
Händlerentgelt
Kundenkarte
Händlerterminal (offline ohne PIN-Eingabe)
Kundenkarte
Ladeterminal (online mit PIN-Eingabe)
Belastung mit Ladeentgelt
Autorisierung des Ladevorganges
Ladeterminal betreibende Bank
Umsatzinkasso
Info über getätigte Umsätze
Händlerkarte
Verrechnungs-bank
Händler-evidenz-zentrale (HEZ)
Übermittlung der Einzelumsätze
Händler
Umsatzinkasso
Info über Umsätze
Händler-bank
Umsatz-gutschrift
Händler-konto

Kreditinstituten ausgegebenen Kundenkarten.[6] Neben der Ausgabe von ec- oder Kundenkarten, die die elektronische Geldbörse als zusätzliche Funktion aufweisen, besteht für die Kreditinstitute auch die Möglichkeit, an ihre Kontoinhaber eine kontogebundene Karte auszugeben, die ausschließlich mit der Geldbörsenfunktion ausgestattet ist. Neben kontogebundenen Karten können Kreditinstitute auch kontoungebundene Karten mit GeldKarte-Funktion ausgeben. Als Empfängerkreis einer derartigen kontoungebundenen Karte kommen zum einen Personen in Betracht, die zum kartenausgebenden Kreditinstitut nicht in einer Kontobeziehung stehen (z.B. Touristen). Darüber hinaus steht es aber auch jedem Bankkunden, der bei einem Kreditinstitut ein Girokonto unterhält, frei, von seiner Hausbank oder einem anderen Emittenten eine kontoungebundene GeldKarte zu erwerben.

Bei der GeldKarte-Funktion handelt es sich um eine vorausbezahlte elektronische Geldbörse. Der Karteninhaber wird dementsprechend vom kartenausgebenden Institut in Höhe des Gegenwertes der elektronischen Werteinheiten, die in die GeldKarte eingespeichert worden sind, unmittelbar auf seinem Girokonto belastet. Bei kontoungebundenen „GeldKarten" muß der Karteninhaber die Karte gegen Bargeld erwerben. Der vom Kartenemittenten für die Ausgabe der elektronischen Werteinheiten eingenommene Gegenwert wird auf einem internen „Börsenverrechnungskonto" (BVK) gebucht. Bei dem BVK handelt es sich um ein bankinternes Sammelkonto,[7] in das alle Ladebeträge für die ausgegebenen Karten eingebucht werden, ohne daß dabei eine Zuordnung einzelner Ladebeträge zu einzelnen Karteninhabern erfolgt. Die auf dem BVK gebuchten Beträge dienen als Deckungsgegenwert, um die Zahlungsansprüche der dem System angeschlossenen Handels- und Dienstleistungsunternehmen zu begleichen.

Bei der Abwicklung von GeldKarte-Bezahltransaktionen wird von dem kartenausgebenden Institut ausschließlich das bankinterne BVK, und nicht

---

6 Nach Nr. 1 Satz 2 der „Vereinbarung über das institutsübergreifende System GeldKarte" in Verbindung mit Anlage 1 zu dieser Vereinbarung können im Rahmen des „GeldKarte"-Systems neben der eurocheque-Karte derzeit die BANKCARD der Volksbanken und Raiffeisenbanken, die S-Card der Sparkassen- und Girozentralen, die Kundenkarte der Deutschen Bank AG, die Dresdner ServiceCARD sowie die Postbank Card eingesetzt werden; zu den einsetzbaren Karten siehe auch *Pfeiffer*, ec-Bedingungen der Banken und Sparkassen, in *Graf von Westphalen* (Hrsg.), Vertragsrecht und AGB-Klauselwerke, Rdn. 159.

7 Zur Rechtsnatur des Börsenverrechnungskontos vgl. *Gößmann* (Fn. 1) unter II. 2. c) aa), S. 102, 103.

das Kundenkonto angesprochen. Hierin liegt ein wesentlicher Unterschied zur Transaktionsabwicklung im Rahmen des electronic-cash- oder POZ-Systems: Bei den letztgenannten Systemen kann der Karteninhaber – in gleicher Weise wie bei einer Kreditkartenzahlung – über seine Kontoauszüge, die er vom kartenausgebenden Institut erhält, jede Einzeltransaktion nachvollziehen. Im GeldKarte-System kann der Karteninhaber anhand seiner Kontoauszüge nicht erkennen, welche Transaktionen er mit der GeldKarte getätigt hat, da die im GeldKarte-System anfallenden Zahlungsströme lediglich dem bankinternen BVK, nicht aber den Konten der Karteninhaber zugeordnet werden. Auf dem Kontoauszug des Karteninhabers verzeichnet wird dementsprechend lediglich eine einzelne Belastungsbuchung, die den Gegenwert der elektronischen Werteinheiten dokumentiert, die der Karteninhaber von seiner Bank erworben hat.

2. Bezahlvorgang[8]

Die am GeldKarte-System der deutschen Kreditwirtschaft teilnehmenden Handels- und Dienstleistungsunternehmen verfügen an ihren Kassen über Terminals, die in der Lage sind, die GeldKarte zu akzeptieren. Einzelheiten über die Terminals, die der Händler einsetzen darf, werden diesem über die „Bedingungen für die Teilnahme am System GeldKarte“ vorgegeben. Auf diese Weise wird gewährleistet, daß die an die Karteninhaber ausgegebenen Karten an allen Terminals des Systems technisch einheitlich akzeptiert werden. Nach Einführen der Karte in das Händlerterminal und einer Bestätigung durch den Kunden, daß der über ein Display angezeigte Kaufbetrag mit elektronischen Werteinheiten aus der GeldKarte bezahlt werden soll, kommt es zu einer „Kommunikation“ zwischen dem Chip auf der GeldKarte des Kunden und der sogenannten „Händlerkarte“ – dem Sicherheitsmodul des Händlerterminals. Nach Durchführung einer Kartenechtheitsprüfung werden die auf der Kundenkarte gespeicherten elektronischen Werteinheiten in Höhe des Kaufbetrages gemindert; gleichzeitig wird in der „Händlerkarte“ ein Datensatz generiert, der die Grundlage für die spätere Belastung des bankinternen BVK beim Kartenemittenten bildet.

---

8 Vgl. dazu auch die in der abgedruckten Skizze mit der gestrichelten Linie gekennzeichneten Abläufe.

Von einem Bezahlvorgang im Rahmen des electronic-cash-Systems unterscheidet sich eine Bezahltransaktion im Rahmen des GeldKarte-Systems zunächst dadurch, daß sich der Karteninhaber beim Einsatz der Karte weder durch eine persönliche Identifikationsnummer (PIN) noch durch eine Unterschrift legitimieren muß. Vor diesem Hintergrund kommt das Bezahlen mit der GeldKarte einer Bargeldtransaktion näher als bei anderen Kartensystemen. Des weiteren erfolgt beim Bezahlen mit der GeldKarte – im Gegensatz etwa zum electronic-cash-System – keine Online-Autorisierung der Transaktion durch das kartenausgebende Institut.[9] Für die angeschlossenen Handels- und Dienstleistungsunternehmen sind die Umsätze gleichwohl garantiert. Die Garantie wird vom kartenausgebenden Institut abgegeben und entsteht nach Nr. 4 der Händlerbedingungen mit Abschluß eines ordnungsgemäßen Bezahlvorganges" – d.h. mit Beendigung der „Kommunikation" zwischen dem auf der GeldKarte des Kunden vorhandenen Chip und der „Händlerkarte".

3. Umsatzinkasso und Verrechnung[10]

Nach Kassenschluß sendet ein GeldKarte-Vertragsunternehmen – in der Regel einmal täglich – alle in seiner „Händlerkarte" gespeicherten Einzeltransaktionen an sein Kreditinstitut bzw. das von diesem benannte Rechenzentrum, die sogenannte Händlerevidenzzentrale (HEZ). Nach Erhalt der von den Händlern eingereichten Umsatzdateien nimmt die HEZ verschiedene Eingangsprüfungen vor. Dabei werden neben einer Transaktions- und Summenzählung eine Vielzahl kryptographischer Prüfungen vorgenommen, die sich u. a. auf die Datensatzplausibilität sowie die Echtheit der eingereichten Umsätze erstrecken und Mehrfacheinreichungen ausschließen. Die HEZ ist damit technischer Geschäftsbesorger der Händlerbank. Nach Abschluß der Prüfungen bei der HEZ werden die eingereichten Umsätze durch die Händlerbank zugunsten des bei ihr geführten Unternehmenskontos gutgeschrieben. Jede Händlerbank, die Umsätze im Rahmen des GeldKarte-

---

9 Zum Verfahrensablauf einer Onlineautorisierung vgl. etwa die Darstellung bei *Gößmann* in *Schimansky/Bunte/Lwowski*, Bankrechtshandbuch, Band I, 1. Aufl. 1997, § 68, Rdn. 1 sowie die Darstellung bei *Harbeke*, WM Sonderbeilage Nr. 1/1994, S. 4 und 5.

10 Vgl. dazu auch die in der abgedruckten Skizze mit einer jeweils durch zwei Punkte unterbrochenen Linie gekennzeichneten Abläufe.

Systems zum Inkasso hereinnimmt, arbeitet mit einer HEZ zusammen, so daß auch jedes Handelsunternehmen, das dem System angeschlossen ist, für die Einreichung seiner Umsätze einer HEZ zugeordnet ist.

Spiegelbildlich zu der HEZ, die im Rahmen des GeldKarte-Systems als Geschäftsbesorger von der Händlerbank eingeschaltet ist, ist auf seiten der kartenausgebenden Institute als Geschäftsbesorger jeweils eine „Kartenevidenzzentrale" (KEZ) als Rechenzentrum eingeschaltet. Während die HEZ die Kontrollinstanz für die Gutschrift der Umsätze auf den Händlerkonten ist, nimmt die KEZ korrespondierende Prüfungen im Auftrag der kartenausgebenden Bank vor und stellt damit sicher, daß auf dem Börsenverrechnungskonto eines GeldKarte-Emittenten nur solche Umsätze belastet werden, die zuvor bei der zuständigen KEZ die vorgeschriebenen kryptographischen Prüfungen durchlaufen haben. Die im Rahmen des GeldKarte-Systems eingeschalteten Rechenzentren können sowohl die Funktion der HEZ als auch die Funktion der KEZ wahrnehmen. In Abhängigkeit davon, welche KEZ das kartenausgebende Institut mit der Umsatzprüfung beauftragt hat und welcher HEZ die Händlerbank angeschlossen ist, können die Funktionen der HEZ und KEZ dementsprechend bei einzelnen Umsätzen zusammenfallen.

Die Evidenzzentralen (HEZ und KEZ) nehmen im Rahmen des GeldKarte-Systems lediglich Rechenzentrums- und Geschäftsbesorgerfunktionen wahr und bedürfen insbesondere keiner bankaufsichtsrechtlichen Genehmigung zur Durchführung des bargeldlosen Zahlungsverkehrs im Sinne des § 1 Abs. 1 Satz 2 Nr. 9 KWG. Die Zahlungsverkehrsabwicklung bis zum BVK der kartenausgebenden Bank findet dementsprechend – in gleicher Weise wie bei anderen Zahlungsverkehrsvorgängen – über die Händlerbank und zwischengeschaltete Verrechnungsbanken statt. Aufgrund der zu erwartenden hohen Transaktionszahlen mit geringen Umsätzen pro Transaktion wird der Zahlungsverkehr im Rahmen des GeldKarte-Systems – im Gegensatz zu anderen Inkassovorgängen – allerdings nicht auf Einzeltransaktionsebene, sondern auf Basis von aggregierten Umsätzen abgewickelt. In einem mehrstufigen Verfahren werden die vom Händler bei der HEZ eingereichten Einzelumsätze für die Abwicklung des Zahlungsverkehrs im Zuge des Inkassoweges zu immer größeren Aggregaten zusammengefaßt, um die Zahlungsverkehrsströme im Interbankenverhältnis auf ein Minimum zu reduzieren. Über die für das kartenausgebende Institut zuständige KEZ werden die GeldKarte-Umsätze eines kartenausgebenden Institutes letztendlich soweit aggregiert, daß die dem kartenausgebenden Institut in der Inkassokette unmittelbar vorgeschaltete Verrechnungsbank das Börsenverrechnungskonto des Kartenemittenten pro Tag nur noch mit einem einzelnen aggregierten Gesamtumsatz belastet. Auch jede in das Umsatzinkasso eingeschaltete Verrechnungsbank ist in ihrer Funktion als zwischengeschaltetes Institut – in gleicher Weise wie die Händlerbank und die kartenausgebende Bank – einer HEZ oder KEZ angeschlossen. Damit wird auf jeder Stufe des Umsatzeinzuges sichergestellt, daß von der ersten Inkassostelle über die Inkassokette bis hin zum BVK des kartenausgebenden Institutes nur solche Umsätze eingezogen und aggregiert werden, die zuvor von einer mit dem Institut zusammenarbeitenden HEZ oder KEZ geprüft und freigeschaltet worden sind.

Die Aggregierung der Umsätze und die Belastung des Börsenverrechnungskontos beim Kartenemittenten mit täglich nur einem aggregierten Gesamtumsatz ist möglich, weil die Datenströme im Rahmen des GeldKarte-Systems ausschließlich auf die Belastung des bankinternen BVK und nicht auf eine Belastung von Kundenkonten mit Einzelumsätzen ausgerichtet sind. Die Zuordnung der GeldKarte-Umsätze zum kartenausgebenden Institut erfolgt dementsprechend auch nicht etwa über den Namen oder die Kontonummer des Karteninhabers; diese Angaben spielen bei der Umsatzabwicklung im Rahmen des GeldKarte-Systems keine Rolle und sind in den Datensätzen nicht enthalten. Die Zuordnung der Einzelumsätze zum BVK des Kartenemittenten erfolgt vielmehr über eine Kartenkennung, die gewährleistet, daß der mit einer GeldKarte getätigte Umsatz im Zuge des Umsatzinkassos und der dabei erfolgenden Aggregierung unzweideutig dem BVK des Kartenemittenten zugewiesen werden kann.

Technisch erfolgt der Einzug der GeldKarte-Umsätze unter Nutzung des Einzugsermächtigungslastschriftverfahrens. Nach Nr. 16 der „Vereinbarung über das institutsübergreifende System GeldKarte“ ist eine Rückgabe von Umsätzen durch das kartenausgebende Institut im Rahmen des GeldKarte-Systems im Hinblick auf die gegenüber dem Vertragsunternehmen abgegebene Zahlungsgarantie allerdings ausgeschlossen.

4. Ladevorgang[11]

Sind die in der GeldKarte gespeicherten Werteinheiten verbraucht, besteht für den Karteninhaber die Möglichkeit, diese erneut aufzuladen. Der maximale Ladebetrag beträgt 400 DM. Zur Aufladung der GeldKarte stehen dabei grundsätzlich drei Varianten zur Verfügung:

a) Laden der „GeldKarte" gegen das persönliche Kundenkonto

Gegen das beim kartenausgebenden Kreditinstitut geführte Kundenkonto kann die GeldKarte nur dann aufgeladen werden, wenn es sich bei ihr um eine kontogebundene Karte (z.B. eurocheque- oder Kundenkarte) handelt. Der Aufladevorgang an einem GeldKarte-Ladeterminal ist vom Verfahren und den wirtschaftlichen Konsequenzen her einer Bargeldabhebung im Rahmen des ec-Geldautomatensystems nachgebildet: Im Gegensatz zu einer Bezahltransaktion an einem Händlerterminal muß sich der Karteninhaber bei der Benutzung eines GeldKarte-Ladeterminals zunächst durch die Eingabe einer persönlichen Identifikationsnummer (PIN) identifizieren. Die Ladetransaktion wird sodann online bei der für das kartenausgebende Institut zuständigen Autorisierungszentrale im Rahmen des bestehenden Verfügungsrahmens autorisiert. Im Falle einer positiven Beantwortung der Autorisierungsanfrage wird die GeldKarte in Höhe des gewünschten Betrages aufgeladen. In gleicher Weise wie der Karteninhaber im Rahmen des ec-Geldautomatensystems in Höhe des abgehobenen Geldbetrages auf seinem Girokonto belastet wird, wird der Karteninhaber auch im Rahmen des GeldKarte-Systems in Höhe des in die GeldKarte eingespeicherten Betrages auf seinem Konto belastet. Gleichzeitig wird der Betrag in das interne Börsenverrechnungskonto des Kartenemittenten eingebucht und steht auf diese Weise als Deckungsgegenwert für die mit der GeldKarte getätigten Bezahltransaktionen zur Verfügung. In gleicher Weise wie im Rahmen des ec-Geldautomatensystems institutsübergreifende Verfügungen möglich sind, kann auch der GeldKarte-Inhaber die Karte nicht nur an Ladeterminals des Kreditinstitutes aufladen, bei dem er sein Konto führt, sondern auch an den GeldKarte-Ladeterminals anderer Kreditinstitute. Bei institutsübergreifenden Transaktionen kann das ladeterminalbetreibende Institut nach Nr. 10 der

---

11 Vgl. dazu auch die in der abgedruckten Skizze mit der gepunkteten Linie gekennzeichneten Abläufe.

„Vereinbarung über das institutsübergreifende System GeldKarte“ von dem kartenausgebenden Kreditinstitut, das die Ladung autorisiert, bei den derzeit möglichen Ladevorgängen bis zu DM 400 ein Entgelt von maximal 2 DM verlangen. Ob und in welchem Umfang das kartenausgebende Institut diesen Betrag sodann an den Karteninhaber weiterbelastet, obliegt der Entscheidung jenes Institutes.

b) Laden der „GeldKarte“ gegen Bargeld

Neben der unter a) dargestellten Möglichkeit einer Aufladung von kontogebundenen „GeldKarten“ unter Nutzung von Ladeterminals können diese Karten beim kartenausgebenden Institut auch gegen Bargeld wieder aufgeladen werden. Gegen Bargeld aufgeladen werden können beim kartenausgebenden Institut darüber hinaus auch die kontoungebundenen „GeldKarten“, die zudem an Personen ausgegeben werden können, die nicht über eine Kontoverbindung zum kartenausgebenden Institut verfügen.[12] Eine unmittelbare Aufladung der GeldKarte am Ladeterminal scheidet für kontoungebundene Karten hingegen aus, da der Erwerber einer derartigen Karte beim kartenausgebenden Institut nicht notwendig über ein Konto verfügt und deren Aufladung zu Lasten eines Kundenkontos deshalb nicht in Betracht kommt. Zu einer kontoungebundenen Karte wird deshalb auch keine PIN ausgegeben.

c) Laden der „GeldKarte“ gegen andere Karten

Eingerichtet wird im Rahmen des GeldKarte-Systems zukünftig auch die Möglichkeit, eine GeldKarte unter Einsatz einer anderen Karte (ec-Karte, Kundenkarte, Kreditkarte oder ausländische ec-Karte) zu Lasten des Kontos des Inhabers dieser Karte zu laden: Dabei wird zunächst diejenige Karte in das Ladeterminal eingeführt, mit der der Ladevorgang initiiert werden soll. Wie oben unter a) dargestellt, wird der Ladevorgang unter Eingabe der persönlichen Geheimnummer (PIN) des Karteninhabers online bei dem für die Karte zuständigen Rechenzentrum autorisiert. Nach erfolgter Autorisierung wird dem Karteninhaber am Ladeterminal sodann die Option einge-

---

12 Zur Differenzierung zwischen kontogebundenen und kontoungebundenen Karten vgl. bereits die Ausführungen unter I. 1.

räumt, die elektronischen Werteinheiten entweder in die elektronische Geldbörse auf der Karte, mit der die Autorisierung durchgeführt wurde, einzuspeisen oder die elektronischen Werteinheiten auf eine andere GeldKarte zu laden. Sollen die elektronischen Werteinheiten in eine andere Karte geladen werden, so wird sodann diese auf entsprechende Anforderung in das Terminal eingeführt; anschließend werden die elektronischen Werteinheiten in jene Karte eingespeist. Die Karte, in die die elektronischen Werteinheiten eingespeist werden sollen, muß dementsprechend lediglich über eine elektronische Geldbörsenfunktion verfügen, die elektronische Werteinheiten aufnehmen kann. Eine Online-Autorisierung oder gar die Eingabe einer PIN ist für diese Karte hingegen nicht erforderlich. Unter Nutzung dieser Variante des „Ladens gegen andere Karten" ist es dementsprechend z.B. auch möglich, eine kontoungebundene Karte, die ansonsten nicht an einem Ladeterminal aufgeladen werden kann,[13] – nach vorangegangener Autorisierung der Ladetransaktion durch eine andere Karte – mit elektronischen Werteinheiten aufzuladen. Bei der Variante des „Ladens gegen andere Karten" können die Karte, mit deren Hilfe die Autorisierung durchgeführt wird, und die Karte, in die die elektronischen Werteinheiten eingespeist werden, sowohl der selben Person als auch zwei verschiedenen Personen gehören. Gehören die Karten zwei verschiedenen Personen, so hat der Inhaber der Karte, die die Ladetransaktion autorisiert, damit die Möglichkeit, dem Inhaber der Karte, in die die elektronischen Werteinheiten eingespeist werden, einen Geldbetrag zuzuwenden und etwa eine im Verhältnis zwischen den beiden Karteninhabern bestehende Schuld zu begleichen. Wirtschaftlich stellt sich eine derartige Transaktion damit so dar, als wenn der Karteninhaber im Rahmen des ec-Geldautomatensystems Bargeld abhebt und dieses sodann einem Dritten zuwendet.

Nach Abschluß der Ladetransaktion wird der Karteninhaber, mit dessen Karte die Autorisierung des Ladevorgangs durchgeführt wurde, von seinem Institut mit dem Gegenwert der aufgeladenen elektronischen Werteinheiten auf seinem Girokonto belastet. Der Gegenwert dieser Belastungsbuchung wird im Falle des „Ladens gegen eine andere Karte" sodann allerdings nicht wie sonst[14] auf dem Börsenverrechnungskonto des Kreditinstitutes verbucht, das die Ladetransaktion autorisiert hat, sondern auf das Börsenverrech-

---

13 Vgl. dazu im einzelnen die Ausführungen unter I. 4. b) a. E.

14 Vgl. dazu die Darstellung unter I. 4. a).

nungskonto des Kreditinstitutes transferiert, das die Karte ausgegeben hat, in die die elektronischen Werteinheiten eingespeist wurden. Damit steht der Deckungsgegenwert für die elektronischen Werteinheiten systemgerecht bei dem Kreditinstitut zur Verfügung, dessen Börsenverrechnungskonto im GeldKarte-System angesprochen wird, wenn der Karteninhaber, in dessen Karte die elektronischen Werteinheiten eingespeist wurden, seine Karte wieder zum Bezahlen einsetzt.

II. Vertragliche Grundkonzeption des „GeldKarte“-Vertragswerkes

Die vertragliche Grundlage für das GeldKarte-System bilden

— die „Vereinbarung über das institutsübergreifende System GeldKarte“ mit zwei Anlagen, die zum einen eine Liste der im System zugelassenen Karten (Anlage 1) und zum anderen das GeldKarte-Logo (Anlage 2) enthalten, nebst technischem Anhang,
— die „Bedingungen für ec-Karten“ (abgedruckt als Anhang III zum Beitrag *Grundmann*, S. 83 ff.)
— die „Bedingungen für die Teilnahme am System GeldKarte“ (Anlage 4)

Dabei regelt die „Vereinbarung über das institutsübergreifende System GeldKarte die Rechte und Pflichten der Kreditinstitute, wenn sie in der Funktion als Kartenemittent, Händlerbank oder Verrechnungsbank in das GeldKarte-System eingeschaltet sind. Wie auch bei anderen Zahlungsverkehrsabkommen des Kreditgewerbes stellt diese Interbankenvereinbarung das Basisdokument dar, auf dem alle übrigen Regelungen in Form von Anlagen und Anhängen aufbauen.[15] Die Verbindlichkeit des Interbankenabkommens für die einzelnen Kreditinstitute ergibt sich daraus, daß die Spitzenverbände des Kreditgewerbes, die das Abkommen unterzeichnen, beim Abschluß des Abkommens jeweils in Vertretung für die ihnen angeschlossenen Institute handeln.[16] Über zwei Klauseln in der Interbankenvereinbarung, die rechtlich

15 Vgl. zu dieser Rechtskonstruktion nur *Harbeke*, Die POS-Systeme der deutsche Kreditwirtschaft, WM Sonderbeilage Nr. 1/1994 für das electronic-cash-System der deutschen Kreditwirtschaft, S. 6.

16 Vgl. nur van *Gelder* in *Schimanski/Bunte/Lwowski*, Bankrechtshandbuch, Band I, 1. Aufl. 1997, § 58, Rdn. 115, der in FN 3 auf S. 1042 ergänzend darauf hinweist, daß ein eventuell vollmachtloses Handeln der Verbände zumindest nach § 177 Abs. 1 BGB genehmigt wird; zum Vertreterhandeln der Spitzen-

überwiegend als Gesellschaftsvertrag im Sinne der §§ 705 ff. qualifiziert wird[17] und der kein AGB-Charakter zukommt,[18] wird gewährleistet, daß nicht nur die Kreditinstitute im Interbankenverhältnis im Rahmen des GeldKarte-Systems einheitlichen Regeln unterliegen, sondern auch die Karteninhaber und die Akzeptanzunternehmen mit einheitlichen Regelungen in diesen vertraglichen Rahmen eingebunden werden. So enthält die Interbankenvereinbarung in Nr. 6 eine Regelung, die die angeschlossenen Institute verpflichtet, mit ihren Kunden die „Bedingungen für ec-Karten" bzw. für die sonstigen im System einsetzbaren Karten entsprechende Regelungen zu vereinbaren, wie sie für das GeldKarte-System in den ec-Bedingungen enthalten sind. Für die Händlerseite findet sich in Nr. 11 der Interbankenvereinbarung eine Klausel, nach der ein Kreditinstitut, das ein Akzeptanzunternehmen an das GeldKarte-System der deutschen Kreditwirtschaft anschließt, mit diesem mindestens die in den „Bedingungen für die Teilnahme am System GeldKarte" enthaltenen Regelungen zu vereinbaren hat. Durch diesen Regelungsmechanismus wird – in gleicher Weise wie bei anderen Kartenzahlungssystemen – erreicht, daß die im Verhältnis zwischen Emittent, Karteninhaber und Vertragsunternehmen bestehenden Rechte und Pflichten aufeinander abgestimmt sind und miteinander harmonieren.

III. Rechtsbeziehung der Beteiligten

1. Das Verhältnis zwischen Kartenemittent und Karteninhaber

a) Rechtliche Qualität der elektronischen Geldbörse

Erhält der Bankkunde von seinem Kreditinstitut eine GeldKarte mit elektronischen Werteinheiten oder lädt er an einem Ladeterminal elektronische

verbände des Kreditgewerbes für die ihnen angeschlossenen Institute vgl. auch *Bucher*, Die Risikoverteilung bei der Benutzung elektronischer kartengesteuerter Zahlungssysteme – dargestellt am Beispiel des Geldautomaten, 1992, S. 59, 60 sowie *Schäfer*, Die zivilrechtliche Qualifikation der Interbankenabkommen, Berlin 1990; ferner *Harbeke*, a.a.O., WM Sonderbeilage Nr. 1/1994, S. 6.

17 Vgl. nur *Canaris*, Bankvertragsrecht, 3. Aufl. 1988, Rdn. 527 y.

18 *Canaris*, Bankvertragsrecht, 3. Aufl. 1988, Rdn. 527 y sowie *Schimansky* in *Schimansky/Bunte/Lwowski*, Bankrechtshandbuch, Kommentar, 1. Aufl. 1997, § 49, Rdn. 18 jeweils m.w.N.

Werteinheiten nach, so stellt sich die Frage, was er von seinem Kreditinstitut als Gegenwert für die auf seinem Konto erfolgte Belastung erhalten hat. Die „Bedingungen für ec-Karten“ bezeichnen die elektronischen Werteinheiten als „aufgeladenen“ oder „gespeicherten Betrag“ (siehe Abschnitt II Nr. 1; Abschnitt II Nr. 5 sowie Abschnitt II Nr. 6 sowie Abschnitt III Nr. 3.2, 3.4 sowie 3.5).

aa) Guthabenforderung gegen das emittierende Kreditinstitut?

Entgegen einer in der Literatur vertretenen Auffassung wird man sich nicht auf den Standpunkt stellen können, daß die GeldKarte ein „Guthaben“ des Karteninhabers bei der Bank verkörpert.[19] Eine Gutschrift wird in Rechtsprechung und Literatur rechtlich als unverbriefte Forderung gegen die Bank aus einem abstrakten Schuldversprechen nach §§ 780, 781 BGB qualifiziert.[20] Beim Erwerb oder Aufladen der GeldKarte wird der Gegenwert der elektronischen Werteinheiten aber auf dem Kundenkonto belastet, während sich eine forderungsbegründende Gutschrift nach §§ 780, 781 BGB auf dem Konto des Kunden hingegen regelmäßig in einer Gutschrift manifestiert. Mit der Belastungsbuchung auf dem Girokonto und der Aufladung der GeldKarte werden dem Kunden die elektronischen Werteinheiten deshalb außerhalb des Kontos unmittelbar als Vermögenswert zugeordnet, so daß die auf der GeldKarte gespeicherten Werteinheiten keine unmittelbar forderungsbegründende Kraft mehr gegen das Kreditinstitut entfalten.[21]

Für eine Qualifizierung der GeldKarte mit den auf ihr gespeicherten Werteinheiten als Forderung gegen die Bank kann auch nicht etwa auf die

19 So aber *Pfeiffer*, NJW 1997, 1036 (1038 rechte Spalte), der darauf hinweist, daß es der Einordnung des aufgeladenen Betrages als „Guthaben“ entspricht, daß der Karteninhaber sich den aufgeladenen Betrag auszahlen und gutschreiben lassen kann.

20 Siehe *Schimansky* in *Schimansky/Bunte/Lwowski*, Bankrechtshandbuch, Band I, 1997, § 47 Rdn. 29 sowie *Escher*, Bankrechtsfragen des elektronischen Geldes im Internet, WM 1997, 1173 (1180 unter II. 1. b), sowie BGH WM 1988, 321.

21 So zutreffend *Gößmann*, Bankrechtsfragen neuer Techniken des bargeldlosen Zahlungsverkehrs (GeldKarte, Kreditkarte) unter II. 2. a), bb), S. 95 sowie *Kümpel*, Rechtliche Aspekte der neuen GeldKarte als elektronische Geldbörse, WM 1997, 1037 (1041, linke Spalte oben), der darauf hinweist, daß „das Chipgeld keine Zahlungsverbindlichkeit der ausgebenden Bank repräsentiert, sondern lediglich eine Legitimationsfunktion bei der Begründung einer abstrakten Zahlungsverpflichtung der kartenausgebenden Bank in Form einer Garantieverbindlichkeit“ hat.

auf dem Börsenverrechnungskonto vorgehaltenen Gegenwerte abgestellt werden: Bei dem Börsenverrechnungskonto handelt es sich nicht um ein kundenbezogenes, sondern um ein rein bankinternes Konto.[22] Die dort unterhaltenen Gegenwerte sind aus Sicht des Kreditinstitutes nicht als Einlagen oder aufgenommene Gelder zu qualifizieren,[23] werden bilanziell von den Kreditinstituten nicht unter der Bilanzposition „Verbindlichkeiten gegenüber Kunden", sondern unter der Passivposition „sonstige Verbindlichkeiten" geführt und in der monatlichen Bilanzstatistik der Deutschen Bundesbank unter der Position „übrige Passiva" in einer separaten Rubrik mit der Bezeichnung „Speicherkarten – Aufladungsgegenwerte" verzeichnet[24]. Nach diesem erscheint es ausgeschlossen, den elektronischen Werteinheiten unmittelbar forderungsbegründende Kraft gegen das emittierende Kreditinstitut zuzuschreiben.[25]

Die in Abschnitt III Nr. 3.2 S. 5 der „Bedingungen für ec-Karten" vorgesehene Möglichkeit des Karteninhabers, den gespeicherten Betrag, über den er nicht mehr verfügen möchte, beim Emittenten zu „entladen" und sich den Gegenwert – etwa in Form der Barauszahlung oder der Gutschrift auf dem Konto – „auszahlen" zu lassen, stellt demgegenüber lediglich eine ergänzende schuldrechtliche Nebenabrede im Rahmen des Kartenvertrages dar, die für die rechtliche Beurteilung der Qualität der elektronischen Werteinheiten nicht ausschlaggebend sein kann.[26]

bb) Keine Qualifizierung der „GeldKarte" als Wertpapier

Kennzeichnend für ein Wertpapier ist der Umstand, daß es ein privates Recht dergestalt verkörpert, wonach die Innehabung der Urkunde zur Ausübung

---

22 Zur Abgrenzung des Börsenverrechnungskontos von einem Kunden-, Betriebsverrechnungs-, Treuhand- oder CpD-Konto vgl. *Gößmann*, a.a.O. (Fn. 1) unter II. 2. c), aa), S. 102.

23 So ausdrücklich die Deutsche Bundesbank in ihrem an die im Zentralen Kreditausschuß zusammengeschlossenen Spitzenverbände des Kreditgewerbes gerichteten Schreiben vom 27.12.1995.

24 So das in der vorangehenden Fußnote bezeichnete Schreiben der Deutschen Bundesbank.

25 Zur rechtlichen Problematik einer Einordnung als Forderung vgl. auch *Escher*, WM 1997, 1173 (1180 unter II. 1).

26 So zutreffend *Pfeiffer*, NJW 1997, 1036 (1037 unter III); *ders.* in *Graf von Westphalen* a.a.O. (Fn. 6) Rdn. 161.

des Rechtes erforderlich ist.[27] Damit könnte auf den ersten Blick möglicherweise eine Qualifizierung der GeldKarte als „Inhaberschuldverschreibung" im Sinne des § 793 BGB in Betracht kommen. Jedoch fehlt es der GeldKarte zum einen an einer nach § 793 Abs. 2 BGB erforderlichen Unterschrift.[28] Die bloße Erkennbarkeit des Emittenten, die sowohl bei der kontogebundenen als auch bei der kontoungebundenen GeldKarte gegeben wäre, reicht aber nach § 793 Abs. 2 BGB nicht aus.[29] Zum anderen scheidet eine Einstufung als herkömmliches Wertpapier aber auch von den tatsächlichen Abläufen des GeldKarte-Systems her aus: Nach § 797 BGB ist der Emittent einer Inhaberschuldverschreibung nur „gegen Aushändigung der Schuldverschreibung" zur Leistung verpflichtet. Übertragen wird die Inhaberschuldverschreibung als Inhaberpapier jeweils nach sachenrechtlichen Grundsätzen durch Einigung und Übergabe der Urkunde, und zwar in der Weise, daß der vorherige Eigentümer seinen Besitz an der Urkunde vollständig aufgibt.[30]

Beim Bezahlen mit der GeldKarte übergibt der Karteninhaber diese zwar zunächst an das Vertragsunternehmen; nach erfolgter Kommunikation zwischen GeldKarte und Händlerkarte im Händlerterminal, die dazu führt, daß der gespeicherte Betrag an elektronischen Werteinheiten auf der GeldKarte zurückgeschrieben und in der Händlerkarte vermerkt wird, wird die Karte als solche aber jeweils an den Karteninhaber zurückgegeben. Eine endgültige Besitzaufgabe des Karteninhabers an der Karte erfolgt dementsprechend nicht. Der Kartenemittent, an den die elektronischen Daten letztendlich übermittelt werden, zahlt dementsprechend gegenüber dem Handels- und Dienstleistungsunternehmen nicht „gegen Aushändigung" der GeldKarte im Sinne des § 797 BGB, sondern allenfalls gegen „Aushändigung" einzelner von der GeldKarte „abgespaltener" – unkörperlicher – Werteinheiten. Ein echter wertpapierrechtlicher und damit sachenrechtlicher

---

27 *Gößmann*, Rechtsfragen neuer Techniken des bargeldlosen Zahlungsverkehrs (GeldKarte, Kreditkarte), a.a.O. unter II. 2. a) bb), S. 96.

28 Zutreffend *Gößmann*, a.a.O. (Fn. 1) unter II. 2. a) bb), S. 96 sowie *Pfeiffer*, NJW 1997, 1036 unter III; auch *Escher*, WM 1997, 1173 (1181 unter c).

29 Zu den Anforderungen an eine „Unterschrift" im Sinne des § 793 Abs. 2 BGB vgl. im einzelnen nur MünchKomm(-*Hüffer*), Scheckrecht, Besonderer Teil III, 3. Aufl. 1997, § 793, Rdn. 6.

30 Vgl. dazu auf *Hüffer* in Münchener Kommentar, vor § 793, Rdn. 14 ff.

Erklärungsansatz der GeldKarte scheitert damit jedenfalls an der fehlenden Körperlichkeit der elektronischen Werteinheiten.[31]

Auch eine Qualifizierung der GeldKarte als echte „Marke" im Sinne des § 807 BGB oder als hinkendes Inhaberpapier im Sinne des § 808 BGB dürfte sich vor dem Hintergrund der tatsächlichen Abläufe des GeldKarte-Systems nicht ohne weiteres vornehmen lassen.[32] In bezug auf § 807 BGB ergibt sich dies bereits daraus, daß Geldsurrogate nach dem Willen des Gesetzgebers von dieser Regelung nicht erfaßt sind;[33] die GeldKarte ist von ihrer Funktion her aber gerade darauf ausgerichtet, an die Stelle der herkömmlichen – körperlichen – Form des Geldes zu treten. Im übrigen gelten für §§ 807, 808 BGB die gleichen Überlegungen, die schon dazu geführt haben, daß eine Qualifizierung der GeldKarte als Inhaberpapier im Sinne des § 793 Abs. 1 BGB ausscheidet: Das Kreditinstitut als Emittent der GeldKarte will gerade nicht – so aber der Wortlaut der Regelungen in §§ 807, 808 BGB – „dem Inhaber der Urkunde" – d.h. dem Inhaber der körperlichen GeldKarte –, sondern allenfalls dem Inhaber der von der GeldKarte abgespaltenen und der Händlerkarte zugeschriebenen – unkörperlichen – elektronischen Daten zu einer Leistung verpflichtet sein.

Die Karte übernimmt damit in erster Linie eine Legitimationsfunktion für den Karteninhaber gegenüber dem zugelassenen Handels- und Dienstleistungsunternehmen.[34]

cc) Analoge Anwendung wertpapierrechtlicher Grundsätze oder Rückgriff auf girovertragliches Weisungsrecht?

Auch wenn die GeldKarte damit kein „Wertpapier" im herkömmlichen Sinne darstellt und die Rechtsbeziehungen der am GeldKarte-System Beteiligten in erster Linie vertragsrechtlicher Natur sind, so übernimmt die Geld-

31 Vgl. auch *Hoeren*, WM 1996, 2006 sowie *Escher*, WM 1997, 1173 (1181) und *Kümpel*, WM 1998, 365 (372 f.) für den Fragenkomplex des elektronischen Geldes im Internet.

32 A.A. insoweit *Gößmann*, a.a.O. (Fn. 1) unter II. 2. a) bb), S. 96 der die Karte als hinkendes Inhaberpapier im Sinne des § 808 BGB qualifiziert.

33 Vgl. nur *Gößmann* a.a.O. (Fn. 1) unter II. 2. a), bb), S. 96; *Pfeiffer*, NJW 1997, 1036 (1037) m.w.N.

34 Ahnlich *Pfeiffer*, der die Karte als „funktionell mit einem qualifizierten Legitimationszeichen vergleichbar" einstuft, NJW 1997, 1037; *Kümpel* stuft die Karte „mit Rücksicht auf die ihr zugewiesene Legitimationsfunktion" als „einer Vollmachtsurkunde vergleichbar" ein, WM 1997, 1041 unter bb).

Karte von ihrer tatsächlichen Ausgestaltung her dennoch vielfach Funktionen, die denen eines Wertpapiers ähnlich sind.[35] Es stellt sich daher die Frage, ob bei der rechtlichen Einordnung des GeldKarte-Systems und seiner Rechtsfolgen vom Grundsatz her von einer Anlehnung an wertpapierrechtliche Vorschriften auszugehen ist, oder ob die rechtliche Einordnung des GeldKarte-Systems – in Anlehnung an die rechtsdogmatischen Strukturen der anderen Zahlungsverkehrssysteme – primär nach girovertragsrechtlichen Weisungsgrundsätzen zu erfolgen hat:

Zur Begründung eines rechtsdogmatischen Lösungsansatzes ausschließlich analog wertpapierrechtlicher Regelungen könnte man sich etwa auf den Standpunkt stellen, daß sich die Befugnis eines dem System angeschlossenen Handels- und Dienstleistungsunternehmens, vom emittierenden Kreditinstitut eine Zahlung zu verlangen, aus der „Sachherrschaft" und damit dem „Besitz" an den elektronischen Werteinheiten ableitet, die von der GeldKarte des Karteninhabers auf die Händlerkarte des Vertragsunternehmens „übertragen" wurden. In diesem Falle könnte man die bei dem Vertragsunternehmen gespeicherten Daten etwa als „elektronische Datensätze über ein Privatrecht, deren Innehabung Voraussetzung für die Rechtsausübung gegenüber dem Schuldner ist", verstehen.[36] Die bei dem Vertragsunternehmen gespeicherten elektronischen Werteinheiten würden in diesem Falle in analoger Anwendung der Vorschriften der §§ 793 ff. als „Inhaberschulddaten" oder „digitalisierte Inhaberschuldverpflichtung"[37] qualifiziert werden und nicht etwa als ein bloßes Beweiszeichen für eine Garantieforderung, die dem angeschlossenen Handels- und Dienstleistungsunternehmen gegen den Kartenemittenten zusteht.

Eine Erklärung der Rechtsbeziehung des GeldKarte-Systems alleine nach wertpapierrechtlichen Regelungen dürfte den tatsächlichen Abläufen des GeldKarte-Systems und dem Inhalt der „Vereinbarung über das institutsübergreifende System GeldKarte" aber wohl nicht ohne weiteres gerecht werden: So sieht etwa die Regelung in Nr. 4 der „Bedingungen für die Teilnahme am System GeldKarte" vor, daß das Handelsunternehmen „mit Abschluß eines ordnungsgemäßen Bezahlvorganges mittels GeldKarte an

---

35 So ausdrücklich *Pfeiffer*, NJW 1997, 1036 (1037 unter III), sowie *ders.* in *Graf von Westphalen* a.a.O. (Fn. 6) Rdn. 161.

36 Vgl. *Escher*, Bankrechtsfragen des elektronischen Geldes im Internet, WM 1997, 1173 (1181 unter h).

37 Begriffswahl nach *Escher*, a.a.O.

zugelassenen GeldKarten-Terminals eine Garantie gegen das kartenausgebende Kreditinstitut in Höhe des getätigten Umsatzes" erwirbt. Dies spricht eher dafür, daß das kartenausgebende Institut gegenüber dem Unternehmen aufgrund der separat abgegebenen Garantie zahlt und nicht etwa – analog § 797 BGB – „gegen die Aushändigung" von „Inhaberschulddaten". Zahlungsverkehrstechnisch abgewickelt wird der Einzug GeldKarte-Umsätze darüber hinaus unter Nutzung der Technik des Einzugsermächtigungslastschriftverfahrens.[38] Im Zuge des Inkassoweges werden dabei die von den angeschlossenen Unternehmen zum Einzug eingereichten Einzelumsätze zu Sammellastschriften aggregiert und dem BVK des kartenausgebenden Institutes belastet (Nr. 15 der „Vereinbarung über das institutsübergreifende System GeldKarte"). Diese Technik des Einzugsermächtigungslastschriftverfahrens spricht eher gegen einen wertpapierrechtlichen Erklärungsansatz. Auch ermöglicht das GeldKarte-System dem Karteninhaber keine unmittelbaren „purse to purse"-Transaktionen, d.h. Transaktionen, bei denen elektronische Werteinheiten unmittelbar von der elektronischen Geldbörse des einen Karteninhabers in die elektronische Geldbörse eines anderen Karteninhabers übertragen werden.[39] Die freie Übertragbarkeit – eines der Merkmale eines Inhaberpapiers – ist damit bei den elektronischen Werteinheiten des GeldKarte-Systems bedingt durch die technisch organisatorischen Rahmenbedingungen stark eingeschränkt. Auch von den angeschlossenen Handelsunternehmen sind die vom Karteninhaber übertragenen, in der Händlerkarte gespeicherten Werteinheiten nur in der Weise verwendbar, daß sie der kartenausgebenden Bank bzw. der für sie tätigen Börsenevidenzzentrale zur Prüfung weitergeleitet werden.[40] Eine unmittelbare Verwendung der elektronischen Daten etwa gegenüber anderen Geschäftspartnern des Vertragsunternehmens ist ausgeschlossen.

---

38 Vgl. dazu etwa die Regelung in Nr. 16 der „Vereinbarung über das institutsübergreifende System GeldKarte", nach der sich die angeschlossenen Institute zum Einzug „von Forderungen der Unternehmen, die durch den ordnungsgemäßen Einsatz der Karten an Geldkartenterminals begründet worden sind, ermächtigen".

39 Diese Möglichkeit besteht etwa im Rahmen des englischen „Mondex"-Systems, vgl. dazu die Darstellung des Mondex-Systems unter http://www.mediacity.com/norm/~Mondex.htm/.

40 Vgl. dazu die Regelungen in Nr. 13-15 der „Vereinbarung über das institutsübergreifende System GeldKarte".

Danach übernimmt die GeldKarte wirtschaftlich zwar Funktionen, die denen eines Wertpapiers sehr nahe kommen, so daß bei der vertraglichen Ausgestaltung der Rechtsbeziehungen zwischen den einzelnen Vertragsparteien durchaus eine Anlehnung an einzelne Rechtsgedanken wertpapierrechtlicher Vorschriften möglich ist;[41] zutreffend erklären lassen dürften sich die Abläufe des GeldKarte-Systems grundsätzlich aber zutreffender unter Rückgriff auf die Grundsätze des girovertraglichen Weisungsrechtes:

dd) Girovertragliche Weisung des Karteninhabers gegenüber dem Kartenemittenten

Mit dem Einsatz der GeldKarte übt der Karteninhaber gegenüber der GeldKarte-emittierenden Bank sein girovertragliches Überweisungsrecht aus. Die zwischen dem Emittenten und dem Karteninhaber getroffene vertragliche Absprache, die als geschäftsbesorgungsvertragliche Vereinbarung im Sinne der §§ 675 ff. BGB zu qualifizieren ist,[42] ermöglicht es dem Karteninhaber, gegenüber der kartenemittierenden Bank Einzelweisungen im Sinne des § 665 BGB zu erteilen.[43] Insoweit besteht eine grundsätzliche Parallele zu anderen kartengestützten Zahlungssystemen: Auch beim Einsatz einer Kreditkarte im Rahmen eines Kreditkartensystems oder beim Bezahlen mit der ec-Karte im Rahmen des electronic-cash-Systems erteilt der Karteninhaber gegenüber dem Emittenten eine Weisung, seine Zahlungsverbindlichkeit gegenüber dem kartenakzeptierenden Unternehmen zu erfüllen.[44] Die ablauforganisatorischen Unterschiede der genannten Zahlungssysteme stehen einer solchen Gleichstellung nicht entgegen: Ein wesentlicher organisatorischer Unterschied des GeldKarte-Systems besteht zunächst darin, daß

---

41 So zutreffend *Pfeiffer*, NJW 1997, 1036 (1037 unter III. am Ende, *ders.* in *Graf von Westphalen* a.a.O. (Fn. 6) Rdn..

42 *Pfeiffer* qualifiziert sie präzise als „typengemischte, dienst- und werkvertragliche Elemente vereinigende, entgeltliche geschäftsbesorgungsrechtliche Nebenabrede zum Girovertrag", NJW 1997, 1036 (1037 unter V. 1).

43 So auch *Kümpel*, WM 1997, 1037 (1039 unter 1) und in WM 1998, 365 (367 unter 1.a) sowie *Gößmann* a.a.O. (Fn. 1) unter II. 2. b), aa), S. 97; *Pfeiffer*, NJW 1997, 1036 (1037 unter 1).

44 Für die Kreditkartenabwicklung vgl. etwa *Martinek* in *Schimansky/Bunte/Lwowski*, Bankrechtshandbuch, 1. Aufl. 1997, § 67 Rdn. 8 sowie BGH WM 1984, 12 (13); für das electronic-cash-System siehe *Gößmann* a.a.O. (Fn. 1) unter B. I. 3 sowie OLG Karlsruhe; ZIP 1991, 20; *Meder* NJW 1993, 3245; *ders.* in NJW 1994, 2597.

– etwa im Gegensatz zum Einsatz der ec-Karte im Rahmen des electronic-cash-Systems – beim Bezahlen keine Online-Verbindung zum Kartenemittenten aufgebaut wird; im electronic-cash-System wird das girovertragliche Weisungsrecht mit dem Aufbau der Online-Verbindung zur Automatisierungszentrale des kartenausgebenden Institutes dadurch ausgeübt, daß die persönliche Geheimnummer (PIN) am Terminal eingegeben wird. Hierin liegt inhaltlich die Weisung des Karteninhabers an die Bank, den in Rede stehenden Zahlungsbetrag seinem Girokonto zu belasten und ihn zugunsten des angeschlossenen Handels- und Dienstleistungsunternehmens auszuzahlen.[45] Bei einer Kreditkartenzahlung gilt im Falle der Online-Autorisierung des Betrages grundsätzlich nichts anderes.[46] Die Online-Autorisierung ist aber keine notwendige Voraussetzung für die Annahme einer girovertraglichen Weisung nach §§ 675, 665 BGB. So wird etwa auch für den Fall, daß bei der Zahlung mittels Kreditkarte keine Online-Autorisierung erfolgt, sondern lediglich ein Zahlungsverkehrsbeleg unterzeichnet wird, eine girovertragliche Weisung des Karteninhabers an den Emittenten angenommen.[47] Der einzige Unterschied liegt in diesem Fall im Zeitpunkt des Zuganges der Weisung; während eine girovertragliche Weisung im Falle der Online-Autorisierung bereits mit dem Eintreffen der Nachricht in der Autorisierungszentrale, die für den Kartenemittenten als empfangszuständiger Vertreter handelt,[48] zugegangen ist (vgl. §§ 164 Abs. 3, 130 Abs. 1 S. 1 BGB), geht die Weisung einem Kreditkartenemittenten im Falle der fehlenden Online-Autorisierung erst zu, wenn diesem der entsprechende Beleg übermittelt wird. Im GeldKarte-System geht die Zahlungsanweisung dem Kartenemittenten aufgrund der fehlenden Online-Kommunikation zwischen dem Handelsunternehmen und dem Kartenemittenten dementsprechend erst dann zu, wenn der Umsatz bei der gemäß Nr. 13 der „Vereinbarung über das System GeldKarte" für die Umsatzprüfung zuständigen Börsenevidenz-

45 *Kümpel*, WM 1997, 1037 (1039 unter 1). Zu den Parallelen beim elektronischen Netzgeld vgl. die Darstellung von *Kümpel*, Rechtliche Aspekte des elektronischen Netzgeldes (Cybergeld) in WM 1998, 365 ff.

46 Siehe hierzu die ausführliche Darstellung bei *Gößmann*, a.a.O. (Fn. 1) unter II. 1. e) und d), S. 80 ff. m.w.N.

47 Zur Qualität der Transaktionsdatenübermittlung bzw. des Beleges im Rahmen eines Kreditkartensystems ausführlich *Gößmann*, a.a.O. (Fn. 1) unter II. 1. c), S. 80 ff.

48 *Kümpel*, WM 1997, 1037 (1039 unter 1) rechte Spalte.

zentrale eingeht.[49] Diese übernimmt – bevor der Umsatz dem BVK des kartenemittierenden Institutes belastet wird – die abschließende Sicherheitsüberprüfung vor und handelt nach Nr. 13 Satz 2 der „Vereinbarung über das System GeldKarte“ als „beauftragte Stelle“ des Kreditinstitutes. Alle von der Börsenevidenzzentrale im Rahmen des Systems durchgeführten Prüfungen muß sich das kartenausgebende Institut dementsprechend wie seine eigene Tätigkeit zurechnen lassen. Die im Anschluß an die Prüfung durch die Börsenevidenzzentrale erfolgende Belastung des Börsenverrechnungskontos beim kartenausgebenden Institut stellt nur noch den letzten Schritt der zahlungsverkehrstechnischen Umsetzung der erhaltenen Weisung dar. Inhaltlich ist diese Weisung sodann darauf gerichtet, den vom Karteninhaber gegenüber dem Vertragsunternehmen geschuldeten Betrag aus dem auf dem Börsenverrechnungskonto vorhandenen Deckungsgegenwert, den das emittierende Kreditinstitut im Zuge der Aufladung der GeldKarte gebildet hat, zu begleichen.[50]

(1) Widerruflichkeit der Weisung

Die im Rahmen eines geschäftsbesorgungsvertraglichen Verhältnisses erteilte Weisung ist grundsätzlich widerruflich. Im Geschäftsbesorgungsvertragsrecht findet dies seinen Niederschlag bereits in der Regelung des § 671 Abs. 1 BGB, nach der ein Auftrag „vom Auftraggeber jederzeit widerrufen“ werden kann. Was für den Geschäftsbesorgungsvertrag als solchen gilt, gilt grundsätzlich auch für die im Rahmen des Geschäftsbesorgungsvertrages erteilte einzelne Weisung im Sinne von § 665 BGB.[51] In gleicher Weise, wie ein Widerruf nach § 671 Abs. 1 BGB im Rahmen des Geschäftsbesorgungsvertragesrechtes durch § 670 BGB seine Grenze findet und damit verhindert, daß den Aufwendungen, die der Geschäftsbesorger bereits getä-

---

49 So zutreffend *Gößmann*, a.a.O. (Fn. 1) unter II. 2. b) cc), S. 101; a.A. *Kümpel*, der einen Zugang erst zu dem Zeitpunkt annimmt, zu dem die einzulösende Lastschrift, d.h. der Umsatz, der kartenausgebenden Bank belastet wird, siehe *Kümpel*, WM 1997, 1037 (1039 rechte Spalte unter 1. am Ende).

50 In diesem Sinne auch *Kümpel*, WM 1997, 1037 (1039 unter 1.), sowie *Gößmann* a.a.O., unter II. 2. b) aa), S. 97, wegen der Parallelen zum Netzgeld vgl. die Darstellung von *Kümpel* WM 1998, 365 ff.(368).

51 Vgl. dazu nur *Gößmann*, a.a.O. (Fn. 1), unter II. 2. b) dd), S. 101.

tigt hat, nachträglich der Boden entzogen wird,[52] ist auch der Widerruf einer einzelvertraglichen Weisung im Sinne von § 665 BGB dann nicht mehr möglich, wenn der Angewiesene aufgrund der ihm erteilten Anweisung unumkehrbare Dispositionen getroffen hat, die er selbst nicht mehr rückgängig machen kann.

Unumkehrbar disponiert hat der Kartenemittent bei einer Kreditkartenzahlung nicht erst mit der Anschaffung des Gegenwertes zugunsten des angeschlossenen Handels- und Dienstleistungsunternehmens, sondern bereits im Augenblick der Transaktion, denn bereits zu diesem Zeitpunkt entsteht der Zahlungsanspruch des Vertragsunternehmens.[53] Dementsprechend wird die Weisung im Rahmen eines Kreditkartenverhältnisses vielfach zutreffend als von vornherein unwiderruflich eingestuft.[54] Nach Nr. 4 der „Bedingungen für die Teilnahme am System GeldKarte“ erwirbt ein angeschlossenes Handels- und Dienstleistungsunternehmen im Rahmen des Systems GeldKarte „eine Garantie gegen das kartenausgebende Kreditinstitut in Höhe des getätigten Umsatzes“ ebenfalls bereits „mit Abschluß eines ordnungsgemäßen Bezahlvorganges an zugelassenen 'GeldKarte'-Terminals“. Dementsprechend entsteht der unumkehrbare Garantie- und Zahlungsanspruch des Vertragsunternehmens gegen den Kartenemittenten bereits mit Abschluß der Kommunikation zwischen „GeldKarte und „Händlerkarte“. Eine vom Karteninhaber im Rahmen des GeldKarte-Systems erteilte Zahlungsanweisung ist dementsprechend von vornherein unwiderruflich, weil der Kartenemittent bereits mit dem Entstehen der Zahlungsgarantie eine unwiderrufliche Disposition zugunsten des Vertragsunternehmens getroffen hat.[55]

Die „Bedingungen für ec-Karten“, die das Geschäftsbesorgungsvertragsverhältnis zwischen dem Kartenemittenten und dem GeldKarte-Inhaber

---

52 *Gößmann*, a.a.O. (Fn. 1), unter II. 1. e) aa), S. 86 sowie *Martinek*, Bankrechtshandbuch, § 67 Rdn. 21; *Pfeiffer* in *Graf von Westphalen* (Hrsg.), Vertragsrecht und AGB-Klauselwerke, Rdn. 73.

53 *Etzkorn*, WM 1991, 1901-1906; ihm folgend *Gößmann*, a.a.O., unter II. 1. e) aa), S. 86.

54 Siehe dazu OLG Schleswig, WM 1991, 443; *Etzkorn*, WM 1991, 1901-1906; *ders*. in WuB I D 5. – 4.91; *Meder*, NJW 1993, 3245 (3246); *Pfeiffer*, in *Graf von Westphalen* (Hrsg.), Vertragsrecht und AGB-Klauselwerke, Rdn. 68 sowie *Gößmann*, a.a.O. (Fn. 1), unter II. 1.e) aa), S. 86 a.A. OLG Karlsruhe, WM 1991, 184 ff.; *Canaris*, Bankvertragsrecht, 3. Aufl. 1988, Rdn. 1624; *Kenntner*, BB 1995, 2281–2283 sowie *Metz*, NJW 1991, 2804–2808.

55 *Gößmann*, a.a.O. (Fn. 1), unter II. 2. b) dd), S. 102.

konkretisieren, enthalten keine ausdrückliche Regelung zur Frage der Widerruflichkeit; dies ist aber auch nicht erforderlich, da sich die Unwiderruflichkeit aus einer anderen Regelung des Kartenvertrages, der zwischen Emittent und Karteninhaber abgeschlossen ist, ohne weiteres ergibt: Nach Abschnitt III Nr. 3.4 der „Bedingungen für ec-Karten“ „vermindert sich der auf der 'GeldKarte' gespeicherte Betrag um den verfügten Betrag bei jedem Bezahlvorgang“. Der Bezahlvorgang ist also bereits mit Abschluß der Kommunikation zwischen GeldKarte und Händlerkarte unumkehrbar. Dies entspricht der Bargeldfunktion der elektronischen Werteinheiten, die im Rahmen des GeldKarte-Systems noch weit deutlicher zum Ausdruck kommt als bei anderen Kartensystemen. Auch eine Rückübertragung von elektronischen Werteinheiten von der Händlerkarte zurück auf die GeldKarte ist nicht möglich. Dies verdeutlicht, daß der Bezahlvorgang – auch aus Sicht des Kunden – wie bei der Benutzung von Bargeld, bereits mit der „Hingabe“ der elektronischen Werteinheiten an den Händler und nicht etwa erst mit der Prüfung der Datensätze bei der Kartenevidenzzentrale des Kartenemittenten oder der Belastung des BVK, abgeschlossen ist.

Gestützt wird die Unwiderruflichkeit der Zahlungsanweisung auch durch die „Empfehlung der Europäischen Kommission vom 30. Juli 1997“ „zu den Geschäften, die mit elektronischen Zahlungsinstrumenten getätigt werden (besonders zu den Beziehungen zwischen Emittenten und Inhaber solcher Instrumente)“ [56] die die bisher geltende Kommissionsempfehlung vom 17. November 1988 „zu Zahlungssystemen“ [57] ersetzt und (u.a). in bezug auf vorausbezahlte elektronische Geldbörsen ergänzt. In Art. 5 d) ihrer Empfehlung geht die Europäische Kommission in bezug auf die Ausgestaltung der „Pflichten und Haftungen der Parteien“ [58] davon aus, daß ein Widerruf der mit einer vorausbezahlten elektronischen Geldbörse getätigten Zahlung gegenüber dem Kartenemittenten grundsätzlich nicht möglich ist. Der Inhaber soll nach dem Wortlaut der Regelung „keinen Auftrag stornieren, den er mittels eines elektronischen Zahlungsinstruments erteilt hat, es sei denn, der Betrag war bei der Erteilung des Auftrags noch offen geblieben“. Art. 1 Abs. 2 i.V.m. Art. 2 c) der Empfehlung stellt ausdrücklich klar, daß diese Regelung auf vorausbezahlte elektronische Geldbörsen Anwendung findet.

---

56 (97/489/EG), ABl.EG 1997 L 208/52-58.
57 (88/590/EWG) ABl.EG 1988 L 317/55.
58 So die Überschrift des Abschnitt III der Empfehlung.

(2) Keine Geltendmachung von Einwendungen aus dem Valutaverhältnis gegenüber dem Kartenemittenten

Die vom Inhaber der GeldKarte beim Bezahlvorgang gegenüber dem Kartenemittenten erteilte Weisung findet ihren Grund in dem zwischen Karteninhaber und Emittent abgeschlossenen Geschäftsbesorgungsvertrag[59] und ist von dem zwischen Karteninhaber und Vertragsunternehmen bestehenden Valutaverhältnis abstrahiert.[60] Beanstandungen des Karteninhabers gegenüber dem Vertragsunternehmen aus dem Valutaverhältnis sind dementsprechend unmittelbar gegenüber dem Vertragsunternehmen geltend zu machen, ohne daß die dem Kartenemittenten erteilte Weisung davon berührt wäre. Die im Rahmen von Kartensystemen vereinbarten Allgemeinen Geschäftsbedingungen enthalten zum Teil eine ausdrückliche Regelung, die den Karteninhaber auf diesen Sachverhalt hinweist.[61] Für das System GeldKarte ist eine solche Regelung nicht noch einmal ausdrücklich in die „Bedingungen für ec-Karten“ aufgenommen worden. Eine derartige Regelung hat im Rahmen der Allgemeinen Geschäftsbedingungen eines Kartensystems aber auch lediglich deklaratorische Bedeutung, da sich die materielle Rechtsfolge regelmäßig bereits aus der Abstraktheit der Weisung gegenüber der im Valutaverhältnis getroffenen Vereinbarung ergibt. Die Geldersatzfunktion der elektronischen Geldbörse würde im übrigen auch unter wirtschaftlichen Gesichtspunkten völlig entwertet, wenn man dem Karteninhaber im Rahmen eines solchen Systems die Möglichkeit eröffnen würde, Mängel und Beanstandungen, die er bei einer herkömmlichen Barzahlung ausschließlich gegenüber seinem Vertragspartner geltend machen muß, in das Deckungsverhältnis zum Kartenemittenten hineinzutragen.

---

59 Zur rechtlichen Qualifizierung des Vertragsverhältnisses zwischen Kartenemittent und Karteninhaber vgl. bereits die Ausführungen unter III. 1. a) dd).

60 Vgl. nur *Gößmann* a.a.O. (Fn. 1), unter II. 2. b) bb), S. 99, 2. Spiegelstrich.

61 Vgl. dazu etwa die Regelung in Abschnitt III Nr. 2.3 Abs. 3 der „Bedingungen für ec-Karten“, die für das electronic-cash-System folgende Passage enthält: „Einwendungen und sonstige Beanstandungen des Karteninhabers aus dem Vertragsverhältnis zu dem Unternehmen, bei dem bargeldlos an einer automatisierten Kasse bezahlt worden ist, sind unmittelbar gegenüber diesem Unternehmen geltend zu machen.“

b) Zuweisung des Verlustrisikos der elektronischen Geldbörse an den Karteninhaber

Die „Bedingungen für ec-Karten“ enthalten in Abschnitt III Nr. 3.5 eine Regelung, nach der das Verlustrisiko der GeldKarte dem Karteninhaber zugewiesen wird.[62] Legt man allein girovertragliche Weisungsgrundsätze zu Grunde, so läßt sich dieses Ergebnis allerdings rein rechtsdogmatisch zumindest nicht ohne weiteres begründen: Verliert der berechtigte Karteninhaber die GeldKarte und wird sie von einem unbefugten Dritten bei einem Vertragsunternehmen eingesetzt, so fehlt es an einer dem berechtigten GeldKarte-Inhaber zurechenbaren Weisung im Sinne des § 665 BGB.[63] Dies könnte zu der Überlegung führen, dem Inhaber der GeldKarte, der diese verloren hat, einen Anspruch gegen das kartenausgebende Institut auf erneute „Aushändigung“ von elektronischen Werteinheiten in der Höhe zuzusprechen, wie sie sich zum Zeitpunkt des Verlustes der GeldKarte darauf noch befanden. Wirtschaftlich betrachtet wäre dies für den Karteninhaber allerdings „Geld auf Zuruf“ und im Hinblick auf die Bargeldersatzfunktion des Chipgeldes keine sachgerechte Gefahrenverteilung: Zunächst hat es der Karteninhaber – in gleicher Weise wie beim Bargeld – auch bei dem auf der Karte befindlichen „Chipgeld“ selbst in der Hand, welchen Betrag er bei sich führen möchte.[64] Dementsprechend ist es konsequent, dem Karteninhaber in gleicher Weise wie beim Bargeld – analog § 935 Abs. 2 BGB – auch das Verlustrisiko zuzuweisen, ohne daß darin eine unangemessene Benachteiligung im Sinne des § 9 AGBG gesehen werden kann.[65]

---

62 Die Regelung lautet: „Bei Verlust der ec-Karte erstattet die Bank den in der GeldKarte vorhandenen Betrag nicht, denn jeder, der in Besitz der ec-Karte ist, kann den in der GeldKarte gespeicherten Betrag ohne Einsatz der PIN verbrauchen.“

63 *Gößmann*, a.a.O. (Fn. 1) unter II. 2. b), bb), S. 100, 2. Spiegelstrich; *Pfeiffer*, NJW 1997, 1037 (1039, unter 5. rechte Spalte oben).

64 *Pfeiffer*, NJW 1997, 1037 (1039, unter 5), sowie *ders.* in *Graf von Westphalen* a.a.O. (Fn. 6) Rdn. 173.

65 Als mit § 9 AGBG vereinbar bewerten die Regelung auch *Gößmann*, a.a.O. (Fn. 1), unter II. 2. b) bb), S. 100, 2. Spiegelstrich; *Kümpel*, WM 1997, 1037 (1042) sowie *Pfeiffer*, NJW 1997, 1036 (1039, unter 5.), wobei *Pfeiffer* die Regelung aufgrund ihrer „Wertungsparallelen zum Wertpapierrecht“ als „systemimmanent“ einstuft und die Klausel als nach § 8 AGBG kontrollfrei ansieht, sowie *ders.* in *Graf von Westphalen* a.a.O. (Fn. 6) Rdn. 173.

Nicht entgegen steht der Wirksamkeit der Regelung auch die Rechtsprechung des Bundesgerichtshofes zur Zulässigkeit einer verschuldensunabhängigen Haftung in Allgemeinen Geschäftsbedingungen: Der BGH hat zwar wiederholt betont, daß die Vereinbarung einer verschuldensunabhängigen Haftungsregelung im Rahmen von Allgemeinen Geschäftsbedingungen den Vertragspartner regelmäßig nach § 9 AGBG „unangemessen benachteiligt", da eine derartige Haftungsverteilung zu Lasten des Kunden vom Leitbild der verschuldensabhängigen Haftung des § 276 BGB abweicht.[66] Prüfungsmaßstab dafür, ob in einer verschuldensunabhängigen Haftungsregelung eine „unangemessene Benachteiligung" im Sinne des § 9 Abs. 2 Nr. 1 AGBG liegt, ist in jenen Entscheidungen aber jeweils die verschuldensabhängige gesetzliche Haftungsregelung des § 276 BGB gewesen. Im Hinblick auf die Bargeldfunktion des Chipgeldes ist bei der Frage, ob die in Abschnitt III Nr. 3.5 der „Bedingungen für ec-Karten" enthaltene Regelung im Sinne des § 9 Abs. 2 Nr. 1 AGBG „mit wesentlichem Grundgedanken der gesetzlichen Regelung nicht zu vereinbaren ist", aber nicht auf die Regelung des § 276 BGB, sondern auf die des § 935 BGB abzuheben. Der „wesentliche Grundgedanke" der Regelung in § 935 BGB liegt aber darin, daß dem Eigentümer von Bargeld das Verlustrisiko zugewiesen wird – und zwar unabhängig davon, ob sich dieses Verlustrisiko mit oder ohne sein Verschulden realisiert hat. Dementsprechend kann es auch für die Zuweisung des Verlustrisikos am Chipgeld nicht darauf ankommen, ob der Karteninhaber die GeldKarte, auf der das Chipgeld gespeichert ist, mit oder ohne sein Verschulden verliert. Obwohl die Regelung in Abschnitt III Nr. 3.5 der „Bedingungen für ec-Karten" sogar gemessen an den Kriterien der Rechtsprechung des Bundesgerichtshofes zur Zulässigkeit einer verschuldensunabhängigen Haftung im Rahmen von Allgemeinen Geschäftsbedingungen als wirksam einzustufen wäre, worauf Kümpel bereits im einzelnen hingewiesen hat,[67] kommt es hierauf nicht an, da als Vergleichsmaßstab für die Frage der Angemessenheit der Regelung im Rahmen des § 9 AGBG wie dargestellt der Maßstab § 935 BGB heranzuziehen ist.

---

66 Vgl. nur BGH WM 1991, 1110, 1111 = WUB I D 5.–7.91; *Fervers,* WM 1991, 1368 = WuB I A Nr. 23 AGB-Banken – 1.92 *Wagner-Wieduwilt,* jeweils m.w.N.

67 *Kümpel,* WM 1997, 1037 (1041, 1042 unter IV).

Auch die Kommission der Europäischen Gemeinschaften hat das Verlustrisiko bei elektronischen Werteinheiten in ihrer Empfehlung zu „Geschäften, die in elektronischen Zahlungsverkehrsinstrumenten getätigt werden" vom 30. Juli 1997[68] dem Karteninhaber zugewiesen. In Art. 6 dieser Empfehlung spricht sich die Kommission dafür aus, die Haftung des Inhabers eines Zahlungsinstruments, dem dieses etwa infolge des Verlustes oder wegen Diebstahls abhanden kommt, bezüglich solcher Schäden, die bis zur Sperrung des Zahlungsinstruments entstehen, auf 150 ECU beschränken, sofern der Karteninhaber bei Verlust der Karte nicht grob fahrlässig oder sogar betrügerisch gehandelt hat. In den „Bedingungen für die Eurocard" oder den „Bedingungen für ec-Karten" finden sich heute dementsprechend Haftungsregelungen, die die Haftung des Karteninhabers für Schäden, die zwischen dem Verlust der Karte und deren Sperrung entstehen, beschränken.[69] Die genannte Empfehlung, die auf der Prämisse beruht, daß das abhanden gekommene Zahlungsinstrument gesperrt und Bezahlvorgänge des Finders oder Diebes technisch unterbunden werden können, ist in der Kommissionsempfehlung für die vorbezahlte elektronische Geldbörse ausdrücklich abgedungen, weil eine vorausbezahlte elektronische Geldbörse für Bezahlvorgänge gerade nicht gesperrt werden kann. Nach Art. 1 Abs. 2 der genannten Kommissionsempfehlung haftet der Inhaber einer vorausbezahlten elektronischen Geldbörse für den Verlust der noch darin enthaltenen Werteinheiten danach betragsunabhängig in voller Höhe, und zwar unabhängig davon, ob die Karte, auf der die elektronischen Werteinheiten gespeichert waren, mit oder ohne sein Verschulden abhanden gekommen ist. Damit orientiert sich die Europäische Kommission in der genannten Empfehlung ebenfalls an der Geldersatzfunktion der vorausbezahlten elektronischen Geldbörse.

---

68 ABl.EG 1997 L 208/52–58.

69 Vgl. dazu etwa die Regelungen in Nr. 9, S. 2 der von der „EuroKartensysteme EUROCARD und eurocheque GmbH" verwendeten „Bedingungen für Eurocard", nach der der Karteninhaber für Schäden, die zwischen dem Verlust der Karte und der Sperrmitteilung entstehen nur in Höhe von 100,-- DM haftet, sowie die Regelung in Abschnitt III Nr. 2.4 der „Bedingungen für ec-Karten", nach der das Kreditinstitut den Kunden in derartigen Schadensfällen zu 90% des entstandenen Schadens freistellt. Zur Haftungsregelung in den „Bedingungen für ec-Karten" vgl. nur *Wand*, Die neuen Bedingungen der privaten Banken für ec-Karten und den Scheckverkehr, ZIP 1995, 214 (216 unter III. 1).

Obwohl eine Empfehlung der Europäischen Kommission gemäß Art. 189 Abs. 5 des EG-Vertrages keine rechtliche Bindungswirkung gegenüber dem Adressaten entfaltet, ist sie rechtlich gleichwohl nicht unbeachtlich; so sind insbesondere die Gerichte der Mitgliedstaaten gehalten, den Inhalt von Kommissionsempfehlungen bei Rechtsstreitigkeiten zu berücksichtigen.[70] Dies gilt sowohl für die Auslegung von europäischem Gemeinschaftsrecht als auch für die Auslegung des zu seiner Durchführung erlassenen nationalen Rechts.[71] Bei einer Überprüfung der Haftungsregelung in Abschnitt III Nr. 3.5 der „Bedingungen für ec-Karten" am Maßstab des AGB-Gesetzes wäre dementsprechend auch die Empfehlung der Europäischen Kommission „zu Geschäften, die in mit elektronischen Zahlungsverkehrsinstrumenten getätigt werden", zu berücksichtigen. Auch unter diesem Gesichtspunkt bestehen sodann gegen eine Vereinbarkeit jener Regelung mit § 9 AGBG keine Bedenken.

c) Haftung des Kartenemittenten bei Verlust der elektronischen Werteinheiten infolge von technischen Störungen

Nach Art. 8 Abs. 4 der Empfehlung der Europäischen Kommission vom 30. Juli 1997 zu „Geschäften, die in elektronischen Zahlungsinstrumenten getätigt werden,[72] soll der Emittent für einen Verlust von elektronischen Werteinheiten insoweit haften, als dieser Verlust „auf ein schlechtes Funktionieren des Instruments zurückzuführen ist, das zur Verwendung freigegeben war, soweit diese Funktionsstörung nicht vom Inhaber wissentlich oder unter Verstoß gegen die Verwendungsvorschriften herbeigeführt wurde". Damit weist die Empfehlung das Verlustrisiko bei elektronischen Werteinheiten dem Kartenemittenten lediglich für den Fall zu, daß der Karteninhaber seine elektronische Geldbörse nicht verliert, sondern er das darin gespeicherte „Chipgeld" – infolge einer Funktionsunfähigkeit der elektronischen Geldbörse – nur nicht mehr benutzen kann. Dies ist auch

---

70 *Wernicke*, Privates Bankrecht im EG-Binnenmarkt, erschienen in der Reihe „Studien zum Handels-, Arbeits- und Wirtschaftsrecht", Bd. 42, 1. Aufl. 1996, § 12, „Kartengesteuerter Zahlungsverkehr im Binnenmarkt – Sekundärrechtliche Maßnahmen" unter 4., S. 143.

71 EuGH, Rs. C – 322/88, Slg. 1989, 4407 (4421) (Grimaldi) = RIW 1991, 347 = EuZW 1990, 95 sowie *Wernicke*, a.a.O., S. 143.

72 ABl.EG 1997 L 208/52-58.

sachgerecht, da im Falle einer bloßen Funktionsunfähigkeit der Karte der Karteninhaber grundsätzlich weiterhin die Verfügungsgewalt über die elektronischen Werteinheiten hat. Das kartenemittierende Kreditinstitut ist in einem solchen Fall nicht der Gefahr ausgesetzt, daß unter Einsatz der Werteinheiten bei Handels- und Dienstleistungsunternehmen Garantieansprüche entstehen; da der Karteninhaber mit dem Gegenwert der „defekten“ elektronischen Werteinheiten bereits auf seinem Girokonto belastet worden ist, ist es nur sachgerecht, daß der Emittent ihm diese erneut zur Verfügung stellt.

Die „Bedingungen für ec-Karten“ differenzieren im Einklang mit der Empfehlung der Europäischen Kommission dementsprechend zwischen den Rechtsfolgen beim „körperlichen Verlust“ der GeldKarte, der dazu führt, daß diese von Dritten bei angeschlossenen Handels- und Dienstleistungsunternehmen eingesetzt werden kann, und dem bloßen „technischen Verlust“ der elektronischen Werteinheiten, bei dem ein Dritter keine Möglichkeit hat, die elektronischen Werteinheiten bei Handels- und Dienstleistungsunternehmen zu verwenden; in letzterem Fall ist nur der Karteninhaber selbst daran gehindert, sie bei angeschlossenen Handels- und Dienstleistungsunternehmen zu verwenden. Nach Abschnitt III Nr. 3.2 Satz 7 „erstattet die kartenausgebende Bank dem Karteninhaber bei einer Funktionsunfähigkeit der Karte den nicht verbrauchten Betrag“.

d) Haftungsverteilung bei mißbräuchlichen Ladevorgängen der „GeldKarte“

Für Verfügungen an Geldautomaten und automatisierten Kassen steht dem Kontoinhaber ein jeweils für einen bestimmten Zeitraum geltender Verfügungsrahmen zur Verfügung, der bei jeder Nutzung der ec-Karte an Geldautomaten oder automatisierten Kassen überprüft wird.[73] Im Zuge der Integration des GeldKarte-Systems in die „Bedingungen für ec-Karten“ ist die genannte Regelung ergänzt worden, so daß der Karteninhaber innerhalb des ihm zur Verfügung stehenden Verfügungsrahmens nunmehr auch seine GeldKarte zu Lasten seines Kontos neu aufladen kann. Beim Aufladevorgang der GeldKarte muß der Karteninhaber in gleicher Weise wie beim Einsatz der Karte im Rahmen des electronic-cash- oder des ec-Geld-

73 Siehe Abschnitt III., Nr. 2.1, S. 1 und 2 der „Bedingungen für ec-Karten“.

automaten-Systems – und im Gegensatz zu einem Bezahlvorgang mit der GeldKarte – seine persönliche Geheimnummer (PIN) am GeldKarte-Ladeterminal eingeben. Die Aufladung der GeldKarte an einem GeldKarte-Ladeterminal ist wirtschaftlich der Bargeldabhebung im Rahmen des ec-Geldautomaten-Systems gleichgestellt. Nach positiver Autorisierungsanfrage, die jeweils online von der Autorisierungszentrale des kartenausgebenden Institutes bearbeitet wird, wird die GeldKarte am Ladeterminal mit elektronischen Werteinheiten in Höhe des gewünschten Betrages aufgeladen. Das kartenausgebende Institut belastet das Kundenkonto mit der Summe der aufgeladenen Werteinheiten und stellt den Gegenwert in das interne Börsenverrechnungskonto ein. Da den Karteninhaber im Umgang mit seiner persönlichen Geheimnummer (PIN) im Rahmen des GeldKarte-Systems die gleichen Sorgfaltspflichten treffen, denen er unterliegt, wenn er die Karte mit der PIN im Rahmen des ec-Geldautomaten-Systems oder des electronic-cash-Systems einsetzt, ist die Haftung des ec-Karteninhabers für mißbräuchliche Aufladevorgänge im Rahmen des GeldKarte-Systems ebenso ausgestaltet worden wie die bereits existierende Haftungsregelung für mißbräuchliche Verfügungen mit der ec-Karte im Rahmen des ec-Geldautomaten- bzw. electronic-cash-Systems. Die Haftungsregelung basiert im Grundsatz auf der gesetzlichen Verschuldenshaftung und modifiziert diese zugunsten des Kunden, so daß gegen eine Vereinbarkeit mit § 9 Abs. 1 AGBG keine Bedenken bestehen. Wegen der Einzelheiten dieser Haftungsregelung wird an dieser Stelle auf die vorhandenen Darstellungen zu den Haftungsregelungen in den „Bedingungen für ec-Karten“ verwiesen.[74]

---

74 Zur AGB-rechtlichen Wirksamkeit der vergleichbaren Haftungsregelungen in den „Bedingungen für ec-Karten“ (1995) vgl. etwa *Nobbe* in *Schimansky/Bunte/Lwowski*, Bankrechtshandbuch, Bd. 1, 1. Aufl. 1997, § 63, Rdn. 60–69, *Bülow*, Wechselgesetz, Scheckgesetz, AGB-Kommentar zum Wechsel- und Scheckrecht sowie zu den allgemeinen Bedingungen im Zahlungsverkehr, 2. Aufl. 1995, S. 848 unter B., *Baumbach/Hefermehl*, Wechselgesetz und Scheckgesetz, Kommentar, 20. Aufl. 1997, Anhang zu Art. 4 Scheckgesetz, Rdn. 55 ff., *Wand*, Die neuen Bedingungen der privaten Banken für ec-Karten und den Scheckverkehr, ZIP 1996, 214 (216); *Ahlers*, WM 1995, 601 (605); *Pfeiffer*, in *Graf von Westphalen* (Hrsg.), Vertragsrecht und AGB-Klauselwerke, Kommentar, „ec-Bedingungen der Banken und Sparkassen“ (Stand: Oktober 1996); kritisch *Löwe*, ZIP 1995, 295 sowie *Hoeren*, NJW 1995, 2473 (2474 unter c).

e) Zugriff auf die in der elektronischen Geldbörse gespeicherten Werteinheiten durch das Kreditinstitut nach Maßgabe des AGB-Pfandrechtes bei Einziehung der ec-Karte

Ist der ec-Karteninhaber – etwa aufgrund einer vorausgegangenen ordentlichen Kündigung, oder aufgrund eines Verhaltens, das dem Kreditinstitut eine außerordentliche Kündigung des ec-Kartenvertrages ermöglicht – nicht mehr berechtigt, die ec-Karte weiterhin zu nutzen, so kann die ec-Karte (z.B. an ec-Geldautomaten) technisch eingezogen werden, wenn der Karteninhaber sie dennoch weiter nutzt. Dies führt zu der Frage, ob ein Kreditinstitut in einem solchen Falle auch die Zugriffsberechtigung auf die noch in der elektronischen Geldbörse („GeldKarte“) der ec-Karte vorhandenen elektronischen Werteinheiten erlangt. Wäre dies der Fall, so hätte das Kreditinstitut die Möglichkeit, den Deckungsgegenwert der noch auf der GeldKarte befindlichen elektronischen Werteinheiten vom internen Börsenverrechnungskonto abzubuchen und ihn zur Rückführung eines etwa noch bestehenden Debetsaldos des Kunden auf dem Kundenkonto zu verwenden. Rechtlicher Anknüpfungspunkt für eine derartige Befugnis könnte das AGB-Pfandrecht nach Nr. 14 AGB-Banken sein: Danach steht der Bank zum einen „an den Ansprüchen, die dem Kunden gegen die Bank aus der bankmäßigen Geschäftsverbindung zustehen“ ein AGB-Pfandrecht zu (Nr. 14 Abs. 1 Satz 2 AGB-Banken). Zieht man die Regelung in Abschnitt III Nr. 3.2 Satz 4 der „Bedingungen für ec-Karten“ heran, nach der dem Inhaber der GeldKarte ein Anspruch gegen das kartenausgebende Institut auf Auszahlung des Gegenwertes der elektronischen Werteinheiten zusteht, so könnte man sich auf den Standpunkt stellen, daß das AGB-Pfandrecht in Nr. 14 AGB-Banken auch den Auszahlungsanspruch aus Abschnitt III Nr. 3.2 Satz 4 der „Bedingungen für ec-Karten“ erfaßt. Verfolgt man einen stärker wertpapierrechtlich orientierten Erklärungsansatz der GeldKarte, könnte man insoweit auch unmittelbar auf die in der GeldKarte gespeicherten Werteinheiten abstellen und den Standpunkt einnehmen, daß die Bank bei Einziehung der ec-Karte am Geldautomaten – entsprechend der Regelung in Nr. 14 Abs. 1 Satz 1 AGB-Banken – ein Pfandrecht an den „Werteinheiten“ erwirbt, an denen sie – infolge der Einziehung der ec-Karte mit GeldKarte-Funktion – „im bankmäßigen Geschäftsverkehr Besitz erlangt hat“. Eine solche Wertung dürfte im Hinblick auf die Regelung in Nr. 14 Abs. 3 AGB-Banken aber erheblichen Vorbehalten begegnen: Danach unterfallen Werte, die mit der Maßgabe in die Verfügungsgewalt der Bank gelangt sind, daß sie nur für einen bestimmten Zweck verwendet werden dürfen, nicht dem AGB-Pfandrecht: Der Karteninhaber ist für die auf dem BVK vorgehaltenen Deckungsgegenwerte auf seinem Girokonto bereits belastet worden. Wirtschaftlich betrachtet hat der Karteninhaber damit Geld „auf das Börsenverrechnungskonto eingezahlt", welches beim Kartenemittenten mit der Zweckbindung vorgehalten wird, die unter Einsatz der GeldKarte entstandenen Händlerforderungen zu begleichen. Diese Zweckbindung des Deckungsgegenwertes auf dem BVK spiegelt sich korrespondierend in den an den Kunden „abgegebenen" elektronischen Werteinheiten wieder, die dem Karteninhaber „ausgehändigt" worden sind, mit der Befugnis, Garantieansprüche bei den dem System angeschlossenen Handels- und Dienstleistungsunternehmen zur Entstehung zu bringen. Es kann nicht ohne weiteres angenommen werden, daß für den Fall, daß die ec-Karte beim Einsatz im ec-Geldautomaten-System eingezogen wird und dem Karteninhaber dabei – zwangsläufig – der Nutzungsmöglichkeit seiner elektronischen Werteinheiten entzogen wird, im Zuge dieses Vorganges gleichzeitig auch die Zweckbindung der elektronischen Werteinheiten aufgehoben werden soll. Schon vor dem Hintergrund des Gedankens der Zweckbindung stößt die Annahme einer Zugriffsberechtigung auf diese elektronischen Werteinheiten unter dem Gesichtspunkt des AGB-Pfandrechts damit auf Vorbehalte.

Der Besitzerwerb im Sinne der Nr. 14 Abs. 1 AGB-Banken erfordert darüber hinaus auch einen auf die Besitzerlangung des Kreditinstitutes gerichteten natürlichen „Verschaffungswillen" des Kunden.[75] Beim Einsatz der ec-Karte im Rahmen des ec-Geldautomaten-Systems und einer dabei erfolgenden Einziehung der ec-Karte dürfte der Wille des Karteninhabers regelmäßig nicht darauf gerichtet sein, dem Kreditinstitut die Verfügungsgewalt über die elektronischen Werteinheiten der GeldKarte zu verschaffen. Beim Einsatz der ec-Karte im Rahmen des ec-Geldautomaten-Systems will der Karteninhaber regelmäßig nur die Geldautomatenfunktion der ec-Karte nicht dagegen die Geldbörsen (GeldKarte)-Funktion aktivieren. Die in der GeldKarte-Funktion der ec-Karte gespeicherten elektronischen Werteinheiten gelangen daher nur „gelegentlich" der Einziehung der ec-Karte am Geldautomaten, aber wohl nicht mit dem Willen des ec-Karteninhabers zur Besitzverschaffung in die Gewalt des Kreditinstitutes. Die Besitzerlangung

75 Vgl. *Gößmann/Wagner-Wieduwilt/Weber*, Allgemeine Geschäftsbedingungen der Banken, Kommentar, 1. Aufl. 1993, Rdn. 1/390.

beruht lediglich darauf, daß die Bank aufgrund der Multifunktionalität der ec-Karte bei der Einziehung der ec-Karte am Geldautomaten zwangsläufig die Herrschaft über die anderen auf der ec-Karte enthaltenen Funktionen erhält. Für die Annahme eines AGB-Pfandrechts an diesen Werteinheiten fehlt es dementsprechend an dem für den Besitzerwerb im Sinne der Nr. 14 AGB-Banken erforderlichen Besitzverschaffungswillen des Karteninhabers in bezug auf die elektronischen Werteinheiten.

Einem Kreditinstitut dürfte danach im Ergebnis aufgrund des AGB-Pfandrechtes keine Möglichkeit zustehen, auf die elektronischen Werteinheiten zuzugreifen, wenn es an ihnen im Zusammenhang mit der Einziehung der ec-Karte am Geldautomaten Verfügungsgewalt erlangt. Die Regelung in Abschnitt II Nr. 6 S. 3 der „Bedingungen für ec-Karten“, nach der dem Karteninhaber ein zum Zeitpunkt der Einziehung der ec-Karte noch in der elektronischen Geldbörse gespeicherte Betrag erstattet wird, stellt die fehlende Zugriffsmöglichkeit des Kreditinstitutes klar.

Gleiches gilt nach Abschnitt II Nr. 5 S. 3 der „Bedingungen für ec-Karten“ für den Fall, daß der ec-Kartenvertrag endet und der Karteninhaber die ec-Karte an die Bank zurückgeben muß. Auch in diesem Fall erstattet das Kreditinstitut dem Karteninhaber die zum Zeitpunkt der Rückgabe der ec-Karte die noch in der GeldKarte vorhandenen elektronischen Werteinheiten.

f) Absicherung der auf der „GeldKarte“ gespeicherten elektronischen Werteinheiten über den Einlagensicherungsfonds der privaten Banken

Die auf einer elektronischen Geldbörse gespeicherten Werteinheiten sind aus Sicht des Kreditinstitutes nicht als Einlagen oder aufgenommene Gelder zu qualifizieren[76] und entfalten auch keine unmittelbar forderungsbegründende Kraft gegen das Kreditinstitut.[77] Dies führt zu der Frage, inwieweit die auf einer elektronischen Geldbörse gespeicherten Werteinheiten im Insolvenzfall des Kartenemittenten ungeachtet ihrer fehlenden Einlagenqualität vom

---

76 So ausdrücklich die Deutsche Bundesbank in ihrem an die im Zentralen Kreditausschuß zusammengeschlossenen Spitzenverbände des Kreditgewerbes gerichteten Schreiben vom 27.12.1995; abgedruckt in BdB-Info, 1995, Nr. 2 unter III, „Recht, Wertpapiere, Börse“, Nr. 5.

77 Vgl. dazu bereits im einzelnen die Ausführungen unter III., 1. a) aa).

Einlagensicherungsfonds der privaten Banken geschützt sind.[78] Auf internationaler Ebene wird der Frage der Absicherung der elektronischen Werteinheiten für den Fall der Insolvenz des Emittenten hohe Bedeutung zugemessen. Gewisse Unsicherheiten, inwieweit vorausbezahlte elektronische Werteinheiten in einzelnen Ländern von den bestehenden Einlagensicherungssystemen erfaßt sind, resultieren allerdings offenbar u.a. daraus, daß es keinen international einheitlichen „Einlagen"-Begriff gibt, so daß international gegenwärtig noch nicht überall gewährleistet ist, daß vorausbezahlte elektronische Werteinheiten über bestehende Einlagensicherungssysteme mit abgedeckt sind.[79] Nach einer Untersuchung der Europäischen Kommission vom 17. April 1996[80] sind die von Kreditinstituten ausgegebenen vorausbezahlten elektronischen Geldbörsen zumindest in Europa allerdings schon heute weitestgehend über die existierenden Einlagensicherungssysteme mit

78 Zum Schutzumfang des in Nr. 20 AGB-Banken angesprochenen „Einlagensicherungsfonds des Bundesverbandes deutscher Banken e.V." vgl. im einzelnen die Regelung in § 6 des „Statut des Einlagensicherungsfonds" (abgedruckt u.a. bei *Schimansky/Bunte/Lwowski*, Bankrechtshandbuch, Kommentar, 1. Aufl. 1997, Anhang 4 zu §§ 4-25, S. 358-372, sowie *Weber* in *Hellner/Steuer*, Bankrecht und Bankpraxis, Band 1, Rdn. 1/617.

79 Auf Anregung der Staats- und Regierungschefs der G7-Länder wurde im Herbst 1996 im Rahmen der Zehnergruppe ein Expertenausschuß eingesetzt, der sich mit den Problemen des elektronischen Geldes befaßt hat. Die Minister und Zentralbankgouverneure der Länder der Zehnergruppe haben auf ihrer Sitzung am 28. April 1997 einen Bericht mit dem Titel „Consumer protection, law enforcement, supervisory and cross border issues" gebilligt, der unter II. „Consumer Issues", Seite 11 folgendes feststellt: "In two of the G-10 countries (France and Italy), deposit insurance will most likely appley to multi-purpose prepaid cards. In Switzerland, banks participating in a prepaid card arrangement assume full liability for the debts of the 'pool' jointly and serverally; a similar loss-sharing arrangement is being developed by banks in the Netherlands. In the United States, it has been determined that most stored-value card funds issued by insured depository institutions are generally not deposits under U.S. deposit insurance laws and are therefore not covered by deposit insurance. Other G-10 countries are reviewing the question of whether deposit insurance will apply to electronic money. Existing legal definitions of a 'deposit,' which vary across the G-10 countries, as well the interpretation of such definitions in light of the police stance toward the introduction of electronic money, would appear to play an important role in these and other policy determinations."

80 Kommissionsdokument XIV/107/96 vom 17. April 1996 "Follow up to the consultation of interested parties on the report to the European Commission (DG XIV) on the legal and regulatory aspects of the issue and use of prepaid cards – preliminary conclusions."

abgedeckt.[81] Der Bundesverband deutscher Banken e.V. hat gegenüber dem Bundesaufsichtsamt für das Kreditwesen auf dessen Anfrage hin[82] klargestellt, daß die Ansprüche des Karteninhabers gegen das kartenausgebende Kreditinstitut auf Erstattung der noch nicht verbrauchten elektronischen Werteinheiten[83] über den Einlagensicherungsfonds mit abgesichert werden.[84]

g) Benachrichtigungspflichten des Kartenemittenten und anderer am System „GeldKarte“ beteiligter Personen gegenüber dem Karteninhaber nach § 33 Bundesdatenschutzgesetz (BDSG)

Im Falle der Speicherung von „personenbezogenen Daten“ im Sinne des § 3 Abs. 1 BDSG ist die Person, deren Daten gespeichert werden, grundsätzlich sowohl von der Tatsache der Speicherung als solcher, als auch über die Art der Daten, die gespeichert werden, nach § 33 BDSG durch die speichernde Stelle (§ 3 Abs. 8 BDSG) zu unterrichten. Eine Anwendbarkeit des § 33 BDSG im Rahmen des GeldKarte-Systems ist umstritten. Sie scheitert indes – entgegen der von den Datenschutzaufsichtsbehörden vertretenen Auffassung[85] – daran, daß es sich bei den im Rahmen des GeldKarte-Systems anfallenden Daten nicht um „personenbezogene Daten“ im Sinne des § 3 Abs. 1 BDSG handelt.[86] Die Abwicklung der GeldKarte-Umsätze erfolgt

---

81 Das in der vorangehenden Fußnote bezeichnete Kommissionsdokument enthält dazu folgenden Wortlaut: “The applicability of existing deposit protection schemes is generally ensured (apart from some rare exceptions) if the issuers of electronic value are authorised institutions. In such cases, holders of electronic value have the right to claim against the deposit protections fund for a proportion of the electronic value held on their card. However, problems may arise when the value is issued by a non-authorised institutions.”

82 Schreiben des Bundesaufsichtsamtes für das Kreditwesen an den Bundesverband deutscher Banken e.V. vom 27. Februar 1997, Geschäftsnummer I, 1-3.2.6.

83 Vgl. dazu die Regelung in Abschnitt III, Nr. 3.2 Satz 5 der „Bedingungen für ec-Karten“.

84 Schreiben des Bundesverbandes deutscher Banken e.V. an das Bundesaufsichtsamt für das Kreditwesen vom 17. März 1997.

85 Vgl. dazu den 14. Tätigkeitsbericht des Hamburgischen Datenschutzbeauftragten (vorgelegt im Januar 1996), S. 118 unter Nr. 25.1.

86 Zutreffend *Hartmann* in *Hellner/Steuer,* Bankrecht und Bankpraxis, Rdn. 2/1182; anderer Auffassung *Weichert,* DuD 1997, 266 (269 f.); zur Parallelproblematik im Rahmen des electronic-cash-Systems der deutschen

von der Einreichung der einzelnen Umsätze durch die dem System angeschlossenen Handels- und Dienstleistungsunternehmen bei den Evidenzzentralen bis hin zur Belastung des BVK beim kartenausgebenden Institut ausschließlich auf Basis anonymer numerischer Angaben. Die im Rahmen des Systems generierten und überprüften Datensätze enthalten keine Angaben, die eine unmittelbare Zuordnung dieser Daten zu einer natürlichen Person ermöglichen würden. Insbesondere ist aus den Datensätzen weder der Name des Karteninhabers noch dessen Kontonummer beim kartenausgebenden Institut ersichtlich. Der Name und die Kontonummer des Karteninhabers sind bei der Abwicklung der GeldKarte-Transaktionen auch nicht von Relevanz, weil bei der Einziehung der GeldKarte-Umsätze lediglich das bankinterne BVK des kartenausgebenden Kreditinstitutes angesprochen wird und keine Zuordnung der Einzelumsätze zu einem Kundenkonto erfolgt. Eine in die Abwicklung von GeldKarte-Umsätzen eingeschaltete Evidenzzentrale bzw. Händler- oder Verrechnungsbank ist daher aufgrund der bei ihr anfallenden Datenströme nicht in der Lage, die im Rahmen des GeldKarte-Systems getätigten Umsätze einer Person zuzuordnen. Dementsprechend wäre eine im Rahmen des GeldKarte-Systems eingeschaltete Börsenevidenzzentrale auf Anfrage eines Karteninhabers, der unter Angabe seines Namens und seiner Adresse Auskunft darüber begehrt, ob über ihn personenbezogene Daten gespeichert sind, nicht in der Lage, diese Frage zu beantworten.[87] Auch im Verhältnis zwischen dem Kartenemittenten und dem Karteninhaber können die bei der Umsatzabwicklung im Rahmen des GeldKarte-Systems anfallenden Daten nicht als „personenbezogene“ Daten im Sinne des BDSG qualifiziert werden: Die in den Datensätzen des GeldKarte-Systems enthaltenen Einzelangaben sind zum einen bereits systembedingt darauf angelegt, einem „bestimmen Börsenverrechnungskonto“ – und nicht einer „bestimmten natürlichen Personen“ im Sinne des § 3 Abs. 1 1. Alternative BDSG – zugeordnet zu werden. Eine Personenbezogenheit der Daten könnte dementsprechend überhaupt nur dann in Betracht kommen, wenn die

---

Kreditwirtschaft siehe *Harbeke*, Die POS-Systeme der deutschen Kreditwirtschaft – Eine Darstellung unter rechtlichen Aspekten, WM Sonderbeilage Nr. 1/1994, S. 1, 12 unter IV.

87 Zur vergleichbaren Situation bei der Anfrage eines Kunden an einen Netzbetreiber im Rahmen des electronic-cash-Systems vgl. *Harbeke*, Die POS-Systeme der deutschen Kreditwirtschaft – Eine Darstellung unter rechtlichen Aspekten“, WM Sonderbeilage Nr. 1/1994, S. 1, 12 unter V.

im Rahmen des Systems anfallenden Angaben vom Kartenemittenten zumindest einer „bestimmbaren“ Person im Sinne des § 3 Abs. 1 BDSG zugeordnet werden könnten. Die Frage, ob eine vorhandene Datenstruktur zumindest einer „bestimmbaren“ Person zugeordnet werden kann, hängt u.a. davon ab, welcher Aufwand betrieben werden muß, um die Zuordnung darzustellen.[88] Da die Datenströme des GeldKarte-Systems auf die Zuordnung zu den BVK der Kartenemitten, nicht dagegen auf eine Zuordnung zur Person des Karteninhabers ausgerichtet sind, erfordert eine Verknüpfung von Daten mit einer einzelnen Person jeweils eine einzelfallbezogene Prüfung durch das kartenausgebende Institut, die nur unter Mitwirkung der zuständigen Kartenevidenzzentrale (KEZ) vorgenommen werden kann. Eine derartige Einzelfallprüfung, wie sie in Betracht kommt, wenn der Karteninhaber infolge einer Funktionsunfähigkeit seiner elektronischen Geldbörse einen Anspruch gegen das kartenausgebende Institut auf Erstattung der noch nicht verbrauchten elektronischen Werteinheiten nach Abschnitt III Nr. 3.2 Satz 7 der „Bedingungen für ec-Karten“ geltend macht, erfordert regelmäßig einen hohen individuellen Prüfaufwand, um die anonymisierten Daten einem einzelnen Kunden zuzuordnen, so daß nicht von einer „Bestimmbarkeit“ der Daten im Sinne des § 3 Abs. 1 BDSG ausgegangen werden kann. Die von den Datenschutzaufsichtsbehörden der Länder vertretene Auffassung, daß die beim Bezahlen mit der GeldKarte anfallenden Transaktionsdaten deshalb als personenbezogene Daten im Sinne des § 3 Abs. 1 i.V.m. Abs. 7 BDSG zu qualifizieren seien, weil bei der datenschutzrechtlichen Beurteilung der anfallenden Daten im System GeldKarte eine „Gesamtbetrachtung des Systems“ vorgenommen werden müsse und „bei Zusammenwirken der Evidenzstellen, Verechnungsbanken und Kundenbanken“ eine Zuordnung zu einer bestimmten natürlichen Person ohne weiteren Aufwand möglich sei,[89] verkennt zudem, daß es sich bei den am GeldKarte-System beteiligten Personen um rechtlich selbständige Persönlichkeiten handelt, die auch datenschutzrechtlich getrennt zu sehen sind.[90]

---

88 Vgl. dazu *Dammann* in *Simitis/Dammann/Geiger/Malmann/Walz*, Kommentar zum BDSG, § 3, Rdn. 20 ff.

89 14. Tätigkeitsbericht des Hamburgischen Datenschutzbeauftragten (vorgelegt im Januar 1996, S. 118 unter 25.1 Abs. 4.

90 So zutreffend *Harbeke*, WM Sonderbeilage Nr. 1/1994, S. 1, 12 zur vergleichbaren Argumentation der Datenschutzbeauftragten der Länder hinsichtlich der Personenbezogenheit der Daten im Rahmen des electronic-cash-Systems.

2. Das Verhältnis zwischen Kartenemittent und Vertragsunternehmen

a) Garantieanspruch des Vertragsunternehmens

Nach Nr. 4 der „Bedingungen für die Teilnahme am System GeldKarte" erwirbt ein angeschlossenes Unternehmen mit Abschluß des ordnungsgemäßen Bezahlvorganges an einem zugelassenen GeldKarte-Terminal eine Garantie gegen das kartenausgebende Kreditinstitut in Höhe des getätigten Umsatzes. Insoweit ergibt sich eine Parallele zu Nr. 5 der „Bedingungen für die Teilnahme am electronic-cash-System", bei der das Vertragsunternehmen im Falle der Autorisierung ebenfalls einen garantierten Zahlungsanspruch gegen das kartenausgebende Kreditinstitut erwirbt.[91] Nicht völlig einheitlich beurteilt wird allerdings die Frage, auf welche Weise die Garantie[92] im Rahmen des GeldKarte-Systems zustandekommt. Nach teilweise vertretener Auffassung kommt der Garantievertrag zwischen dem Kartenemittenten und dem Vertragsunternehmen ausschließlich aufgrund des elektronischen Dialoges zwischen dem in der GeldKarte befindlichen Chip und dem GeldKarte-Terminal zustande, ohne daß es für diesen Vertragsschluß einer irgendwie gearteten rechtsgeschäftlichen Mitwirkung des Karteninhabers bedarf.[93] In der Übermittlung des Transaktionsdatensatzes von der GeldKarte auf die Händlerkarte soll nach dieser „Dialogtheorie"[94] das (konkludente) verbindliche Angebot der kartenausgebenden Bank auf Ab-

---

91 Zur Vergleichbarkeit der beiden Systeme vgl. auch *Gößmann*, Rechtsfragen neuer Techniken des bargeldlosen Zahlungsverkehrs (GeldKarte, Kreditkarte), a.a.O. (Fn. 1) unter I. 2. b).

92 Zu der Frage, ob die im Rahmen des GeldKarte-Systems begründete abstrakte Zahlungsverpflichtung der kartenausgebenden Bank eher als Garantie oder als abstraktes Schuldversprechen im Sinne des § 780 BGB zu qualifizieren ist, vgl. die Ausführung von *Kümpel*, WM 1997, 1037 (1040 unter a), sowie *ders.* WM 1998, 365 (369 unter 2.a), der im Hinblick auf den Sicherungszweck der GeldKarte vom Vorliegen einer „Garantie" ausgeht sowie *Pfeiffer*, NJW 1997, 1036 (1038), sowie *ders.* in *Graf von Westphalen* a.a.O. (Fn. 6) Rdn. 167, der ein „bedingtes abstraktes Schuldversprechen" annimmt. Zur Parallelproblematik im Rahmen des electronic-cash-Systems vgl. *Bröcker*, WM 1995, 468 (474 f.) sowie *Harbeke*, WM Sonderbeilage Nr. 1/1994, S. 8; *Köndgen*, NJW 1996, 558 (568); *Reiser*, WM Sonderbeilage Nr. 3/1989, S. 8 f. sowie *Schröter*, ZBB 1995, 396.

93 So *Kümpel*, WM 1997, 1036 (1040 aa).

94 Begründet von *Kümpel*, WM 1997, 1036, 1040 rechte Spalte, soweit ersichtlich erstmals als „Dialogtheorie" bezeichnet von *Gößmann*, a.a.O. (Fn. 1) unter III. 2. b), S. 116.

schluß eines Garantievertrages gesehen werden, das das Vertragsunternehmen dadurch annimmt, daß es die von der GeldKarte übermittelten Transaktionsdaten auf der Händlerkarte abspeichert.[95] Nach dieser Auffassung soll der Chipdialog als solcher damit ausreichen, um zum Zeitpunkt des Bezahlvorganges sowohl eine Angebotserklärung der kartenausgebenden Bank als auch eine Annahme des Vertragsunternehmens zu konstruieren. Eine solche Sichtweise begegnet allerdings gewissen Vorbehalten, die daraus resultieren, daß die Handlung des Karteninhabers, der an dem Bezahlvorgang in nicht unerheblicher Weise mitwirkt, völlig ausgeklammert wird: Die kartenausgebende Bank hat keinerlei Kenntnis davon, ob, zu welchem Zeitpunkt und in welcher Höhe der Karteninhaber von den ihm ausgehändigten elektronischen Werteinheiten beim Bezahlen Gebrauch machen möchte. Es obliegt sogar der freien Willensentscheidung des Karteninhabers, ob er von den ihm ausgehändigten elektronischen Werteinheiten überhaupt jemals Gebrauch machen möchte, oder ob er diese später nach Abschnitt III Nr. 3.2 Satz 5 der „Bedingungen für ec-Karten“ beim kartenausgebenden Institut wieder entlädt. Es dürfte daher nicht den tatsächlichen Geschehensabläufen der GeldKarte entsprechen, davon auszugehen, daß alleine die kartenausgebende Bank – ohne rechtsgeschäftliche Mitwirkung des Karteninhabers als Vertreter oder Bote – eine unmittelbare Willenserklärung gegenüber dem Vertragsunternehmen abgibt. Auch wenn die Bank gegenüber dem Vertragsunternehmen im Rahmen der „Bedingungen für die Teilnahme am System GeldKarte“ ihre grundsätzliche Bereitschaft erklärt hat, beim Einsatz der GeldKarte eine Garantie zugunsten des Unternehmens abzugeben, so obliegt es dennoch alleine dem Karteninhaber, darüber zu entscheiden, welches Vertragsunternehmen – und in welche Höhe – einen *konkreten* Garantieanspruch erwerben soll.[96] Zutreffend erklären lassen dürfte sich das Zustandekommen der Garantie dagegen unter Rückgriff auf die bei der ec-Scheckkarten-Garantie verwendete Konstruktion:[97] Mit Aushändigung der GeldKarte an den Karteninhaber wird dieser zum Vertreter bzw. Boten des Kartenemittenten,[98] der mit dem Einführen der GeldKarte in das Händler-

95 *Kümpel*, WM 1997, 1036, 1040 unter aa).

96 Überzeugend gegen die „Dialogtheorie“ spricht sich auch *Gößmann* a.a.O. unter III. 2. b), S. 116 aus.

97 Diesen Weg lehnt *Kümpel*, WM 1997, 1036 (1041 unter bb) ab.

98 Zur Problematik im Rahmen des eurocheque-Systems und der dort diskutierten Abgrenzung zwischen Vertretungshandeln oder Botenschaft des Karteninhabers

terminal das Angebot des Kartenemittenten auf Abschluß des Garantievertrages an das Vertragsunternehmen überbringt, das dieses Angebot „mit Abschluß eines ordnungsgemäßen Bezahlvorganges“ im Sinne der Regelung in Nr. 4 der „Bedingungen für die Teilnahme am System GeldKarte“ annimmt.[99] Ein Zugang der Annahmeerklärung gegenüber dem kartenausgebenden Institut ist nach § 151 BGB entbehrlich.[100] Im Rahmen des GeldKarte-Systems dürfte eher von einer Botenstellung denn von einer Vertreterfunktion des Karteninhabers auszugehen sein,[101] da dem Karteninhaber keine wirtschaftliche Entscheidungsbefugnis darüber zusteht, in welcher *Höhe* er das kartenausgebende Institut verpflichten möchte; ihm steht lediglich die Berechtigung zu, darüber zu entscheiden, auf welche Akzeptanzunternehmen die Garantie des Kartenemittenten „verteilt“ werden soll.

Kommt die GeldKarte dem berechtigten Inhaber abhanden und wird sie von einem hierüber nicht verfügungsberechtigten Dritten, insbesondere von einem Dieb oder Finder mißbräuchlich verwendet, so steht diesem keine Vertretungs- oder Botenmacht zum Abschluß eines Garantievertrages zu.[102] In gleicher Weise wie im Rahmen des eurocheque-Systems wird die Einstandspflicht des Kartenemittenten bei einem mißbräuchlichen Einsatz der Karte durch einen Dritten sodann nach Rechtsscheingrundsätzen begründet.[103] Mit Hilfe der auf der Legitimationswirkung der GeldKarte basierenden Rechtsscheinhaftung besteht damit auch bei mißbräuchlicher Verwendung der GeldKarte eine Garantiehaftung des Kartenemittenten.[104]

---

vgl. die Nachweise bei *Baumbach/Hefermehl*, Kommentar zum Wechsel- und Scheckgesetz, 19. Aufl. 1997, Anhang zu Artikel 4 Scheckgesetz, Rdn. 4 ff.

99 *Gößmann*, a.a.O. (Fn. 1), unter III. 2. b), S. 116; nach Auffassung von *Kümpel*, WM 1997, 1036 (1041) kommt ein Vertreter- oder Botenhandeln des berechtigten Karteninhabers lediglich als „vorsorgliche Hilfskonstruktion der Garantiehaftung“ in Betracht.

100 *Gößmann*, a.a.O. (Fn. 1), unter III. 2. b), S. 118.

101 So auch *Gößmann*, a.a.O., unter III. 2. b), S. 118.

102 *Kümpel*, WM 1997, 1036 (1041); zur vergleichbaren Problematik bei der ec-Scheckkarten-Garantie vgl. *Canaris*, „Bankvertragsrecht“, 3. Aufl. 1988, Rdn. 833 m.w.N.

103 Zur vergleichbaren Rechtslage im ec-System siehe *Nobbe* in *Lwowski/Bunte/Schimansky*, Bankrechtshandbuch, Kommentar, 1. Aufl. 1997, § 63, Rdn. 79.

104 So *Kümpel*, WM 1997, 1036 (1041 unter bb).

b) Akzeptanz der Karte zu „Barzahlungspreisen und -bedingungen"

Die „Bedingungen für die Teilnahme am System GeldKarte" verpflichten das Unternehmen in Nr. 3 Abs. 1, die Karte „zu Barzahlungspreisen und Bedingungen" zu akzeptieren. Inwieweit derartige Klauseln im Rahmen kartengesteuerter Zahlungssysteme wettbewerbsrechtlich zulässig sind, ist umstritten.[105] Die Klausel ist im Rahmen des kartellrechtlichen Meldeverfahrens für das GeldKarte-Vertragswerk nach § 102 GWB von verschiedenen Interessenvertretungen der Händlerseite unter Hinweis auf § 15 GWB moniert worden. Das Bundeskartellamt hat die Klausel allerdings – in gleicher Weise wie bei kartellrechtlichen Meldeverfahren zu anderen Zahlungsverkehrssystemen, die vergleichbare Klauseln enthalten[106] – nicht beanstandet. Eine Subsumtion der „Barzahlungsklausel" unter das Verbot der vertraglichen Preis- und Konditionenbindung nach § 15 GWB dürfte auch nicht ohne weiteres möglich sein: Diese Norm setzt eine ursprünglich am Modellfall der vertikalen Bindung entwickelte, dann auf andere Vertragskonstellationen ausgedehnte Beziehung hintereinander geschalteter Verträge (Erstvertrag – Zweitvertrag) voraus oder, wie es das Bundeskartellamt ausgedrückt hat, einen „linearen Charakter" der Vertragskette Erstvertrag – Zweitvertrag.[107] Im Verhältnis zwischen dem „GeldKarte-Emittenten", dem Karteninhaber sowie dem angeschlossenen Vertragsunternehmen liegt hingegen keine lineare Vertragskette, sondern ein vertragliches Dreiecksverhältnis vor.[108] Die Vorschrift des § 15 GWB geht zudem von Fallgestaltungen aus, bei denen sich aus der Typizität der im vertikalen Verhältnis abgeschlossenen Verträge keine Notwendigkeit ergibt, daß der Erstvertrag

---

105 Vgl. dazu etwa *Adams*, ZIP 1990, 632 ff.; *Gößmann*, a.a.O. (Fn. 1) unter IV. 1. a), S. 119; *Salje*, WM 1991, 262 f.; *Schneider/Merkel*, Preisaufschläge bei Zahlungen mit Scheck, Kreditkarte oder an automatisierten Kassen, FS Pleyer, 1986, S. 115 ff.; *Horn*, Kartellrechtliche Aspekte des Kreditkartengeschäfts, ZHR 157 (1993), 324 ff.; LG Düsseldorf, WM 1990, 1688 m. Anm. von *Fervers*, WuB I D.5.-7.90; OLG Düsseldorf, WM 1991, 913 m. Anm. von *Fervers* in WuB I D.5.-5.91.

106 Vgl. dazu *Harbeke*, Die POS-Systeme der deutschen Kreditwirtschaft – eine Darstellung unter rechtlichen Aspekten, WM-Sonderbeilage Nr. 1/1994, S. 7 unter c).

107 *Horn*, ZHR 157 (1993), 325 (333 unter b) unter Verweis auf eine Stellungnahme des Bundeskartellamtes vom 18.1.1989 zu Barzahlungsklauseln in Stationärverträgen (Geschäftszeichen: B 8-224/88, S. 8) in FN 33.

108 *Harbeke*, WM-Sonderbeilage Nr. 1/1994, S. 1 (8, linke Spalte) sowie *Horn*, ZHR 157 (1993), 325 (335).

den Zweitvertrag innerhalb bestimmter Grenzen determiniert.[109] Bei der vertraglichen Dreiecksbeziehung zwischen Kartenemittent, Karteninhaber und angeschlossenem Vertragsunternehmen handelt es sich demgegenüber um ein Beziehungsgeflecht, bei dem die Rechte und Pflichten der beteiligten Personen innerhalb der einzelnen Rechtsbeziehungen in einer Interdependenz stehen und deshalb aufeinander abgestimmt sein müssen. Verwiesen sei an dieser Stelle etwa darauf, daß der im Verhältnis zwischen dem Kartenemittenten und dem Vertragsunternehmen abgeschlossene Vertrag ein echter Vertrag zugunsten Dritter im Sinne des § 328 BGB ist, der einen Akzeptanzanspruch des Karteninhabers gegen das Vertragsunternehmen begründet.[110] Die „Barzahlungsklausel“ in den Händlerbedingungen des GeldKarte-Systems stellt dementsprechend sicher, daß das Vertragsunternehmen die GeldKarte sowohl im Vergleich zur Barzahlung als auch im Verhältnis zu anderen Kartenzahlungssystemen preislich nicht diskriminiert und der Karteninhaber Gewißheit darüber hat, zu welchen Konditionen ein Vertragsunternehmen seine Karte akzeptieren wird. Für die GeldKarte gilt diese Überlegung um so mehr, als diese für den Karteninhaber noch in einem wesentlich stärkeren Maße Geldersatzfunktion ausübt, als dies etwa im Rahmen des electronic-cash-Systems oder bei Kreditkartensystemen der Fall ist. Es ist dem Produkt „Zahlungskarte“ wesensimmanent, eindeutig festzulegen, unter welchen Voraussetzungen und Konditionen der Inhaber dieser Karte dieses Produkt beim Händler einsetzen kann. Anderenfalls würde das Produkt „Zahlungskarte“ inhaltlich nicht mehr durch den Lizenzgeber, sondern durch einen Dritten – nämlich den Händler – bestimmt werden.[111] Will der Händler die für ein System geltenden Bedingungen nicht für sich akzeptieren, steht ihm die Wahl offen, sich dem System nicht anzuschließen.

---

109 So zutreffend *Harbeke*, WM-Sonderbeilage Nr. 1/1994, S. 1 (8).

110 *Pfeiffer*, NJW 1997, 1036 (1038 unter 3); sowie *ders.* in *Graf von Westphalen* a.a.O. (Fn. 6) Rdn. 167; zur Parallelproblematik im Rahmen des electronic-cash-Systems siehe *Harbeke*, WM-Sonderbeilage Nr. 1/1994, S. 1 (7), sowie *Bröcker*, WM 1995, 468 (477) jeweils m.w.N.; zum Parallelproblem beim Kreditkartenvertrag vgl. *Pfeiffer* in *Graf von Westphalen*, a.a.O. (Fn. 6), Rdn. 151.

111 So ausdrücklich *Harbeke*, WM-Sonderbeilage Nr. 1/1994, S. 1 (8).

c) Schutz der Garantieansprüche des Vertragsunternehmens bei Insolvenz des Kartenemittenten

Die gegen ein Kreditinstitut gerichteten Garantieansprüche Dritter gehören grundsätzlich nicht zum Kreis der Forderungen, die im Falle der Insolvenz über den Einlagensicherungsfonds der privaten Banken abgesichert werden.[112] Die in Nr. 4 der „Bedingungen für die Teilnahme am System GeldKarte" genannten Garantieansprüche wären danach über den Einlagensicherungsfonds formal nicht abgedeckt. Der Bundesverband deutscher Banken e.V. hat gegenüber dem Bundesaufsichtsamt für das Kreditwesen jedoch auf dessen Anfrage[113] hin mitgeteilt, daß im Falle der Insolvenz eines Kreditinstitutes, das „GeldKarten" ausgegeben hat, neben den Ansprüchen der Karteninhaber auf Erstattung der noch in der GeldKarte gespeicherten Beträge[114] auch die Garantieansprüche von Unternehmen, die im Rahmen des GeldKarte-Systems Garantieansprüche erworben haben, mit abgedeckt werden.[115] Die Abdeckung der Garantieansprüche von Vertragsunternehmen, die dem GeldKarte-System angeschlossen sind, beruht nicht zuletzt darauf, daß es zu weiten Teilen dem Zufall unterliegt, in welchem Umfang die aufgeladenen elektronischen Werteinheiten sich zum Zeitpunkt einer Insolvenz des Kartenemittenten noch auf der GeldKarte des Karteninhabers befinden – und über den Einlagensicherungsfonds geschützt sind[116] – oder sich zu diesem Zeitpunkt in der „Händlerkarte" eines dem System angeschlossenen Handelsunternehmens befinden. Ein Ausschluß der Garantieansprüche des Vertragsunternehmens vom Schutz des Einlagensicherungsfonds wäre darüber hinaus auch aus Gründen der Akzeptanz des GeldKarte-Systems nicht zu rechtfertigen, da Vertragsunternehmen die GeldKarte aufgrund ihrer fehlenden Sperrmöglichkeit für Bezahlvorgänge technisch auch noch nach Eröffnung des Insolvenzverfahrens über das Vermögen des Kartenemittenten akzeptieren können.

---

112 Zum Umfang der Einlagensicherung vgl. im einzelnen die Regelungen in § 6 des „Statut des Einlagensicherungsfonds"; abgedruckt bei *Weber* in *Hellner/Steuer*, Bankrecht und Bankpraxis, Kommentar, Band 1, Rdn. 1-616.

113 Schreiben des Bundesaufsichtsamtes für das Kreditwesen an den Bundesverband deutscher Banken e.V. vom 27. Februar 1997, Geschäftsnummer I, 1-3.2.6.

114 Siehe oben unter III. 1. f).

115 Schreiben des Bundesverbandes deutscher Banken e.V. an das Bundesaufsichtsamt für das Kreditwesen vom 17. März 1997.

116 Vgl. dazu im einzelnen die Ausführungen unter III. 1. f).

3. Das Verhältnis zwischen Karteninhaber und Vertragsunternehmen

a) Akzeptanzanspruch des Karteninhabers gegen das Vertragsunternehmen

Die Regelung in Nr. 3 der „Bedingungen für die Teilnahme am System GeldKarte“ verpflichtet das Vertragsunternehmen, die Zahlung des Karteninhabers zu Barzahlungspreisen und -bedingungen zu akzeptieren.[117] Diese Regelung entfaltete drittbegünstigende Wirkung zugunsten des Karteninhabers und führt dazu, daß dem Karteninhaber über § 328 BGB ein eigener Akzeptanzanspruch gegen das Vertragsunternehmen erwächst,[118] der durch die Karte verkörpert wird.[119] Anders als bei der Kreditkarte, bei der die Zahlung auch ohne die Vorlage der Karte möglich ist,[120] kann der Akzeptanzanspruch bei der GeldKarte nur unter deren körperlicher Vorlage geltend gemacht werden.[121] Erörterungsbedürftig erscheint allerdings die Frage, wann bei einer Akzeptanz der GeldKarte durch das Vertragsunternehmen im Valutaverhältnis Erfüllung im Sinne des § 362 Abs. 1 BGB eintritt.

b) Zahlung mit der „GeldKarte“ als Leistung an Erfüllung Statt (§ 364 Abs. 1 BGB) oder Leistung erfüllungshalber (§ 364 Abs. 2 BGB)

Nach Nr. 4 der „Bedingungen für die Teilnahme am System GeldKarte“ erwirbt ein angeschlossenes Vertragsunternehmen „mit Abschluß eines ordnungsgemäßen Bezahlvorganges eine Garantie gegen das kartenausgebende Kreditinstitut in Höhe des getätigten Umsatzes“. Damit spricht der Wortlaut dieser Klausel, die das Verhältnis zwischen Kartenemittent und Vertragsunternehmen regelt, zwar dem ersten Anschein nach dafür, daß die Kartenzahlung auch im Valutaverhältnis – in gleicher Weise wie bei anderen Kartenzahlungssystemen – gemäß § 364 Abs. 2 BGB lediglich erfüllungs-

---

117 Siehe dazu bereits die Ausführungen unter III. 2. b).

118 Zur Parallelsituation bei electronic-cash- und Kreditkartenzahlungen vgl. etwa *Harbeke*, WM-Beilage 1/1994, S. 1 (7); *Bröcker*, WM 1995, 468 (477); *Reiser*, WM-Beilage 3/1989, S. 7 f.; *Pfeiffer* in *Graf von Westphalen*, a.a.O. (Fn. 6), Rdn. 1 ff.; *ders.* zur GeldKarte in NJW 1997, 1036, 1037.

119 So zutreffend für die GeldKarte *Pfeiffer*, NJW 1997, 1036 (1037).

120 Darauf weist u. a. *Weller*, as Kreditkartenverfahren“, 1986, § 22, S. 199 f. hin.

121 Darauf weist zutreffend hin *Pfeiffer*, NJW 1997, 1036 (1037).

halber erbracht wird, weil neben den Zahlungsanspruch aus dem Valutaverhältnis ein weiterer Anspruch gegen einen Dritten hinzutritt.[122] Die Besonderheiten des GeldKarte-Systems lassen es indessen gerechtfertigt erscheinen, eine Zahlung an Erfüllung Statt anzunehmen: Das wesentliche Argument, warum die Zahlung bei anderen Kartensystemen regelmäßig als Zahlung lediglich erfüllungshalber (§ 364 Abs. 2 BGB) und nicht als Zahlung an Erfüllung Statt gemäß §§ 364 Abs. 1 BGB eingeordnet wird, liegt darin, daß ein Vertragsunternehmen bei der Annahme einer Leistung an Erfüllung Statt seinen Erfüllungsanspruch aus dem Valutaverhältnis gegen den Karteninhaber sofort verlieren würde. Dies erscheint deshalb nicht interessengerecht, weil ein an Erfüllung Statt erhaltener Anspruch gegen den Kartenemittenten – insbesondere bei dessen Insolvenz – scheitern könnte und das Vertragsunternehmen dann keinerlei Anspruch gegen den Karteninhaber hätte.[123] Dieses Risiko besteht hingegen im Rahmen des GeldKarte-Systems nicht. Zum einen ist der zur Befriedung des Garantieanspruches erforderliche Deckungsbetrag auf dem BVK des Kartenemittenten bereits vorhanden, so daß den im Rahmen der Kommunikation zwischen GeldKarte und Händlerkarte akzeptierten elektronischen Werteinheiten von vornherein eine andere Qualität zukommt, als dies etwa bei einer Kreditkartenzahlung der Fall ist. Darüber hinaus ist der Garantieanspruch des Vertragsunternehmens im GeldKarte-System im Falle einer etwaigen Insolvenz des Kartenemittenten auch abgesichert,[124] so daß beim GeldKarte-System – etwa im Vergleich zu einer Kreditkartenzahlung – nicht die Besorgnis besteht, daß ein Akzeptanzunternehmen im Falle der Insolvenz des Kartenemittenten hinsichtlich seines Garantieanspruchs nur quotal befriedigt wird. Diese erhöhte Sicherheit, kombiniert mit der Bargeldersatzfunktion der GeldKarte, die sich etwa darin manifestiert, daß der Karteninhaber wie bei realem Geld

---

122 So *Pfeiffer*, NJW 1997, 1036 (1037 unter V 2), sowie *ders.* in *Graf von Westphalen* a.a.O. (Fn. 6) Rdn. 166, 149, der eine Leistung erfüllungshalber ungeachtet der „ausgeprägten Bargeldersatzfunktion und der vollständigen Anonymisierung des Bezahlvorganges“ unter Hinweis auf die Vergleichbarkeit mit der Situation bei anderen Kartenzahlungssystemen bejaht. So auch *Kümpel* für die parallele Rechtsfrage beim Netzgeld (Cybergeld) in WM 1998, 365 (370).

123 Zur Risikosituation bei der Annahme einer Leistung an Erfüllung Statt siehe auch MünchKomm(-*Heinrichs*) § 364, Rdn. 8, 14.

124 Vgl. dazu die Ausführungen unter III. 2. c).

gemäß § 935 BGB das Verlustrisiko zu tragen hat,[125] lassen es dementsprechend gerechtfertigt erscheinen, eine Erfüllung im Valutaverhältnis gemäß §§ 364 Abs. 1 BGB bereits mit Beendigung der Kommunikation zwischen GeldKarte und Händlerkarte anzunehmen. Überzeugend erscheint in diesem Zusammenhang im übrigen auch der Hinweis von Gößmann auf die Parallelität zum Überweisungsverkehr:[126] Im Überweisungsverkehr gibt die Empfängerbank mit der Überweisungsgutschrift zugunsten des Endbegünstigten ein abstraktes Schuldversprechen ab, erfüllt dadurch – gleichwertig der Übergabe von Bargeld – den Anspruch des Überweisungsempfängers auf Herausgabe des Erlangten und erbringt bereits mit der Gutschrift eine Erfüllungshandlung im Sinne des § 362 BGB.[127] Auch im GeldKarte-System gibt das kartenausgebende Institut gegenüber angeschlossenen Handels- und Dienstleistungsunternehmen eine Garantie ab, für die die korrespondierende Deckung auf dem Börsenverrechnungskonto bereits „eingegangen" ist. In gleicher Weise, wie im Überweisungverkehr im Verhältnis zwischen dem endbegünstigten Institut und dem Endbegünstigten eine Erfüllungswirkung nach § 362 BGB bereits mit Entstehung des abstrakten Schuldversprechens gemäß §§ 780, 781 BGB und nicht etwa erst mit Aushändigung von Bargeld an den Kontoinhaber gegeben ist, erscheint es dementsprechend gerechtfertigt, aus Sicht des Vertragsunternehmens eine Erfüllungshandlung im Rahmen des GeldKarte-Systems gemäß § 364 Abs. 1 BGB schon zu dem Zeitpunkt anzunehmen, in dem der Garantieanspruch gegen das kartenausgebende Institut entsteht und nicht erst zu dem Zeitpunkt, in dem das Vertragsunternehmen bei seiner Händlerbank Deckung erlangt.[128]

IV. Ausblick

Der Einsatz der GeldKarte ist derzeit noch auf den nationalen Bereich beschränkt. Auch andere Kartensysteme haben sich in ihrer Entwicklung in der Vergangenheit jedoch an internationalen Entwicklungen ausrichten müssen. So ist das deutsche ec-Geldautomatensystem zwischenzeitlich Be-

---

125 Vgl. dazu die Ausführungen unter III. 1. b).

126 Vgl. dazu im einzelnen *Gößmann*, a.a.O. (Fn. 1) unter IV. 2. b), S. 121-123.

127 *Gößmann* a.a.O. (Fn. 1) unter IV. 2. b), S. 122 unter Hinweis auf *Hadding/ Heuser*, WuB I D 1. – 2.88.

128 Vgl. dazu ausführlich *Gößmann* a.a.O. unter IV. 2. b), S. 123.

standteil des von Europay International lizensierten internationalen Maestro-Geldautomatensystems. Des weiteren können deutsche Karteninhaber ihre ec- und Kundenkarten über das nationale electronic-cash-System hinaus auch zum bargeldlosen Bezahlen an automatisierten Kassen im Ausland im Rahmen des internationalen edc/Maestro-Systems einsetzen. Auch die Entwicklung im Bereich der vorausbezahlten elektronischen Geldbörsen wird in Zukunft maßgeblich durch die internationalen Entwicklungen mitbestimmt werden. Diese Tendenz dürfte durch die Einführung einer einheitlichen europäischen Währung noch beschleunigt werden. Neben der Entwicklung neuer Anwendungen für das GeldKarte-System der deutschen Kreditwirtschaft, wie etwa die Ausgabe kontoungebundener „GeldKarten" über Automaten wird es daher zukünftig maßgeblich darauf ankommen, das System auch an die Entwicklungen auf internationaler Ebene anzupassen.

Anhang

Vereinbarung über das institutsübergreifende System „GeldKarte"

Der

Bundesverband der Deutschen Volksbanken und Raiffeisenbanken e.V., Bonn,
Bundesverband deutscher Banken e.V., Köln,
Deutscher Sparkassen- und Giroverband e.V., Bonn, und der
Verband öffentlicher Banken e.V., Bonn,

– nachstehend Vertragspartner genannt –

schließen folgende Vereinbarung:

1. Die Vertragspartner vereinbaren den Aufbau eines institutsübergreifenden Systems zur bargeldlosen Bezahlung von Waren und Dienstleistungen an hierfür eingerichteten Terminals (GeldKartenterminals) bei den angeschlossenen Handels- und Dienstleistungsunternehmen (im folgenden Unternehmen) mittels elektronischer Geldbörse (GeldKarte). Die ec-Karte sowie die sonstigen in Anlage 1 ausgelisteten, von Kreditinstituten ausgegebenen Karten können mit der GeldKarten-Funktion ausgestattet werden. Das System trägt die Bezeichnung „GeldKarte". Die dem GeldKarte-System angeschlossenen Institute sind berechtigt, das GeldKarte-Logo (Anlage 2) zu nutzen.

2. Die Vertragspartner stellen sicher, daß jedes Kreditinstitut, das seinen Kunden die Teilnahme an dem System GeldKarte ermöglichen will, diese Vereinbarung nebst „Technischem Anhang" anerkennt.

3. Die Vertragspartner legen einheitliche Schnittstellen für die Kommunikation zwischen den am System-Beteiligten fest. Die näheren Angaben ergeben sich aus dem „Technischen Anhang".

4. Wurde die GeldKarte für ein Konto ausgestellt, so kann der Karteninhaber seine GeldKarte an den mit dem GeldKarten-Logo gekennzeichneten Ladeterminals innerhalb des ihm eingeräumten Verfügungsrahmens zu Lasten des auf der Karte angegebenen Kontos aufladen. Vor dem Aufladevorgang muß der Karteninhaber seine persönliche Geheimzahl (PIN) eingeben. Der Karteninhaber kann die Geldkarte darüber hinaus auch gegen Bargeld sowie im Zusammenwirken mit einer anderen Karte zu Lasten des auf dieser Karte angegebenen Kontos aufladen.

   Der maximale Betrag, bis zu dem eine GeldKarte aufgeladen werden kann. wird in dem von den Vertragspartnern gebildeten Arbeitsstab festgelegt.

   Es ist Aufgabe der Vertragspartner eine einheitliche Schnittstelle festzulegen, über die die Ladevorgänge der GeldKarte in dein jeweiligen Autorisierungssystem genehmigt werden können. Die angeschlossenen Kreditinstitute stellen sicher, daß bei der Autorisierung eines Ladevorgangs jeweils auf dasselbe Autorisierungssystem zugegriffen wird, damit vorausgegangene Verfügungen bei der Autorisierung berücksichtigt werden. Bei Aufladung der GeldKarte gegen – eine andere Karte ist sicherzustellen, daß stets auf das zuständige Autorisierungssystem der Karte, gegen die aufgeladen wird, zurückgegriffen wird.

Wird die GeldKarte gegen Bargeld oder gegen eine andere Karte zu Lasten des auf dieser Karte angegebenen Kontos aufgeladen, so ist das ladeterminalbetreibende Institut verpflichtet, das GeldKarten-emittierende Institut über den Aufladevorgang zu. unterrichten.

Wird die GeldKarte gegen eine andere Karte zu Lasten des auf dieser Karte angegebenen Kontos aufgelader, zieht das ladeterminalbetreibende Kreditinstitut den in die GeldKarte aufgeladenen Betrag mittels Lastschrift im Einzugsermächtigungsverfahren von dem Kreditinstitut ein, gegen dessen Karte die GeldKarte aufgeladen wurde. Das Kreditinstitut, das die aufgeladene GeldKarte, emittiert hat, zieht den Betrag, der in der GeldKarte gespeichert wurde, mittels Lastschrift im Einzugsermächtigungsverfahren von dem ladeterminalbetreibenden Institut ein. Wird die GeldKarte gegen die Karte eines anderen Kartensystems, deren Emittent nicht zu den den Vertragspartnern angeschlossenen Kreditinstituten gehört, aufgeladen, so bestimmt sich die Umsatzabwicklung nach den für dieses Kartensystem geltenden Regelungen.

Wird die GeldKarte bei einem anderen Institut gegen Bargeld aufgeladen, zieht das Institut, das die GeldKarte ausgegeben hat, den aufgeladenen Betrag mittels Lastschrift im Einzugsermächtigungsverfahren vom ladeterminalbetreibenden Institut ein.

5. Ladeterminals dürfen nur von Kreditinstituten aufgestellt und betrieben werden. Kreditinstitute, die Ladeterminals betreiben, sind verpflichtet, diese gegenüber den Inhabern von GeldKarten institutsübergreifend und ohne Differenzierung in den zeitlichen Nutzungsmöglichkeiten zur Verfügung zu stellen.

6. Die angeschlossenen Institute sind verpflichtet, mit ihren Kunden die als Anlage 3 beigefügten „Bedingungen für die Verwendung der ec-Karte" bzw. für die sonstigen Karten gem. Anlage 1 entsprechende Bedingungen zu vereinbaren.

7. Aufgeladene Beträge, die nach Ablauf der Gültigkeit der ec-Karte noch in der GeldKarte gespeichert sind, kann der Karteninhaber beim kartenausgebenden Kreditinstitut entladen. Entladungen von Teilbeträgen sind nicht möglich.

8. Die Kreditinstitute dürfen nur solche Chips (Halbleiter, Modul. Maske), verwenden, die zuvor von den Vertragspartnern oder einer von ihnen beauftragten Stelle zugelassen werden. Die Chips werden zugelassen, wenn sie den Sicherheitsanforderungen sowie den Schnittstellenspezifikationen gemäß dem „Technischen Anhang", genügen.

Die Einladung der Schnittstellenspezifikationen wird durch Simulation von Testfällen im Rahmen eines Funktionstestes durch die Vertragspartner oder durch eine von ihnen beauftragte Stelle überprüft.

Die Einhaltung der Sicherheitsanforderungen hat der Chip-Hersteller durch ein nachprüfbares Sachverständigengutachten auf seine Kosten nachzuweisen Die Vertragspartner schlagen dem Chip-Hersteller mindestens drei geeignete Sachverständige vor. Der Chip-Hersteller unterrichtet die Vertragspartner über den ausgewählten Sachverständigen und verpflichtet sich, sämtliche Untersuchungsergebnisse – einschl. der Zwischenergebnisse – den Vertragspartnern vorzulegen. Auf der Grundlage des endgültigen Gutachtens wird von den Vertragspartnern über die Zulassung der Chips entschieden. Falls die Vertragspartner in konkreten Einzelfragen Zweifel am Ergebnis des Gutachtens haben, sind sie berechtigt, zur Klärung dieser Zweifelsfragen einen Zweitgutachter auf eigene Kosten heranzuziehen. Werden die Schnittstellenspezifikationen und Sicherheitsanforderungen erfüllt, so wird für jeden Chip (Hard- und Software) eine Zulassung erteilt.

9. Die Lade- und GeldKarten-Terminals müssen den Schnittstellenspezifikationen gemäß dem „Technischem Anhang" genügen.

   Die Einhaltung der Spezifikationen wird durch Simulation von Testfällen im Rahmen eines Funktionstestes durch die Vertragspartner oder eine von ihnen beauftragte Stelle überprüft.

   Die Ladeterminals müssen darüber hinaus den Sicherheitsanforderungen gemäß dem „Technischem Anhang" genügen. Dies gilt entsprechend für GeldKarten Terminals bei denen die Händlerkarte durch ein Sicherheitsmodul gemäß „Technischer Anhang" nachgebildet ist. Zwecks Überprüfung der Einhaltung der Sicherheitsanforderungen hat der Terminal-Hersteller ein nachprüfbares Sachverständigengutachten auf seine Kosten erstellen zu lassen. Im übrigen gilt Ziff. 8 Abs. 3 entsprechend.

   Werden die Schnittstellenspezifikationen und die Sicherheitsanforderungen für die GeldKarten-Terminals und für die ladeterminals erfüllt. so wird für die jeweiligen Terminals durch die Vertragspartner eine Typenzulassung erteilt.

10. Ein Kreditinstitut. welches ein Ladeterminals betreibt, kann von dem Kreditinstitut, das die Ladung autorisiert, pro autorisiertem Ladevorgang bei Ladevorgängen bis zu 400,- DM ein Entgelt von höchstens 2,- DM und bei Beträgen über 400,- DM ein Entgelt in Höhe von maximal 0,5 % des Ladebetrages verlangen. Sofern die Autorisierung aus einem anderen Kartensystem erfolgt, gelten die dort üblichen Entgeltregelungen.

11. Für die Teilnahme am System GeldKarte erhält das Unternehmen von seinem Kreditinstitut eine Händlerkarte, die die erforderlichen Authentifikationsschlüssel der Kreditwirtschaft und eine entsprechende Kennung bei seinem Kreditinstitut (in der Regel die Kontonummer) enthält, so daß die GeldKarten-Umsätze dem Unternehmen gutgeschrieben werden können. Die Zulassung der Chips für die Händlerkarte bzw. des Sicherheitsmoduls erfolgt entsprechend Ziff. 8.

Das Kreditinstitut des Unternehmens vereinbart – auch zu Gunsten der als Kartenemittenten an dem System GeldKarte beteiligten Kreditinstitute – mit dem Unternehmen Bedingungen, die mindestens die in Anlage 4 aufgeführten Regelungen enthalten.

12. Mit Abschluß eines ordnungsgemäßen Bezahlvorganges mittels GeldKarte an zugelassenen GeldKarten-Terminals erwirbt das Unternehmen eine Garantie gegen das kartenausgebende Kreditinstitut in Höhe des getätigten Umsatzes.

13. Um die Sicherheit des Systems zu gewährleisten, führen die angeschlossenen Kreditinstitute geeignete Maßnahmen durch, um festzustellen, ob

- Einreichungen gefälschter bzw. verfälschter Umsätze
- Mehrfacheinreichungen von Umsätzen
- Systemanangriffe wie z.B. Laden von GeldKarten ohne vorhergehende Autorisierung
- unberechtigte Reklamationen

vorkommen. Mit den vorgenannten Prüfungen beauftragen die angeschlossenen Kreditinstitute regelmäßig eine Börsenevidenzzentrale. Als beauftragte Stelle (Börsenevidenzzentrale) können nur solche Institutionen tätig werden. die zu einer Kreditinstitutsgruppe gehören oder von der Kreditwirtschaft getragen werden. Die Tätigkeit als Börsenevidenzzentrale darf aufgenommen werden, wenn die Voraussetzungen aus Abschnitt 3 Nr. 4.6.3 (Teil I) des „Technischen Anhangs" erfüllt sind und der Börsenevidenzzentrale hierüber eine Mitteilung der Vertragspartner oder einer von diesen beauftragten Stelle vorliegt.

14. Zur Weiterleitung der bereichsübergreifenden Transaktionen bildet jeder Vertragspartner eine „Börsenevidenzzentrale – Übergabestelle". Die einzelnen Börsenevidenzzentralen . jedes Bereiches kommunizieren mit den Börsenevidenzzentralen der anderen Bereiche nur aber die Übergabestelle des jeweiligen Bereiches.

15. Die in den Einzug der Umsätze eingeschalteten Institute sind verpflichtet, die jeweiligen Einzelumsätze in Sammellastschriften einzuziehen; die Aggregierung erfolgt jeweils über die von dem Kreditinstitut des Unternehmens beauftragte Börsenevidenzzentrale. zu erfüllenden Aufgaben sind im „Technischen Anhang" beschrieben.

Die Börsenevidenzzentrale sowie die sie beauftragenden Kreditinstitute haben sich auf Verrechnungsbanken zu verständigen. Der Einzug von GeldKarten-Umsätzen durch die Kreditinstitute der Unternehmen beim kartenausgebenden Kreditinstitut erfolgt ausschließlich über die jeweils zuständigen Verrechnungsbanken. Die eingeschalteten Börsenevidenzzentralen haben sicherzustellen, daß den jeweils zuständigen Börsenevidenzzentralen der kartenausgebenden Institute ein Abgleich zwischen dem Betrag der eingezogenen Lastschrift und der zugrunde liegenden Einzelumsätze möglich ist, indem sie die dafür erforderlichen Daten zur Verfügung stellen.

16. Durch diese Vereinbarung ermächtigen sich die angeschlossenen Kreditinstitute zum Einzug
   - von Forderungen der Unternehmen, die durch den ordnungsgemäßen Einsatz dieser Karten an GeldKarten-Terminals begründet worden sind,
   - der Beträge, die gegen andere Zahlungsmittel (Karten oder Bargeld) auf die GeldKarte aufgeladen werden,
   - der Entgelte gemäß Ziffer 10, Satz I

   mittels Lastschrift im Einzugsermächtigungsverfahren.

   Die Institute lösen die genannten Lastschriften unverzüglich ein. Eine Rückgabe dieser Lastschriften wegen Widerspruchs, fehlender Deckung oder aus anderen Gründen im Sinne des Abkommens über den Lastschriftverkehr ist nicht möglich.

17. Die Vertragspartner unterhalten einen Arbeitsstab, der für alle Fragen zuständig ist, die im Zusammenhang mit dem System GeldKarte und dieser Vereinbarung auftreten. Die angeschlossenen Kreditinstitute haben die Beschlüsse des Arbeitsstabes zu befolgen.

   Werden gefälschte oder verfälschte Karten verwendet Oder werden auf sonstige Weise angebliche GeldKarten-Umsätze mißbräuchlich generiert, so bezahlt das im Datensatz der Lastschrift als kartenausgebendes Kreditinstitut benannte Kreditinstitut die Forderung des Unternehmens. Schädenm die im Interesse des Systems GeldKarte abgedeckt werden müssen und deren Übernahme dem einzelnen angeschlossenen Kreditinstitut nicht zugemutet werden kann, werden zwischen den Vertragspartnern ausgeglichen. Dies gilt auch für den Fall daß Dritte Rechte an der Konzeption GeldKarte der deutschen Kreditwirtschaft geltend machen. Die näheren Einzelheiten sowie insbesondere der Schlüssel zur Umlage derartiger Schäden werden vom Arbeitsstab festgelegt. Die Aufteilung auf die einzelnen angeschlossenen Kreditinstitut bleibt internen Regelungen durch die einzelnen Vertragspartner vorbehalten.

18. Änderungen dieser Vereinbarung beschließen die Vertragspanner auf Anregung des Arbeitsstabes. Änderungen des „Technischen Anhanges" werden durch den Arbeitsstab beschlossen. Die Änderungen werden für die angeschlossenen Kreditinstute verbindlich, wenn diese den Änderungen nicht binnen einer Frist von einem Monat nach deren Bekanntgabe widersprechen; auf die Möglichkeit des Widerspruches werden die angeschlossenen Kreditinstitute bei der Bekanntgabe der Änderung besonders hingewiesen. Widerspricht ein angeschlossenes Kreditinstitut einer Änderung der Vereinbarung, die bei der Bekanntgabe ausdrücklich als wesentlich bezeichnet worden ist, so scheidet es mit dem Zeitpunkt des Inkrafttretens dieser Änderung aus dem System GeldKarte aus. Hinsichtlich der Beträge, die bereits in die GeldKarte des ausscheidenen Kreditinstituts eingeladen worden sind, gelten die vertraglichen Verpflichtungen aus dieser Vereinbarung unbeschadet des Ausscheidens fort.

19. Diese Vereinbarung kann von jedem Vertragspartner mit einer Frist von 24 Monaten zum Ende eines jeden Monats gekündigt werden. Jedes angeschlos-

sene Kreditinstitut kann seine Teilnahme ebenfalls mit einer Frist von 24 Monaten zum Ende eines jeden Monats kündigen.

Es haftet unbeschadet der Kündigung für Forderungen und Schäden, die durch die Benutzung der von ihm ausgegebenen und an GeldKarten-Terminals einsetzbaren Karten entstanden sind sowie für sonstige Schäden nach Maßgabe der Nr. 17 in Verbindung mit der jeweiligen bereichsinternen Regelung zur Verteilung der Kosten auf die einzelnen angeschlossenen Kreditinstitute.

Kündigungen haben durch eingeschriebenen Brief gegenüber dem im Zentralen Kreditausschuß federführenden Verband zu erfolgen. Kündigt ein angeschlossenes Kreditinstitut, so ist die Erklärung über den zuständigen Vertragspartner an den im Zentralen Kreditausschuß federführenden Verband zu richten. Dieser hat die Kündigung den übrigen Vertragspartnern unverzüglich anzuzeigen. Wird diese Vereinbarung von einem Vertragspartner gekündigt, so kann sich jeder andere Vertragspartner dieser Kündigung innerhalb einer Nachfrist von drei Monaten anschließen.

20. Diese Vereinbarung tritt am 1. Oktober 1996 in Kraft.

(Bundesverband der Deutschen Volksbanken und Raiffeisenbanken e. V.)	(Bundesverband deutscher Banken e.V.)
(Deutscher Sparkassen- und Giroverband e.V.)	(Verband öffentlicher Banken e.V.)

Anlagen

1) Verzeichnis der Karten. die mit der GeldKarten-Funktion ausgestattet werden können
2) GeldKarte-Logo
3) Bedingungen für die Verwendung der ec-Karte
4) Bedingungen für die Teilnahme am System „GeldKarte"

Anlage 1
zur Vereinbarung über
das institutsübergreifende System „GeldKarte“

Zugelassene Karten

An Terimals des GeldKarte-Systems der deutschen Kreditwirtschaft können folgende Karten mit Chip eingesetzt werden:

1. eurocheque-Karten (ec-Karten), die von den deutschen Kreditinstituten ausgegeben werden.

2. Sonstige Karten („Kundenkarten“)

   - BANKCARD der Volksbanken und Raiffeisenbanken
   - S-Card der Sparkassen und Girozentralen
   - Kundenkarte der Deutsche Bank AG
   - Dresdner ServiceCard
   - Postbank Card

3. Weitere Karten können vom Lenkungsausschuß „Chipkarte“ des Zentralen Kreditausschusses (ZKA) zugelassen werden.

Anlage 2
zur Vereinbarung
über das institutsübergreifende System „GeldKarte"

GeldKarte-Logo

Anlage 3
Neufassung der Bedingungen für ec-Karten

(abgedruckt als Anhang III zum Beitrag *Grundmann*, S. 83 ff.)

Anlage 4
Bedingungen für die Teilnahme am System „GeldKarte"

1. Das Unternehmen nimmt am System GeldKarte der deutschen Kreditwirtschaft nach Maßgabe dieser Bedingungen teil. Hierzu erhält es von seinem Kreditinstitut eine Händlerkarte oder eine entsprechende Software, die die erforderlichen Authentifikationsschlüssel der Kreditwirtschaft und eine entsprechende Kennung (in der Regel die Kontonummer) bei seinem Kreditinstitut enthält, so daß die GeldKarten-Umsätze dem Unternehmen gutgeschrieben werden können.

   Alle dem Unternehmen zur Verfügung gestellten Medien bleiben im Eigentum des Kreditinstituts. Die Medien dürfen nicht zu anderen Zwecken als zur Durchführung der vorgesehenen Zahlungsverkehrsanwendungen verwendet werden. Das Unternehmen hat alles zu unterlassen, was die Sicherheit oder den ordnungsgemäßen Ablauf des Systems GeldKarte beeinträchtigen könnte.

2. Das Unternehmen ist verpflichtet, nur solche GeldKarten-Terminals einzusetzen, die von der Kreditwirtschaft zugelassen sind. Das Unternehmen hat sich die Zulassung vom Hersteller des Teriminals nachweisen zu lassen.

3. An seinen GeldKarten-Terminals akzeptiert das Unternehmen die von den deutschen Kreditinstituten emittierten ec-Karten sowie die sonstigen in Anlage 1 aufgelisteten Karten zu Barzahlungspreisen und -bedingungen.

   Die Verwendung von Karten anderer Systeme an den GeldKarten-Terminals des Unternehmens ist hiervon unberührt, soweit die ordnungsgemäße Verarbeitung der in Satz 1 genannten Karten nicht beeinträchtigt ist.

4. Mit Abschluß eines ordnungsgemäßen Bezahlvorganges mittels GeldKarte an zugelassenen GeldKarten-Terminals erwirbt das Unternehmen eine Garantie gegen das kartenausgebende Kreditinstitut in Höhe des getätigten Umsatzes.

5. Für den Betrieb des GeldKarten-Systems und die Garantie wird dem Unternehmen ein Entgelt in Höhe von 0,3% mindestens 0.02 DM je Umsatz berechnet.

6. Der Händler ist verpflichtet, alle GeldKarten-Umsätze bei seinem Kreditinstitut oder einer von diesem benannten Stelle einzureichen. Um die Sicherheit des Systems zu gewährleisten und um zu verhindern, daß z. B. gefälschte oder verfälschte Umsätze bzw. Umsätze mehrfach eingereicht werden, prüft das Kreditinstitut oder die beauftragte Stelle die Ordnungsmäßigkeit der eingereichten Umsätze. Stellt es dabei keine Fehler fest, werden die Umsätze zum Einzug freigegeben.

7. Das Unternehmen hat auf das GeldKarten-System mit dem zur Verfügung gestellten Logo deutlich hinzuweisen. Dabei darf das Unternehmen ein Kreditinstitut oder eine Kreditinstitutsgruppe werblich nicht herausstellen.

   Sobald ein Unternehmen an dem System GeldKarte der deutschen Kreditwirtschaft nicht mehr teilnimmt, ist es verpflichtet, sämtliche Akzeptanzzeichen, die auf das System GeldKarte hinweisen, zu entfernen.

8. Änderungen dieser Bedingungen werden dem Unternehmen schriftlich bekanntgegeben. Sie gelten als genehmigt, wenn das Unternehmen nicht schriftlich Widerspruch erhebt. Auf diese Folge wird das Unternehmen bei einer Bekanntgabe der Änderung besonders hingewiesen. Der Widerspruch des Unternehmens muß innerhalb eines Monats nach Bekanntgabe der Änderung an das kontoführende Kreditinstitut abgesandt sein.

Aktuelle Rechtsfragen des kartengestützten Zahlungsverkehrs

Reinfrid Fischer, stellv. Geschäftsführer und Leiter der Abteilung Recht und Steuern des Deutschen Sparkassen- und Giroverbandes e.V., Bonn

Inhaltsübersicht

I. Neue Wege im Zahlungsverkehr

Bestimmend für die aktuellen Entwicklungen im kartengestützten Zahlungsverkehr ist ein stark verschärfter und innovativer Wettbewerb ausgelöst durch eine rasante technische Entwicklung. Dabei geht es nicht nur um den Wettbewerb zwischen den Kreditinstituten z.B. durch das Aufkommen neuer Angebotsformen wie Direktbanking, Telefonbanking, die Nutzung von Internet oder Cybercash. Auch Nichtbanken aus verschiedenen Branchen drängen mit neuen Angebotsformen auf den Markt – besonders im Wertpapier- und Anlagegeschäft. Für die Kreditinstitute sind dabei das Girokonto und die Karte ein entscheidender Schlüssel für die Kundenakquisition, denn „wer die Karte ausgibt, hat auch den Kunden".

Im Kartenbereich erhielten die Kreditinstitute mit der 6. KWG-Novelle allerdings kürzlich ein Geschenk des Gesetzgebers. Geldkarten dürfen nur von Kreditinstituten ausgegeben werden. Dies hat zwar gute Gründe, wird aber von anderer Seite als wettbewerbswidriger Schutzgarten angesehen. So hat die Kommission am 29. Juli 1998 den Entwurf einer Richtlinie beschlossen, derzufolge auch Nichtbanken die Ausgabe von Geldkarten gestattet werden soll.[1] Die Mitgliedstaaten sind hier uneins. Während einige Mitglieder von Nichtbanken zum Kartengeschäft votieren, hat sich das Europäische Währungsinstitut (EWI) in einer Stellungnahme dafür ausgesprochen, Zahlungsverkehrsfunktionen nur Instituten zu erlauben, die der 1. Bankrechts-Koordinierungsrichtlinie unterfallen.

Zahlungsvorgänge werden dennoch durch vielerlei Kundenkarten des Handels und anderer Unternehmen generiert. Diese Kundenkarten, bei denen sich der Leistungsaustausch nur zwischen zwei Parteien – nämlich dem Kartenausgeber und dem Kunden – vollzieht, fallen nicht unter das Verdikt des KWG, nach dem das Zahlungskartengeschäft die Kreditinstitutseigenschaft voraussetzt.[2] In näherer Zukunft ist außerdem damit zu rechnen, daß unmittelbare Zahlungs- und Leistungsaustauschsysteme über Internet weitere Verbreitung finden können.

Weiterhin hat der Handel ein System entwickelt, wie er die von den Kreditinstituten für den Zahlungsverkehr aufgebaute Infrastruktur nutzen

---

1 Arbeitsdokument XV/105/98 der EU-Kommission zur Beaufsichtigung der Tätigkeit, elektronisches Geld ausgebender Institute – noch Entwurfsfassung.

2 § 1 Abs. 1 Nr. 11 KWG.

kann, ohne dafür deren Preise bezahlen zu müssen. Dies kann man zwar als Ausbeutung fremder Leistung oder unerlaubte Selbstbedienung bezeichnen. Die Kreditwirtschaft hatte dagegen aber kaum ein Mittel und hat durch Entwicklung des POZ-Verfahrens versucht, wenigstens Teile dieses Zahlungsverkehrssegments zu sehr niedrigen Preisen zurückzugewinnen.

Neu ist auch, daß die Preispolitik im Wettbewerb um den Zahlungsverkehrskunden eine immer größere Rolle spielt. Eine Reihe von Instituten bietet das Girokonto kostenlos oder zumindest scheinbar kostenlos an. Bei Automatenzahlungen gibt es mit den sog. Heimatbankmodellen Vereinbarungen, nach denen die Kunden der gleichen Gruppe, also Kunden von Sparkassen oder von Kreditgenossenschaften oder die Kunden der Großbanken, die Geldautomaten der Institute der gleichen Gruppe kostenlos oder zu einem sehr niedrigen Preis nutzen können. Andererseits hat die Sparkassenorganisation mit der Kündigung der Höchstentgeltvereinbarung für die institutsübergreifende Nutzung der Geldautomaten den Wettbewerb an der Preisfront noch ausgeweitet. Dies wird im folgenden noch näher erläutert.

Schließlich ändert sich die Zahlungsverkehrslandschaft durch sich rapide entwickelnde neue Techniken und Transportwege. Das eurocheque-System ist fast überholt, den Geldkarten in der Form der Multifunktionskarte und Internetbanking gehört die Zukunft – jedenfalls so lange, bis wieder etwas Neueres erfunden ist. Die Multifunktionskarte würde – konsequent genutzt – schon heute Bargeld im Alltag nahezu überflüssig machen. Neben Zahlungsfunktionen einschließlich der Kleingeldbörse kann ein multifunktionaler Chip beliebige Zusatzanwendungen speichern. So kann der Karteninhaber zum Beispiel seine Monatskarte der Straßenbahn, seine Dauerparkberechtigung oder die Einlaßkontrolle für seinen Arbeitsplatz dort speichern. Neuestes Projekt ist das Zahlen mit der Kreditkarte im Internet, das als Pilotversuch demnächst gestartet werden soll.

Mit der schnellen technischen Entwicklung gewinnt aber auch das Sicherheitsthema an Bedeutung. Dies hat teils psychologische Gründe, weil alles Neue erst einmal Ängste verursacht. Sicherheit und Zahlungsverkehr hat der Titel einer neuen Broschüre der Verbraucherverbände in dem Wortspiel zusammengefaßt: „Bargeldlos zahlen – mit Sicherheit unsicher?“. Trotz hohen Sicherheitsbedürfnisses müssen die Sicherheitssysteme für den Kunden einfach handhabbar sein. Die Kosten spielen dabei offenbar nur eine untergeordnete Rolle. Die deutsche Kreditwirtschaft stellt bislang keinen Kosten-/Nutzenvergleich darüber auf, ob der hohe Aufwand zur Optimierung der Sicherheit in einem angemessenen Verhältnis zu potentiellen Schadensfällen bei geringeren Sicherheitsanforderungen steht. Andere Länder und andere Systeme sehen dies lockerer, investieren weniger in Sicherheit, erstatten Schäden großzügiger und nehmen in Kauf, daß sie dabei auch betrogen werden.

Die Entwicklung neuer Techniken und (nahezu) perfekter Sicherheitsstandards wird durch Techniker auf der anderen Seite – organisierte Kriminalität, begabte kriminelle Individualisten und Hobbyhacker – laufend in Atem gehalten. Jüngst warb sogar ein Software-Hersteller mit den illegalen Nutzungsmöglichkeiten seines Programms, mit dem man Kreditkarten manipulieren kann. Auch darauf wird noch näher eingegangen.

Die ständige Suche der Kreditwirtschaft nach immer neuen Methoden zur Absicherung ihrer Zahlungsverkehrstechniken erinnert an den Wettlauf zwischen Hase und Igel. Bekanntlich gewinnt der Igel den Wettlauf durch sein Geschick. Bisher kann man noch immer die Kreditwirtschaft mit dem Igel gleichsetzen. Allerdings hinkt der Vergleich, weil sich der Igel bei dem Wettlauf in der Fabel nicht von der Stelle bewegt, während die Kreditinstitute sich sehr viel bewegen müssen, wollen sie der technischen Intelligenz der Kriminellen oder der Hobbyhacker immer einen Schritt voraus sein. Jüngstes Beispiel ist die Sicherheit der ec-PIN. Zwar ist es bislang – trotz gegenteiliger Behauptungen – nicht gelungen, die PIN zu „knacken". Aber Unaufmerksamkeit des Kunden, die sich letztlich kaum vermeiden läßt, und raffinierte Ausspähmethoden ermöglichen eben doch Mißbrauch.

II. Änderung der Entgeltstrukturen im Geldautomatensystem

1. Kündigung der Preisvereinbarung

Ein bewegtes Thema ist derzeit der Streit über die Preise für die Benutzung von Geldautomaten. Bekanntlich können die Kunden auch die Geldautomaten fremder Banken benutzen. Rechtsgrundlage hierfür ist die zwischen den Spitzenverbänden des Kreditgewerbes getroffene Vereinbarung über das deutsche ec-Geldautomatensystem (GAA-Pool-Vereinbarung[3]). Ergänzend wurde eine Vereinbarung über die Festsetzung einer Höchstgebühr für die

3 Vgl. Anlage 1.

institutsübergreifende Automatenbenutzung[4] getroffen. Diese letztere Vereinbarung hat der Deutsche Sparkassen- und Giroverband zum März 1997 gekündigt. Wirtschaftlicher Hintergrund ist der verschärfte Wettbewerb in der Kreditwirtschaft, besonders auch zwischen den klassischen Vertriebssystemen über flächendeckende Zweigstellennetze und den filiallosen Direktbanken. Die Sparkassen, die mit ca. 17.500 Automaten über das mit Abstand größte Automatennetz verfügen, wollten ihre Automaten nicht mehr Instituten ohne eigene oder nur mit sehr wenigen Automaten kostengünstig zur Verfügung stellen. Auch unabhängig davon war im Rahmen des verschärften Wettbewerbes beabsichtigt, eigene Stärken im Bereich der Geldautomatendichte wettbewerblich besser zu nutzen, indem den eigenen Kunden der kostenlose, fremden Kunden ein verteuerter Zugang geboten werden sollte – auch deshalb, um für bisher fremde Kunden einen Punkt an Attraktivität zu gewinnen. Mit Freigabe der Preise sollte ein Wettbewerb initiiert werden, der allerdings auch zu einer Absenkung der Preise führen könnte, nämlich wenn preisbewußte Kunden sich auf die günstigen Automaten konzentrieren und die teuren Automatenanbieter nichts mehr verdienen.

Das Konzept der Preisfreigabe ist vom Rest der Kreditwirtschaft im Ergebnis abgelehnt worden. Zwischenzeitlich wurden zwar verschiedene Preismodelle erörtert, so z.B. eine Lösung, nach der der alte Preis nur für Institute, bei denen die Gegenseitigkeit gewährleistet war, gelten sollte. Man hatte sich auch auf einen Kompromiß eines auf 7 DM angehobenen Höchstentgelts geeinigt. Dies scheiterte aber letztlich am Bundeskartellamt, das wegen grundsätzlicher Bedenken nicht mehr bereit war, irgendeine neue Preisvereinbarung kartellrechtlich zu akzeptieren.

Der Rest der Kreditwirtschaft bestritt die Rechtswirksamkeit der Kündigung. Die Vereinbarung über ein Höchstentgelt sei integraler Bestandteil der Geldautomatenvereinbarung. Dort sei aber eine Kündigung von 24 Monaten vereinbart. Diese Frist würde im November 1998 ablaufen. Aber auch dies sei fraglich, da man in einem solchen Vertragssystem nicht eine wesentliche Leistungspflicht – nämlich den Preis – isoliert kündigen könne. Demgegenüber verweisen die Sparkassen auf die auch äußerlich gesondert getroffene Vereinbarung – eine selbständige Teilregelung –, die mehrfach – unabhängig von der GAA-Vereinbarung – geändert wurde. Für sie gelte

4 Vgl. Anlage 1, Fußnote 1 zu Ziffer 7.

die gesetzliche Kündigungsfrist. Es liege auch nahe, daß bei einem so wettbewerbsrelevanten Faktor wie dem Preis keine 24 Monate dauernde Bindung gewollt oder zumutbar sein könne. Hilfsweise könne man sich auf das außerordentliche Kündigungsrecht nach § 13 GWB berufen, da es sich um eine Kartellvereinbarung handelt. Der Streit eskalierte Anfang 1997 zu gerichtlichen Auseinandersetzungen, die aber keine verläßliche Klärung brachten.

Alle Parteien wollen nach wie vor ihre Automaten für die anderen Kunden zugänglich halten. Es stellt sich daher die Frage, ob dies nur möglich ist, wenn eine Vereinbarung über die Preise fortbesteht oder ob dies auch in einem offenen, dem Wettbewerb überlassenen Preissystem möglich ist. Dazu müßte bilateral zwischen den an einer Automatenverfügung beteiligten Instituten unmittelbar eine verbindliche Preisfestsetzung erfolgen.

2. Preisvereinbarung ohne Rahmenregelung

Grundlage für Betrieb und Weiterentwicklung des deutschen ec-Geldautomatensystems ist die zwischen den Spitzenverbänden der deutschen Kreditwirtschaft abgeschlossene „Vereinbarung über das deutsche ec-Geldautomatensystem“ [5] in der Fassung vom 1.1.1995 nebst den dazugehörigen Anlagen, in denen verfahrenstechnische Fragen geregelt sind, wie beispielsweise den „Richtlinien für das deutsche ec-Geldautomatensystem“ [6].

Wenn die Preisvereinbarung, sei es aufgrund einer wirksamen Kündigung jetzt oder künftig oder zum Beispiel durch das mögliche Verbot des Bundeskartellamtes, entfällt, besteht zwar nach wie vor die Verpflichtung, die Automaten den gegenseitigen Kunden weiterhin zur Verfügung zu stellen. Der Umfang der geschuldeten Gegenleistung – das Entgelt – ist jedoch ungeregelt.

Eine Reihe von Sparkassen hat nach der Kündigung die anderen Institute angeschrieben und diesen die neuen Preise mitgeteilt. Diese haben teilweise ausdrücklich erklärt, daß sie einen Preis über 4 DM bzw. 1% des Verfügungsbetrages nicht akzeptieren. Teilweise haben sie die Lastschriften insgesamt oder nur in Höhe des überschießenden Entgeltbetrags zurückgeschickt. Einige Sparkassen haben die Rücklastschriften wieder zurück-

5 Siehe Anlage 1.
6 Anlage 2 zu der Vereinbarung über das deutsche ec-Geldautomatensystem.

belastet, ohne daß dies weitere Reaktionen auslöste hat. Andere Sparkassen haben heftiger reagiert und die Automaten für Kunden von Rücklastschriftinstituten gesperrt.

Abgesehen vom Fall der Automatensperre besteht zwar nach wie vor eine Einigung darüber, daß der Automatenbetreiber zur Erbringung der im Rahmenvertrag geregelten Dienstleistung – also der Öffnung seiner Automaten für die Kunden jeden anderen Institutes – bereit ist. Über die Gegenleistung besteht aber kein Einvernehmen, sondern die ausdrückliche Erklärung des einen Teils, nur zu einem bestimmten Preis leisten zu wollen und des anderen Teils, dieses nicht zu akzeptieren. Es liegt also ein offener Dissens i.S. von § 154 Abs. 1 Satz 1 BGB vor, an dem üblicherweise ein Vertragschluß scheitert.

Trotzdem wird das Geschäftsbesorgungsverhältnis – abgesehen von den Fällen gesperrter Automaten – weiterhin angeboten und vermittels entsprechender Verfügungen der Fremdkunden angenommen. Beide Parteien verhindern also trotz des offenen Dissenses die Vertragsabwicklung nicht, obwohl sie es beide könnten – nämlich der Automatenbetreiber durch Sperrung und das kartenausgebende Institut zumindest durch das Verbot an seine Kunden, Automaten zu nutzen, bei denen ein bestimmtes Preisniveau überschritten wird. Da beide Parteien den an sich unvollständigen Vertrag trotz des offenen Dissenses erfüllen, ist § 154 Abs. 1 BGB nach wohl herrschender Meinung nicht anwendbar[7].

In Betracht kommt, die vertragliche Lücke durch § 612 BGB oder § 315 BGB zu schließen. Eine lückenfüllende analoge Anwendung scheitert aber daran, daß eine Partei von vornherein ihre Preisvorstellung erklärt hat. Weder § 612 Abs. 2 BGB noch § 315 BGB eignen sich dafür, einen offenen Dissens zu beseitigen. Jedoch vermittelt der Kunde das Geschäftsbesorgungsverhältnis zwischen den beteiligten Banken. Er entscheidet, wieviel er zu welchem Zeitpunkt bei welchem Automaten abheben will. Er sieht den Preis auf dem Preisaufkleber. Trifft er mit Hilfe seiner Karte die entsprechenden Verfügungen, so löst dies nach den Richtlinien für das deutsche ec-Geldautomatensystem[8] eine unbedingte eigene Zahlungsverpflichtung seiner

7 BGH NJW 1981, 1727 (1728); a.A. unter Berücksichtigung des Dauerschuldverhältnisses BGHZ 51, 271 (273).

8 Einlösungspflicht der Lastschrift mit Ausschuß der Rückgabe – vgl. Ziff. 8 der Richtlinien.

Bank aus. Damit sind die typischen Merkmale einer Stellvertretung erfüllt. Zwar liegen die generellen Vertragsinhalte durch die Poolvereinbarung vor. Aber die Entscheidung, jetzt hier in Höhe eines bestimmten Betrages und zu einem aus dem Preisaufkleber ersichtlichen Preis zu verfügen, trifft der Kunde.

Im Ergebnis kann davon ausgegangen werden, daß mit vorbehaltsloser Aushändigung der ec-Karte die Bank ihrem Kunden erlaubt, auch an fremden Automaten Geld abzuheben. Sie erteilt ihm damit konkludent die Vollmacht, den in der Poolvereinbarung angelegten Geschäftsbesorgungsvertrag zwischen dem Automatenbetreiber und ihr selbst als ihr Stellvertreter zu vermitteln. Bei dieser Gelegenheit nimmt der Kunde das Angebot so an, wie es der Automatenbetreiber abgibt – also einschließlich des im Preisaufkleber ausgewiesenen Preises.

3. Einführung eines Kundenentgeltes

Zwischenzeitlich ist zur Beilegung des Streits in der Kreditwirtschaft überlegt worden, die Verträge so umzugestalten, daß eine Dienstleistung für den Kunden erbracht wird. Diese Rechtskonstruktion entspricht in etwa dem, was bei natürlicher Betrachtung von Bevölkerung und Öffentlichkeit vermutet würde. Bei wirtschaftlicher Betrachtungsweise müßte eigentlich der Kunde das automatenbetreibende Institut beauftragen, Geld von seinem Konto bei seiner Hausbank einzuziehen und hierfür ein Entgelt bezahlen. Nach dieser Rechtskonstruktion schließt der Fremdkunde, der am Geldautomaten verfügt, mit dem Automatenbetreiber einen Dienstvertrag mit Geschäftsbesorgungscharakter i.S. von § 675 BGB.

a) Kunde als Schuldner des Entgelts, Kartenemittent als Schuldner des Verfügungsbetrages

Mit der Nutzung des Automaten durch Einführen der Karte und Eingabe der PIN nimmt der Karteninhaber die Dienstleistung des Automatenbetreibers in Anspruch und beauftragt ihn, den Verfügungsbetrag von dem kartenausgebenden Institut einzuziehen. Die Ermächtigung zum Einzug dieses Betrages hat das Institut in Ziff. 8 Abs. 1 der „Richtlinien für das deutsche ec-Geldautomatensystem“ dem Geldautomatenbetreiber erteilt. Zugleich ermächtigt der Kunde mit Eingabe der PIN das automatenbetreibende Institut, den Entgeltbetrag direkt von seinem Konto per Lastschrift einzuziehen. Das dem Kunden für die Leistung in Rechnung gestellte Entgelt ergibt sich aus dem am Automaten angebrachten Preisaufkleber, der die Entgelte ausweist.

Das automatenbetreibende Institut zieht den Verfügungsbetrag vom kartenausgebenden Institut ein. Das kartenausgebende Kreditinstitut stellt nach wie vor die Einlösung des Verfügungsbetrages sicher.[9] Verfahrenstechnisch wird wie bisher nur eine Lastschrift generiert, die sich dann „gabelt", d.h., der Entgeltbetrag wird direkt dem Kundenkonto belastet, der Verfügungsbetrag zunächst einem Verrechnungskonto des Kartenemittenten.

Die zwischen dem kartenausgebenden Institut und dem Kunden bezüglich des Verfügungsbetrages bestehenden Rechte und Pflichten ergeben sich – wie bisher – aus dem Girovertrag und den Allgemeinen Geschäftsbedingungen.

b) Kunde als Schuldner von Verfügungsbetrag und Entgelt

Die zuvor dargestellte Variante weist an verschiedenen Stellen Schwächen auf:

Zunächst ist das Auseinanderfallen des Entgeltschuldners (= Karteninhaber) und des Schuldners des Verfügungsbetrages (= kartenausgebendes Institut) schwer zu begründen. Dadurch, daß die kartenausgebende Stelle Schuldnerin des Verfügungsbetrages ist, liegt der Schluß nahe, daß das geldautomatenbetreibende Institut nach wie vor als Erfüllungsgehilfe des kartenausgebenden Instituts bei der Barauszahlung an dessen Kunden tätig wird. Dann erbringt es aber eine Leistung an und für die Kartenemittentin, nicht für den Kunden. Folglich müßte es dann auch der kartenausgebenden Stelle das für die Leistung erhobene Entgelt in Rechnung stellen, nicht aber dem Kunden. Eine über die Zurverfügungstellung des Automaten zur Bargeldauszahlung hinausgehende Leistung, die ein (zusätzliches) Kundenentgelt rechtfertigen würde, erbringt der Geldautomatenbetreiber nicht.

Für die Variante, daß der Karteninhaber Entgelt und Verfügungsbetrag schuldet, spricht die Struktur der rechtlichen Beziehungen der an einer am

---

9 Vgl. Anlage 2 zu der „Vereinbarung über das deutsche ec-Geldautomatensystem", Ziff. 8.

Geldautomaten stattfindenden Fremdverfügung Beteiligten: Der Karteninhaber nimmt eine Dienstleistung des geldautomatenbetreibenden Instituts gem. §§ 611, 675 BGB in Anspruch und ermächtigt es zugleich, die Beträge (=Entgelt und Verfügungsbetrag) direkt von seinem Konto bei der kartenausgebenden Stelle im Lastschriftverfahren einzuziehen. Das kartenausgebende Institut ist beim Auszahlungsvorgang selbst nicht in das Leistungsverhältnis, sondern lediglich in die verfahrenstechnische Abwicklung eingeschaltet. Auch in den Kundenbeziehungen zwischen kontoführendem Institut und Karteninhaber könnte klargestellt werden, daß das kartenausgebende Institut die Zahlung des Verfügungsbetrages ggfs. auch die des Entgeltbetrages an den Geldautomatenbetreiber garantiert, der Widerspruch des Kunden gegen die Belastung seines Kontos mit dem Betrag deshalb ausgeschlossen ist. Damit würde eine dem eurocheque-Garantie-Verfahren entsprechende Rechtslage bestehen.[10] Dies hat die praktische Konsequenz, daß sich der Kunde bei Reklamationen im Zusammenhang mit der Geldautomatenauszahlung – wie bisher auch – mit seinem Institut auseinanderzusetzen hat, wenn es gegen ihn den Aufwendungsersatzanspruch aus der Garantie geltend macht.

Vertiefte Überlegungen zu diesen Lösungsansätzen erübrigen sich aber gegenwärtig, da in der Sparkassenorganisation der Abschluß einer Vereinbarung, bei der der Kunde das Entgelt unmittelbar schuldet, keine Zustimmung gefunden hat.

4. Sonstige Entgeltfragen: Auslandseinsatz von Kreditkarten – Epilog aus Brüssel

Am 14. Oktober 1997 hat der BGH entschieden, daß ein in Allgemeinen Geschäftsbedingungen für den Einsatz von Kreditkarten im Ausland vorgesehenes gesondertes Entgelt zulässig ist.[11] Anlaß des Rechtsstreits war die Klage des Verbraucherschutzvereins Berlin gegen die Barclays Bank. Diese hatte in ihren AGB ein gesondertes Entgelt in Höhe von 2,39% für den Auslandseinsatz der Kreditkarte vorgesehen. Im Gegensatz dazu gelangt nach Auffassung des 11. Zivilsenats des BGH das AGB-Gesetz schon nicht

10 Vgl. Abschnitt III Ziff. 1.6 der „Bedingungen für die Verwendung der ec-Karte".

11 BGH WM 1997, 2244 ff.

zur Anwendung: Die in den Allgemeinen Geschäftsbedingungen der Beklagten enthaltene Klausel über die Berechnung einer gesonderten Vergütung für den Auslandseinsatz von Kreditkarten sei gem. § 8 AGBG einer Inhaltskontrolle i. S. d. §§ 9 bis 11 AGBG entzogen. Denn es handle sich um eine vertragliche Hauptleistungspflicht und den dafür zu zahlenden Preis, mithin nicht um eine nach dem AGB-Gesetz kontrollfähige (Preis-) Nebenabrede. Deshalb obliege es grundsätzlich jedem Kartenausgeber, in eigener Verantwortung Art und Umfang der von ihm angebotenen Leistungen sowie die Bemessung des Entgelts zu bestimmen.

Der Europa-Parlamentarier Klaus-Heiner Lehne (PPE) hat in einer Anfrage an die EU-Kommission vom 1. Oktober 1997[12] – also noch vor Erlaß des BGH-Urteils – auf die seines Erachtens unzulässige Erhebung von derartigen Entgelten durch die Kreditkartenemittentin hingewiesen und die Kommission um Mitteilung gebeten, was sie zu unternehmen gedenke, „damit diese europarechtswidrige und binnenmarktfeindliche Praxis schnellstmöglich unterbunden wird?“. Derartige Entgelte bauen nach seiner Auffassung eine „psychologische Barriere“ hinsichtlich Einkäufen mit Kreditkarten im Ausland auf. Darin liege eine Beeinträchtigung des Binnenmarktes und eine Diskriminierung des grenzüberschreitenden Waren- und Zahlungsverkehrs.

Die Kommission teilt in ihrer Antwort vom 10. November 1997 zwar die Auffassung Lehnes, „(...) daß diese Gebühren eine psychologische Barriere schaffen könnten“. Die Frage, ob dies gegen das Gemeinschaftsrecht verstößt, sei an Art. 85 EG-Vertrag zu beurteilen, der Vereinbarungen oder abgestimmte Verhaltensweisen untersagt, die geeignet sind, „(...) den Handel zwischen Mitgliedstaaten zu beeinträchtigen (...) und eine Verhinderung, Einschränkung oder Verfälschung des Wettbewerbs innerhalb des Gemeinsamen Marktes bezwecken oder bewirken (...)“. Die Entgelte stellen nach Ansicht der Kommission keine Beschränkung des freien Dienstleistungsverkehrs (Art. 59 EG-Vertrag) bzw. des freien Kapital- und Zahlungsverkehrs (Art. 73 b EG-Vertrag) dar. Vielmehr entsprechen die Entgelte dem Preis der angebotenen Dienstleistung, wie er sich aufgrund von Angebot und Nachfrage bestimmt hat. Ein solches Vertrauen in die Funktionsfähigkeit von Markt und Wettbewerb wünscht man sich bei EG-Behörden, aber auch deutschen Gerichten häufiger.

---

12 Schriftliche Anfrage E-2980/97 vom 25.5.1998, ABl.EG 1998 C 158/23.

III. Sicherheit der Karten, neue Anwendungsformen

1. Software-Programm „Cards“ – Aufforderung zum Kreditkartenmißbrauch

Der Wettlauf um die Sicherheit der Kartenzahlungsverfahren hat mit der werblichen Aufforderung zum Kartenmißbrauch durch einen Software-anbieter eine neue Note bekommen. Inzwischen hat das Urteil des LG Frankfurt vom 4. Februar 1998[13] diesen Mißbrauch allerdings beendet. Gegenstand des Verfahrens war die Unterlassung der Werbung und des Vertriebs für das seit November 1997 im Handel erhältliche Software-Programm „Cards“ der SAD Vertriebs- und Produktionsgesellschaft. Mit diesem Programm ist es möglich, Daten auf Magnetstreifen von Karten zu lesen und unter Einsatz eines zusätzlichen Kartenlese- und Kodiergerätes auf andere Karten zu kopieren. Lesbar und manipulierbar sollen dabei u.a. die Daten über die Gültigkeit der Karte (Laufzeit) und über das Tageslimit sein. Mit Hinweisen auf diese Manipulationsmöglichkeiten an Kreditkarten warb die Firma für ihr Produkt unter gleichzeitigem Hinweis auf die Strafbarkeit der mißbräuchlichen Nutzung des Programms:

> „Es stimmt: Eine gehörige Portion krimineller Energie, Cards, ein PC und ein Kartenlesegerät reichen aus, und die Kopiererei kann beginnen... Theoretisch ebenfalls möglich ist es, mit Cards das Limit der eigenen Kreditkarte heraufzusetzen, das Gültigkeitsdatum zu verändern oder den Nutzungszyklus derart zu frisieren, daß in kürzerer Zeit mehr Geld ausgegeben werden darf.“

Auf Antrag der Euro Kartensysteme erließ das Landgericht Frankfurt a.M. am 15.12.1997 eine einstweilige Verfügung, mit der der SAD die Werbung und der Vertrieb von „Cards“ untersagt wurde. Dieser Beschluß wurde mit o.g. Urteil vom 2. Februar 1998 bestätigt. Der Unterlassungsanspruch ergibt sich aus § 1 UWG unter dem Gesichtspunkt des Wettbewerbsvorsprungs durch Rechtsbruch. Der Vertrieb von „Cards“ stelle Beihilfe zum Computerbetrug (§§ 263 a, 27 StGB) und Beihilfe zum Mißbrauch von Scheck- und Kreditkarten dar (§§ 266 b, 27 StGB).

---

13 LG Frankfurt a.M., Az. 3-12 O 207/97.

2. Anscheinsbeweis zur Sicherheit des ec-PIN-Systems

Im Zusammenhang mit der Berichterstattung über die kriminelle Nutzungsmöglichkeit von „Cards" ist die Frage nach der Sicherheit des PIN-Systems wieder zur Sprache gekommen. Einen wesentlichen Beitrag zu Fehlvorstellungen über die Sicherheit des PIN-Systems hat die von Verbraucherschützern und Medien teilweise falsch interpretierte Entscheidung des OLG Hamm vom 17. März 1997[14] geleistet.

a) Bisherige Rechtsprechung

Bis zu dieser zitierten Entscheidung galt nach ständiger Rechtsprechung der Beweis des ersten Anscheins für die Sicherheit des PIN-Systems. Das kartenausgebende Institut führte den Beweis des ersten Anscheins durch die Vorlage der Geldautomatenprotokolle und den Nachweis der Systemsicherheit bei der Berechnung der PIN. Die PIN selbst ist nicht auf dem Magnetstreifen gespeichert.[15] Sie wird aus kartenindividuellen Daten errechnet (Teil der Bankleitzahl, Kontonummer, Kartenfolgenummer), die auf dem Magnetstreifen enthalten sind. Diese Daten werden zunächst mit dem DES-Algorithmus verschlüsselt. Dabei handelt es sich um einen speziellen Verschlüsselungsalgorithmus,[16] der bisher eine Länge von 56 Bit aufwies. Ein ausschließlich dem kartenausgebenden Institut bekannter sog. Institutsschlüssel geht in die Berechnung ein. Die PIN wird sodann aus diesem Verschlüsselungsergebnis abgeleitet. Gibt der Karteninhaber die PIN unter Verwendung seiner Karte mittels Tastatur am Geldautomaten oder am electronic-cash-Terminal ein, wird die eingegebene PIN mit der anhand des Institutsschlüssels im online-Verfahren ermittelten PIN überprüft. Nur im Falle der Übereinstimmung sind weitere Transaktionen möglich. Ansonsten wird die Karte nach dem dritten Fehlversuch eingezogen oder mit einem Sperrvermerk versehen. Die technisch-organisatorische Ausstattung der Geldautomaten ermöglicht eine genaue Protokollierung jedes einzelnen Schrittes, den Automatenbenutzer und Automat bei einer Transaktion vornehmen. Demnach mußte davon ausgegangen werden, daß bei Verfügungen

14 ZIP 1997, 878.

15 Unbestritten; vgl. dazu Dr. *Ansgar Heuser*, Bundesamt für Sicherheit in der Informationstechnik, Gutachten vom 24.10.1997 zu LG Bonn, Az. 13 O 412/94.

16 DES = Data Encryption Standard.

mittels ec-Karte und dazugehöriger PIN der Berechtigte die Verfügung vorgenommen hat. Die Kreditinstitute als Beweispflichtige hatten lediglich den Tatbestand der Verfügung mittels ec-Karte und korrekter PIN anhand der Geldautomatenprotokolle darzulegen.

b) Urteil des OLG Hamm vom 17. März 1998 – Besonderheit des Falles

Das Urteil des OLG Hamm schien zunächst eine Kehrtwende in der Rechtsprechung zur mißbräuchlichen Verwendung von Karten und PIN einzuläuten. In seiner Entscheidung vertritt das Gericht die Auffassung, daß bei einem Mißbrauch der Karte unter Benutzung der PIN grundsätzlich kein Anscheinsbeweis dafür besteht, daß der Karteninhaber dem mißbräuchlichen Verwender die Kenntnis der PIN durch pflichtwidrigen Umgang mit der PIN verschafft haben muß. Das Gericht sah die Möglichkeit eines „intelligenten Erratens" oder einer Entschlüsselung der PIN als nicht mehr ausgeschlossen an. Als weiteres Argument für ihre Ansicht stützen sich die Richter auf die Besonderheit des Falles: Der Karteninhaber hat die ihm 1982 mitgeteilte PIN nach seinen Angaben nie verwandt, und auch in den Kontounterlagen des beklagten Instituts ließen sich keine entsprechenden Verwendungsnachweise finden.

c) Rechtsprechung nach OLG Hamm: Weiterentwicklung und status quo ante

Mittlerweile stellt sich das OLG Hamm-Urteil als „Ausnahme" dar, dem die Amts- und Landgerichte, die in der Folgezeit gleichgelagerte Sachverhalte zu beurteilen hatten, in der Regel nicht gefolgt sind.[17] Teilweise finden sich in den Entscheidungsgründen ausdrückliche Bezugnahmen auf das Urteil des OLG Hamm mit dem Ergebnis, daß sich das erkennende Gericht dieser Auffassung nicht anschließt.

Gerade aufgrund der oftmals eingeholten Sachverständigengutachten sehen die Gerichte den Anscheinsbeweis für die Sicherheit des PIN-Systems

---

17 Vgl. beispielsweise allein die veröffentlichten Urteile: AG Wuppertal WM 1997, 1209; AG Hannover WM 1997, 1207; AG Charlottenburg WM 1997, 2082 und WM 1998, 1124; AG Essen WM 1998, 1127; AG Osnabrück WM 1998, 1127; AG Frankfurt a.M. NJW 1998, 687; AG Dinslaken WM 1998, 1126; LG Hannover WM 1998, 1123.

nach wie vor als gegeben an. Besonders deutlich wird das LG Hannover.[18] Bei den Hammer Sachverständigenausführungen zu evtl. Verbindungen des Täters zu kriminellen Organisationen handele es sich allenfalls um Vermutungen, die nicht durch die Anzahl der Mißbrauchsfälle von ec-Karten untermauert würden. Bemängelt wird von den Gerichten immer wieder die theoretische, teilweise spekulative Natur der gutachterlichen Ausführungen und die Weigerung, die Verfahren in der Praxis zu demonstrieren. Zum Teil beschränken sich die Gerichte zur Begründung ihrer im Gegensatz zum OLG Hamm stehenden Rechtsauffassung auch darauf, auf die unterschiedlichen Sachverhaltsumstände hinzuweisen.

Doch auch in anderer Hinsicht sind Weiterentwicklung und Wiederherstellung des status quo ante erfolgt. Mit – z.T. bereits erfolgter – Einführung des neuen PIN-Verfahrens wird ein „intelligentes Erraten“ oder eine Entschlüsselung der PIN auch nach den Sachverständigentheorien im Fall des OLG Hamm ausgeschlossen sein.[19] Es gibt keinen ZKA-weiten Pool-Schlüssel mehr. Die Schlüssel zur Prüfung der PIN werden ausschließlich institutsindividuell erzeugt und pro Verfalljahr gewechselt. Eine Ungleichverteilung der PIN auf den zugelassenen Zahlenbereich von 0001 bis 9999 findet nicht mehr statt. Die Schlüsselbreite des DES-Algorithmus beträgt anstatt bisher 56 Bit nunmehr 112 Bit. Außerdem erfolgt die Kontrolle von Echtheit der Karte und Richtigkeit der PIN nicht mehr am Automaten, sondern ausschließlich online im System. Mißbrauchsmöglichkeiten durch Manipulation der Kartendaten – beispielsweise der Limite oder des Fehlerzählens, der nicht mehr als 3 Fehlversuche zuläßt – sind damit ausgeschlossen. Auch das PIN-System als solches wurde neu konstruiert, so daß die Hacker wieder bei Null anfangen müssen.

3. „Wilde“ Lastschriften

a) Verselbständigung der Karten

Nicht zuletzt wegen der Einwände des Handels gegen das POZ-System (z.B. Kosten, Zeitaufwand der On-Line-Autorisierung) führte eine Warenhaus-

18 Urteil vom 16.3.1998, Az. 20 S 97/97, abgedruckt in WM 1998, 1123 f.

19 Vgl. beispielsweise *Werner Schindler*, BSI, in NJW-CoR 1998, 223 ff., „Die neuen PIN-Nummern der ec-Karten“, NJW-CoR-Gespräch.

kette (Peek & Cloppenburg) nach und nach ein eigenes POS-System ein, das mittlerweile weit verbreitet ist. Dieses Zahlungssystem basiert auf der ec-Karte. An der Kasse werden mittels Magnetstreifenleser die gespeicherten Daten der ec-Karte, insbesondere Kontonummer und Bankleitzahl, erfaßt. Der Kunde muß dann einen von der Kasse ausgedruckten ec-Lastschriftauftrag unterzeichnen. Damit ermächtigt der Kunde den Händler, den aufgeführten Betrag zu Lasten des genannten Kontos per Lastschrift einzuziehen. Anders als bei electronic cash besteht kein Zahlungsversprechen des kartenausgebenden Instituts zu Gunsten des Händlers. Zwischen Händler und Institut bestehen keinerlei Vertragsbeziehungen. Der Händler zieht einfach eine konventionelle Einzugsermächtigungslastschrift auf das Konto des Karteninhabers.

Theoretisch dürften Rechtsmittel der Kreditwirtschaft gegen diese Art der „Selbstbedienung" durch Handelsunternehmen möglich sein. Hauptansatzpunkt ist der markenrechtliche Schutz. Ec-Logos bzw. das Wort Euroscheck sind jeweils als Verbandsmarke für Europay (ehemals Eurocard und Euroscheck International) geschützt, so daß den Firmen die Verwendung des Logos nach § 15 Markengesetz untersagt werden kann. Weitere Ansprüche, die sich aus Untersagung des Verfahrens an sich richten, können sich aus § 1 UWG ergeben, sind aber rechtlich nicht eindeutig. So kann § 1 UWG zumindest unter dem Gesichtspunkt der Ausbeutung fremder Leistung sowie des fremden Rufes für eigene Zwecke in Betracht kommen. Zum einen haben Euroscheck International und deutsche Kreditinstitute mit großem Aufwand das ec-System aufgebaut. Zum anderen verbindet der Verbraucher, ausgehend von dem Bekanntheitsgrad des Systems, mit der Bezeichnung ec bzw. Euroscheck einen gehobenen Standard und ein besonderes Vertrauen in die bankmäßigen Dienste. Diese Fakten nutzen die Händler aus, indem der hohe Verbreitungsgrad und der gute Ruf der ec-Dienste diesem System zugrundegelegt werden. Das Kreditgewerbe hat sich aber nicht auf rechtliche Auseinandersetzungen mit den Händlern bezüglich der zweckwidrigen Verwendung der ec-Karte eingelassen.

Denn das System hat erhebliche Schwachpunkte auf Händlerseite. Einmal führt die unterlassene Abfrage der Sperrdatei zu Betrugsfällen mit gestohlenen Karten. Außerdem wird die Lastschrift bei unzureichender Bonität des Kunden nicht eingelöst. Zusätzlich kann der Kunde die Lastschriftbuchungen auf seinem Konto durch Widerspruch rückgängig machen. In diesen Fällen liegt es nahe, daß der Händler seine Forderungen geltend machen will. Um im Falle der Nichtbezahlung Name und Adresse des Kunden in Erfahrung zu bringen, lassen sich die Händler an der Kasse zusammen mit der automatisch erteilten Einzugsermächtigung noch eine Erklärung vom Kunden unterzeichnen, wonach bei Nichteinlösung der Lastschrift die Hausbank unwiderruflich angewiesen wird, Name und Anschrift des Kunden bekannt zu geben. Aufgrund dieser Erklärung erwarten die Händler nun von den Kreditinstituten, daß diese den Namen und die Adresse ihres Kunden herausgeben.

b) Auskunftsanspruch des Händlers außerhalb des POZ-Verfahrens?

Bei den Lastschriftverfahren außerhalb des POZ-Systems begründen die Anweisungen auf Auskunftserteilung, die sich die Händler von ihren Kunden unterzeichnen lassen, keinen verbindlichen Auskunftsanspruch gegen das kartenausgebende Institut. Es ist bereits zweifelhaft, ob die von den Händlern eingeholten Erklärungen eine wirksame Entbindung vom Bankgeheimnis bedeuten. Diese Erklärungen sind in der Praxis meist mit „Lastschriftverfahren/Einzugsermächtigung" überschrieben, so daß dem Kunden, der regelmäßig nur einen entsprechenden Lastschriftauftrag erteilen möchte, oft überhaupt nicht bewußt ist, gleichzeitig eine Entbindung vom Bankgeheimnis zu unterzeichnen. Außerdem bestehen gegen die Wirksamkeit solcher Erklärungen datenschutzrechtliche Bedenken.[20]

Aber selbst wenn man in der Klausel, die die Händler verwenden, eine wirksame Einwilligung in die Datenweitergabe sehen würde, wäre das Kreditinstitut nur berechtigt, nicht aber verpflichtet, Name und Anschrift seines Kunden weiterzugeben. Denn das girovertragliche Weisungsrecht des Kunden geht nicht so weit, daß er sein Kreditinstitut einseitig dahingehend verpflichten kann, sämtliche Anweisungen zu befolgen. Vielmehr sind die Erklärungen des Kunden gegenüber dem Händler, in diesem Punkt als Vertrag zu Lasten Dritter zu werten, der das kartenausgebende Institut nicht binden kann. Dieser Sichtweise ist auch das LG Wuppertal in einer Entscheidung vom 23. Dezember 1996[21] gefolgt. Es hat die Klage des Warenhausunternehmens mit der Begründung abgewiesen, daß eine Verpflichtung des Kreditinstituts zur Erteilung von Auskünften über Name und Anschrift des Kontoinhabers für nicht eingelöste Lastschriften, die

20 Z.B. § 4 Abs. 2 BDSG.
21 Az. 140 113/96, WM 1998, 122.

außerhalb des POZ-Systems erstellt worden sind, nicht besteht. Die Auskunftspflicht ergibt sich aus den Regeln über das POZ-System nur dann, wenn sämtliche in den Vereinbarungen genannten Bedingungen erfüllt sind. Zu diesen Bedingungen gehört insbesondere die Abfrage der Sperrdatei, welche das klagende Unternehmen weder vorgenommen hat noch vornehmen will. Auch wenn die Kunden bei Einkäufen mit der ec-Karte im Zusammenhang mit der Einzugsermächtigung schriftlich ihr Einverständnis erklären, daß das Unternehmen Auskunft über Name und Anschrift des Kontoinhabers im Falle der Rückgabe/Nichteinlösung der Lastschrift erhält, begründet dies eine dahingehende Verpflichtung der Hausbank nicht.

4. Bezahlen im Internet – Sicherheit für neue Transportwege

Beim vorigen Bankrechtstag in Basel war Bankgeschäft im Internet schon Thema gewesen. Im vorliegenden Zusammenhang soll das Thema Kartenzahlung im Internet kurz gestreift werden.

a) Funktionsweise

Der breite Einsatz neuartiger Zahlungsverfahren setzt Kundenakzeptanz voraus. Diese kann bei der – a priori mit Sicherheitsbedenken belasteten – Übermittlung von Zahlungsaufträgen in offenen Netzen, wie dem Internet, nur durch das Angebot überzeugender Sicherheitskonzepte erreicht werden. Dabei kommt es vor allem darauf an, daß

— die übermittelten Daten nicht für unbefugte Dritte lesbar sind,
— auf dem Weg zu ihrem Empfänger nicht verändert werden können und
— einem bestimmten Absender zweifelsfrei zugeordnet werden können.

Bei den bisherigen, vor allem in den USA gebräuchlichen Verfahren, muß der Zahlungspflichtige beim Bezahlen mit der Kreditkarte im Internet seine Kreditkartennummer „im Klartext“ über das Internet versenden. Da diese Daten für jedermann sichtbar im Internet zirkulieren, hat das Verfahren starke Sicherheitsbedenken ausgelöst. Aus diesem Grunde haben Kreditkartenunternehmen gemeinsam mit Softwareherstellern das Joint-Venture SET (Secure Electronic Transaction) gegründet. Das SET-Verfahren sichert die Datenübermittlung im Internet durch die Verwendung digitaler Zertifikate und elektronischer Signaturen. Die Kreditkarte des Kunden wird hierbei elektronisch in einem sogenannten SET-Zertifikat abgebildet, das vom kartenausgebenden Institut erteilt wird und auf dem Personal Computer des Kunden abgelegt wird. Das SET-Zertifikat ist seinerseits durch eine sogenannte Internet-PIN geschützt, die nur dem Karteninhaber bekannt ist.

Beim Bezahlen mit Kreditkarte im Internet versieht der Kunde seinen Zahlungsauftrag mit einer elektronischen Unterschrift. Die Zahlungsverkehrsdaten werden dabei so verschlüsselt, daß der Händler die für ihn nicht lesbaren Daten ausschließlich an den Rechner des Kreditkartenunternehmens weiterleiten kann. Wenn das Kreditkartenunternehmen die chiffrierte Kreditkartennummer entschlüsseln kann, bestätigt es dies dem Händler und schreibt ihm den Rechnungsbetrag gut.

b) Bankrechtliche Einordnung

Bankrechtlich bedeutet das beschriebene Verfahren grundsätzlich keine Neuerung insofern, als die relevanten Zahlungsströme im Vergleich zur „klassischen" Kreditkartenzahlung nahezu unverändert erfolgen. Denn wie bei der normalen Kreditkartenzahlung mit handschriftlicher Unterzeichnung des Kreditkartenbeleges, weist der Kreditkarteninhaber bei der Verwendung von SET sein Kreditkartenunternehmen durch Übersendung eines sicheren Internetprotokolls an, den bestätigten Betrag an den Händler auszuzahlen. Hat das Kreditkartenunternehmen den Betrag an den Händler geleistet, so ist es seinerseits berechtigt, den entsprechenden Betrag im Wege des Aufwendungsersatzanspruches (§ 670 BGB) vom Kreditkarteninhaber zu fordern, also das Konto des Kreditkarteninhabers entsprechend zu belasten.

c) Vertraglicher Rahmen

Bezahlen mit Kreditkarte im Internet unter Verwendung des SET-Standards wird mit dem Kreditkarteninhaber vertraglich vereinbart. In entsprechenden Sonderbedingungen, die mit dem Kunden vereinbart werden, werden z.B. Regelungen über die beim Umgang mit den Sicherungsmedien zu beachtenden Sorgfalt getroffen. Sie betreffen vor allem den Umgang mit dem zum Schutz des SET-Zertifikats dienenden Internet-Paßwort und lehnen sich wesentlich an die von der ec-PIN her bekannten Sorgfaltsanforderungen an. Vor allem muß der Karteninhaber sein Paßwort vor unbefugten Dritten schützen. Auch ist es ihm untersagt, das Paßwort zu notieren, bzw.

elektronisch z.B. auf seinem PC abzuspeichern. Aus der Nichtbeachtung dieser zentralen Sorgfaltspflichten können sich im Mißbrauchsfalle Haftungsfolgen für den Kunden ergeben.

Die Sonderbedingungen regeln sodann die Haftungsverteilung bei eventuellen Schadensfällen zwischen Kunde und Institut nach Mitverursachungsanteilen. Die Regelung entspricht der Haftungsverteilung nach BGB.

Mit SET wird ein – auch international verwendeter – Standard für das Bezahlen in offenen Netzen angeboten, der nach gegenwärtiger Erkenntnis hinreichende Sicherheit gewährleistet. Wie bei anderen Sicherheitskonzeptionen liegt die wesentliche „Schwachstelle“ auch hier beim Kunden selbst. Dieser muß durch Einhaltung der ihm auferlegten Sorgfaltspflichten wesentlich dazu beitragen, daß die durch SET vermittelte Sicherheit lückenlos bleibt.

Anlage 1

Vereinbarung über das deutsche ec-Geldautomatensystem

Fassung Januar 1995

Der Bundesverband der Deutschen Volksbanken und Raiffeisenbanken e. V., Bonn
Bundesverband deutscher Banken e. V., Köln
Deutscher Sparkassen- und Giroverband e. V., Bonn
Verband öffentlicher Banken, Bonn,
– nachstehend „Vertragspartner" genannt –
schließen folgende Vereinbarung:

1. Die Vertragspartner vereinbaren den Betrieb und die Weiterentwicklung des deutschen ec-Geldautomatensystems, das den Kunden der Geldinstitute, die diese Vereinbarung anerkannt haben (angeschlossene Institute), Abhebungen mittels einer Karte an ec-Geldautomaten ermöglicht. Karten i. S. dieser Vereinbarung sind die von angeschlossenen Instituten emittierten ec-Karten und Kundenkarten mit dem ec-GA-Piktogramm. Das ec-GA-Piktogramm ist ein für Europay International eingetragenes Warenzeichen. ec-Geldautomaten i. S. dieser Vereinbarung sind, unabhängig von ihrem Standort, SB-Geräte, die – gegebenenfalls neben anderen Funktionen – die Geldausgabe ermöglichen.
2. Das deutsche ec-Geldautomatensystem ist Bestandteil des Europay-Geldautomatensystems. Hierfür gelten die Vorschriften der Europay-ATM Programm Manual in der jeweils gültigen Fassung. Die von den angeschlossenen Instituten betriebenen ec-Geldautomaten sind für die Benutzung der im Rahmen des grenzüberschreitenden ec-Geldautomatensystems sowie des CIRRUS-Systems zugelassene Karten zur Verfügung zu stellen. CIRRUS ist ein eingetragenes Zeichen der CIRRUS Systems Inc. Alleiniger Lizenzgeber für CIRRUS in Europa ist Europay International.
3. Die angeschlossenen Institute können an ihre Kunden Karten ausgeben, die in Verbindung mit einer persönlichen Geheimzahl eine Benutzung der ec-Geldautomaten im nationalen wie im grenzüberschreitenden System ermöglichen. Mit den Kunden, denen Karten zur Verfügung gestellt werden, sind die „Sonderbedingungen für den ec-Service" (soweit sie den GA-Bereich betreffen; Anlage 1) bzw. entsprechende Bedingungen für Kundenkarten zu vereinbaren. Die Vertragspartner stellen sicher, daß die Karten nur an angeschlossene Institute geliefert werden. Den angeschlossenen Instituten ist freigestellt, sonstige Karten an ihren ec-Geldautomaten zuzulassen, sofern hierdurch die Funktionsfähigkeit und die Sicherheit des deutschen ec-Geldautomatensystems nicht beeinträchtigt wird.
4. Die angeschlossenen Institute stellen die von ihnen betriebenen ec-Geldautomaten allen Karteninhabern institutsübergreifend und ohne Differenzierung in der zeitlichen Nutzungsmöglichkeit zur Verfügung. Dies gilt auch für die von angeschlossenen Instituten im Zusammenwirken mit Nicht-Banken (Unternehmen) aufgestellten und betriebenen ec-Geldautomaten.
5. Für die Ausstattung der Karten und der ec-Geldautomaten sowie für die verfahrenstechnischen Bedingungen und die Sicherheitsanforderungen gelten die „Richtlinien für das deutsche ec-Geldautomatensystem" (Anlage 2) und die dazugehörigen Anhänge.

6. Für alle Fragen, die im Zusammenhang mit dieser Vereinbarung auftreten, ist im Rahmen des Betriebswirtschaftlichen Arbeitskreises der Spitzenverbände des Kreditgewerbes der Arbeitsstab „Geldautomaten" zuständig. Die Beschlüsse des Arbeitsstabes „Geldautomaten" sind für die angeschlossenen Institute bindend.
7. Das automatenbetreibende Institut ist berechtigt, zusammen mit dem Verfügungsbetrag von dem kartenausgebenden Institut ein Entgelt für die Benutzung seines ec-Geldautomaten zu verlangen. Die maximale Höhe des Entgeltes für Verfügungen mit deutschen Karten wird von den Vertragspartnern im Arbeitsstab „Geldautomaten" festgesetzt.[1] Das Entgelt für Verfügungen mit ausländischen Karten wird in Abstimmung mit Europay International festgesetzt.
8. Sofern angeschlossene Institute im Zusammenwirken mit Unternehmen ec-Geldautomaten betreiben, darf weder durch Werbung noch durch Kennzeichnung der Eindruck entstehen, das Unternehmen sei der Betreiber des ec-Geldautomaten. Diese Institute haben die Unternehmen zu verpflichten, diese Regelung einzuhalten.
9. Bei Schäden, die durch die Benutzung von ec-Geldautomaten mit gefälschten oder verfälschten Karten entstehen, sowie bei sonstigen Schäden, die im Interesse des Systems abgedeckt werden müssen und deren Übernahme einem einzelnen Institut nicht zugemutet werden kann, erfolgt unter bestimmten Voraussetzungen ein Ausgleich zwischen den Vertragspartnern. Die näheren Einzelheiten sowie insbesondere der Schlüssel zur Umlage derartiger Schäden auf die einzelnen Vertragspartner werden vom Arbeitsstab „Geldautomaten" bestimmt. Bis zu einer Regelung werden diese Schäden von dem im Magnetstreifen der Karte spezifizierten Institut aufgenommen.

1 *Die Entgelthöhe wurde durch folgende Vereinbarung festgesetzt:*
Vereinbarung über die Festsetzung einer Höchstgebühr für die Benutzung der institutsübergreifenden Geldautomaten vom 15. März 1993
Der Bundesverband der Deutschen Volksbanken und Raiffeisenbanken e. V., Bonn
Bundesverband deutscher Banken e. V., Köln
Deutsche Sparkassen- und Giroverband e. V., Bonn
sowie der
Verband öffentlicher Banken e. V.. Bonn
– nachstehend Vertragspartner genannt –
schließen folgende Vereinbarung.
1. in Ausführung von Nr. 9 der Vereinbarung über das institutsübergreifende Geldausgabeautomatensystem" und Änderung der bisher bestehenden Vereinbarung über die Festsetzung einer Höchstgebühr für die Benutzung der institutsübergreifenden Geldausgabeautomaten" vereinbaren die Vertragspartner, daß eine Transaktion im Rahmen des institutsübergreifenden Geldautomatensystems bei Verfügungsbeträgen bis 400 DM mit einem Entgelt von höchstens 4 DM und bei Beträgen über 400 DM mit einem Entgelt in Höhe von maximal 1% des Verfügungsbetrages belegt werden soll.
2. Diese Vereinbarung tritt am 1. Juli 1993 in Kraft.
Diese Vereinbarung wurde vom Deutschen Sparkassen- und Giroverband mit Wirkung zum 1. März 1997 gekündigt. Eine neue Vereinbarung wurde nicht getroffen. Andere Spitzenverbände der Kreditwirtschaft erkennen die Kündigung nicht an.

10. Änderungen dieser Vereinbarung nebst Anlagen beschließen die Vertragspartner auf Anregung des Arbeitsstabes „Geldautomaten". Sie werden für die angeschlossenen Institute verbindlich, wenn diese den Änderungen nicht binnen einer Frist von einem Monat nach deren Bekanntgabe widersprechen; auf diese Möglichkeit des Widerspruchs werden die angeschlossenen Institute bei Bekanntgabe der Änderungen in jedem Einzelfall hingewiesen. Widerspricht ein angeschlossenes Institut einer Änderung der Vereinbarung, die bei der Bekanntgabe ausdrücklich als wesentlich bezeichnet worden ist, so scheidet es mit dem Zeitpunkt des Inkrafttretens dieser Änderung aus dem deutschen ec-Geldautomatensystem aus.
11. Diese Vereinbarung kann von jedem der Vertragspartner mit einer Frist von 24 Monaten zum Ende eines jeden Monats gekündigt werden. Jedes angeschlossene Institut kann seine Teilnahme ebenfalls mit einer Frist von 24 Monaten aufkündigen; es haftet sodann, unbeschadet der Kündigung, für Schäden, die durch die Benutzung der von ihm ausgegebenen Karten entstanden sind, sowie für sonstige Schäden nach Maßgabe der Ziffer 9 i. V. m. der jeweiligen bereichsinternen Regelung zur Verteilung der Kosten auf die einzelnen angeschlossenen Institute. Kündigungen haben durch einen eingeschriebenen Brief gegenüber dem im Zentralen Kreditausschuß federführenden Verband zu erfolgen. Kündigt ein angeschlossenes Institut, so ist die Erklärung über den zuständigen Vertragspartner an den im Zentralen Kreditausschuß federführenden Verband zu richten. Die Kündigung muß in diesen Fällen spätestens am 14. Tag der Kündigungsfrist bei dem federführenden Verband eingegangen sein. Dieser hat die Kündigung den Vertragspartnern und den anderen angeschlossenen Instituten über die Vertragspartner mitzuteilen. Wird diese Vereinbarung von einem Vertragspartner gekündigt, so kann sich jeder andere Vertragspartner dieser Kündigung innerhalb einer Nachfrist von 3 Monaten anschließen.

Diese Vereinbarung tritt am 1. Januar 1995 in Kraft.

Anlage 2

Richtlinien für das deutsche ec-Geldautomatensystem

Gegenstand dieser Richtlinien sind die verfahrens- und sicherheitstechnischen Bedingungen für das deutsche ec-Geldautomatensystem.

1 Geräteausstattung und Kartenanforderungen

Für die Geräteausstattung einschließlich Bedienerführung sind die Anforderungen in Anhang 1 maßgebend.

Bei der Installation von ec-Geldautomaten sowie bei deren technischer Ausstattung sollen die Belange Behinderter in besonderer Weise beachtet werden.

Die ec-Geldautomalen sind einheitlich mit dem **ec-GA-Piktogramm** und dem **CIRRUS-Zeichen** zu kennzeichnen.

Für den Aufbau, den Inhalt und die Anordnung der Informationen auf den Magnetstreifen der Karten gelten die Bestimmungen in Anhang 2.1.

Für alle im Rahmen gemäß Nr. 1 Satz 2 der Vereinbarung über das deutsche ec-Geldautomatensystem zugelassenen Karten ist gegen das Risiko einer Kartenfälschung oder -verfälschung als Schutz das MM-Verfahren einzusetzen.

2 Persönliche Geheimzahl

Dem Karteninhaber, der zur Benutzung von ec-Geldautomaten berechtigt wird, wird von seinem angeschlossenen Institut eine vierstellige persönliche Geheimzahl (PIN) zugeteilt, deren Algorithmus auf dem DES-Verfahren (DATA ENCRYPTION STANDARD) basiert. Für das Verschlüsselungsverfahren zur Berechnung der PIN und für die Absicherung der zu übertragenden Daten gelten die Regeln in Anhang 3.[1] Jedes angeschlossene Institut, das im Rahmen des ec-Geldautomatensystems mit persönlichen Geheimzahlen arbeitet, trifft in seinem Verantwortungsbereich die Sicherungsmaßnahmen, die erforderlich sind, um eine mißbräuchliche Verwendung zu verhindern.

Die Institute stellen sicher, daß der Kunde bei einer gegebenenfalls erforderlichen PIN-Nachberechnung immer eine neue Karte mit geänderter Kartenfolgenummer, d.h. auch mit geänderter PIN, erhält. Dies gilt auch für Zusatzkarten und Ersatzkarten.

Ein auf „0" gesetzter Fehlbedienungsfaktor in Feld 12 der Spur 3 darf nur durch das kartenausgebende Institut oder eine von ihm beauftragte Stelle auf den Ausgangswert „3" hochgesetzt werden.

3 Behandlung kryptographischer Schlüssel

Die angeschlossenen Institute stellen, gegebenenfalls im Zusammenwirken mit beauftragten Institutionen, sicher, daß alle im ec-Geldautomatensystem verwendeten kryptographischen Schlüssel sicher aufbewahrt werden und eine mißbräuchliche Verwendung ausgeschlossen ist.

4 Autorisierung von Verfügungen an ec-Geldautomaten

Das deutsche ec-Geldautomatensystem wird als Online-System zwischen den autorisierenden Stellen der Vertragspartner betrieben, wobei jede Nachricht zum kartenausgebenden Institut bzw. der von ihm beauftragten Stelle geleitet wird. Die Vertragspartner richten hierfür einen Online-Verbund zwischen den von ihnen beauftragten Übergabestellen ein.

Für die Autorisierung institutsübergreifender Verfügungen sind die Nachrichtenbeschreibungen gemäß Anhang 4[1] maßgebend. Die Transaktionskosten für den Online-Verbund bis zur Übergabestelle des kartenausgebenden Instituts werden von der GA-betreibenden Seite getragen.

5 Evidenzzentrale

Die Vertragspartner beauftragen eine Evidenzzentrale mit der Aufnahme und Verteilung von Sperren. Diese Evidenzzentrale ist außerdem für die Annahme und Verteilung von Nottelefonsperren zuständig.

Die Form der Meldungen für Sperren ist im Anhang 5[1] geregelt.

6 Benutzung der Sperren

Die angeschlossenen Institute verpflichten sich, weder Sperren zu von anderen Kreditinstituten ausgegebenen Karten – unabhängig davon, im Rahmen welcher Anwendung das Institut Kenntnis von der Sperre erlangt hat – an Dritte weiterzugeben, noch diesen auf sonstige Weise zur Nutzung zur Verfügung zu stellen oder für diese zu nutzen.

7 Behandlung eingezogener Karten

Eingezogene Karten sind dem kartenausgebenden Institut mit banküblicher Sorgfalt unverzüglich gebührenfrei und nicht entwertet zuzuleiten. Das Versandrisiko trägt das kartenausgebende Institut. Eingezogene Karten ausländischer Emittenten sind an die von den Vertragspartnern jeweils genannte Steile zu senden.

8 Einziehung der Aufwendungen

Die angeschlossenen Institute ziehen die Beträge, die von einem ec-Geldautomaten ausgezahlt worden sind, zusammen mit dem Entgelt per Lastschrift im Einzugsermächtigungsverfahren ein. Durch die Ausgabe von Karten ermächtigen die angeschlossenen Institute jedes andere Institut zur Einziehung von Beträgen, die durch eine Benutzung dieser Karten ausgezahlt worden sind, samt der hierdurch entstehenden Entgelte. Die Einziehung erfolgt unverzüglich nach der Benutzung der Automaten beleglos. Für die Verrechnung ist die Satzbelegung gemäß Anhang 6[1] maßgebend. Es gelten die Richtlinien für den beleglosen Datenträgeraustausch mit der Maßgabe, daß für die Richtigkeit der Daten auf dem Magnetstreifen der Kartenausgeber einzustehen hat. Die angeschlossenen kartenausgebenden Institute lösen Lastschriften, mit denen die ausgezahlten Beträge und die Entgelte eingezogen werden, unverzüglich ein. Die Einlösungspflicht der kartenausgebenden Institute bezieht sich auf alle durch sie positiv autorisierte Verfügungen, es sei denn, der Geldautomatenbetreiber ist den ihm obliegenden Prüfvorschriften nicht nachgekommen.

Eine Rückgabe der Lastschriften wegen Widerspruchs, wegen fehlender Deckung oder aus anderen Gründen im Sinne des Abkommens über den Lastschriftverkehr ist nicht möglich. Reklamationen werden außerhalb des Lastschriftverfahrens unmittelbar zwischen den beteiligten angeschlossenen Instituten abgewickelt. Sollte es zwischen den beteiligten angeschlossenen Instituten insoweit zu keiner Einigung kommen, so wird der Arbeitsstab „Geldautomaten" eine Entscheidung herbeiführen.

II. Abteilung:
Streitschlichtung in der Kreditwirtschaft

Leitung: *Stephan Steuer*,
stellv. Hauptgeschäftsführer und Chefsyndikus des Bundesverbandes deutscher Banken e.V. Köln

Alternative Streitbeilegung in der Kreditwirtschaft[1]

Prof. *Dr. Peter Schlosser*, Universität München

Inhaltsübersicht

I. Einleitung

Seit einigen Jahren ist „Mediation" oder der beibehaltene englische Ausdruck „mediation" auch der deutschen juristischen Fachöffentlichkeit vertraut. Große Kongresse und teuer zu bezahlende Seminarveranstaltungen finden ausgezeichneten Zulauf. Die Justizverwaltung glaubt, mit der Forderung nach Mediation sich Erleichterungen im Geschäftsanfall verschaffen zu können. Vor allem aber die Anwälte wollen sich nicht nachsagen lassen, abermals neu entstehende Berufsfelder verschlafen zu haben. Auf dem Anwaltstag 1997 in Frankfurt nahm das Thema beherrschenden Raum ein. Noch 1994, als es zum Gesetz zur Neuordnung des Berufsrechts der Rechtsanwälte kam,[2] war die Zeit nicht reif, um die Mediation als mögliche

---

1 Deutschsprachige Literatur aus jüngster Zeit: *Weigand*, Alternative Streitbeilegung BB 1996, 2106; *Gottwald*, Alternativen in der Rechtspflege, BRAK-Mitteilungen 1998, 60; siehe auch Fn. 6; *ders.*, Modelle der freiwilligen Schlichtung unter besonderer Berücksichtigung der Mediation, WM 1998, 1 ff.

2 BGBl. 1994 I, S. 2278.

Berufsaufgabe des Rechtsanwalts ins Gesetz zu schreiben. Erst die Berufsordnung aus dem Jahre 1997 führte dazu, daß es den Rechtsanwälten auch aufgetragen wurde, ihren Mandanten „konfliktsvermeidend und streitschlichtend zu begleiten".[3] Wie sich dieses Element des zeitgenössischen Berufsbildes eines Rechtsanwaltes zum Verbot, „in widerstreitenden Interessen zu beraten" verhält, bleibt freilich das Geheimnis der Schöpfer der Berufsordnung. Man liest nur die sibyllinischen Worte:[4] „Wird der Rechtsanwalt als Vermittler, Schlichter oder Mediator tätig, so unterliegt er den Regeln des Berufsrechts". Henssler[5] meint, bei der Mediation bestehe gar kein Interessengegensatz unter den Beteiligten; der Mediator sei nur den Interessen aller Beteiligten an einer einvernehmlichen Lösung verpflichtet. Wie dem immer auch sei, was steckt hinter dem neuen Begriff, der anscheinend jenen der „Schlichtung" abzulösen beginnt, den in den achtziger und den beginnenden neunziger Jahren eine abundante Literatur hervorgebracht hat?[6]

Klugerweise haben die Veranstalter mir nicht das Thema gegeben „außergerichtliche Streitschlichtung in der Kreditwirtschaft" sondern „außergerichtliche Streitschlichtung unter besonderer Berücksichtigung der Kreditwirtschaft". Da zudem Bundesrichter Bundschuh über das unter den Geschäftsbanken ins Leben gerufene Ombudsmannverfahren berichten wird, kann ich etwas breiter ausholen und Sie generell mit dem vertraut machen, was sich im Bereich der organisierten außergerichtlichen Streitschlichtung im In- und Ausland tut.

Wie Sie sicherlich alle wissen, liegt den gesetzgebenden Körperschaften zur Zeit ein Entwurf zur Änderung der ZPO vor, wonach bei Streitwerten bis zu DM 1.500,- der Weg zum Gericht erst offensteht, wenn ein Versuch einer Streitschlichtung vor einer dazu ermächtigten Stelle gescheitert ist.[7] In der am 1.1.1999 in Kraft tretenden Insolvenzordnung ist der Zugang zur Verbraucherinsolvenz mit der Folge einer Restschuldbefreiung nach Durchlaufen einer siebenjährigen Wohlverhaltensperiode erst eröffnet, wenn die Bescheinigung einer durch Landesrecht näher qualifizierten Stelle vorgelegt wird, aus der sich ergibt, daß außergerichtliche Einigung mit den Gläubigern

---

3 § 1 (3) BerO.

4 § 18 BerO.

5 In *Breidenbach/Henssler,* Mediation für Juristen, 1997, 75 (79 f.).

6 Nachweise in *Stein/Jonas/Leipold,* 21. Aufl., § 279 Fn. 3 und 4.

7 BTDrucks 13/6398. Vorgeschlagen ein neuer § 15a EG ZPO – damals noch für Streitigkeiten bis zu DM 1.000,-.

über die Schuldenbereinigung auf der Grundlage eines Plans innerhalb der letzten sechs Monate vor dem Eröffnungsantrag erfolglos versucht worden ist.[8] Beide Modelle außergerichtlicher Konfliktsregelung sind ins Blaue hinein ersonnen worden. Die Vorstellungen, wie das Ganze organisiert, vor allem finanziert werden soll, fehlten und fehlen. Deshalb kann ein Blick in ausländische Rechtsordnungen und rechtstatsächliche Entwicklungen im Ausland nur guttun. Das wird das Kernstück meines Vortrags sein. In einem ersten Teil werde ich von den USA sprechen, weil dort „alternative dispute resolution" mit Abstand am stärksten entwickelt ist. In einem zweiten Teil werde ich dann über ausgewählte andere Staaten sprechen. In einem vergleichsweise kurzen dritten Teil sollen einige Initiativen der Gremien der europäischen Union zur Sprache kommen. In einer Schlußbetrachtung will ich schließlich, wenn Zeit dazu verbleibt, einige paradogmatische Überlegungen anstellen.

Der Umstand, daß zum 1. Januar 1998 das zehnte Buch der ZPO über die Schiedsgerichtsbarkeit völlig neu konzipiert in Kraft getreten ist, wären an sich einiger Überlegungen wert. Jedoch kann ich entgegen meiner ursprünglichen Absicht aus Zeitgründen, nicht auch noch darauf eingehen.

II. USA

In den USA ist ADR inzwischen zu einem nicht mehr hinwegzudenkenden Element der Rechtskultur geworden. Mein Doktorand Christian Duve hat die Erscheinungen zweieinhalb Jahre konzentriert beobachtet, sich zum „mediator" ausbilden lassen und erreicht, daß er an einem Gericht in Massachusetts als „mediator" tätig wurde. Aus der Überfülle der Informationen, die er zusammengetragen hat und einigen ergänzenden Recherchen meinerseits, kann ich Ihnen folgendes Bild zeichnen.[9]

---

8 § 305 Nr. 1.

9 *Duve*, Der Special Master als Mediator, im Erscheinen, zitiert *Duve*; *ders.*, Alternive Dispute Resolution in der amerikanischen Kreditwirtschaft, im Erscheinen.

1. Die Entwicklung von ADR in den USA allgemein

Die große Umständlichkeit, die Kostenträchtigkeit und die Dauer von Zivilprozessen in den USA hat zunächst Privatinitiativen unter anderem von Wirtschaftsunternehmen und Anwaltsfirmen erzwungen, die vielfältige Formen alternativer Streitbeilegung hervorgebracht haben. Im Jahre 1986 sind allein bei der American Arbitration Association 70.000 neue Fälle von ADR eingegangen.[10] Einige Formen, wie etwa das sog. „mini-trial" und die „early neutral evaluation", sind überhaupt nur auf dem Hintergrund des von der jury beherrschten US-Gerichtsverfahren verständlich und für uns ohne Interesse. Auch in den USA haben sich als Schwerpunkt der ADR inzwischen die „mediation" und verschiedene Formen von Pseudo-Schiedsgerichtsbarkeit herausgebildet.

Die „mediation", von der „conciliation" gar nicht mehr zu unterscheiden, zeichnet sich dadurch aus, daß ein neutraler Dritter als Verhandlungsmittler zwischen die Parteien tritt und versucht, sie zu einer Einigung zu bringen. Anders als es ein deutscher Richter bei Vergleichsgesprächen tun kann, führt der „mediator" abwechselnd Gespräche mit beiden Parteien oder mit einzelnen von ihnen. Inzwischen ist ein regelrechter Berufsstand von „mediators" entstanden. Es gibt in Universitäten und außeruniversitären Institutionen – wie etwa bei der American Bar Association – ein großes Angebot an anspruchsvollen regelrechten Schulungskursen. Die Kunst des „mediators" ist zu einer Wissenschaft für sich geworden, so daß es schon analytische Aussagen dazu gibt, in welchen Phasen eine solche Vermittlung typischerweise abzulaufen hat. Auch ein Personenkult hat sich wie bei berühmten Strafverteidigern schon eingestellt. Es gibt berühmte Mediatoren. Selbst große Unternehmen bedienen sich der Neuerung.

Bei den Schiedsverfahren unterscheidet man zwischen „binding" und „non binding arbitration". Binding arbitration ist die klassische Schiedsgerichtsbarkeit, von der heute nicht weiter die Rede sein soll. „Non binding arbitration" unterscheidet sich von der mediation dadurch, daß der Dritte eine Entscheidung trifft, wie sie ein echter Schiedsrichter auch treffen würde, seine Entscheidung wird aber nur bindend, wenn sie nicht binnen bestimmter Frist angefochten wird. Gelegentlich ist sie generell unverbindlich. Eine

---

10 AAA Annual Report 1996, zitiert nach *Duve* 67. Freilich handelt es sich meistens um klassische Schiedsverfahren.

Zwischenform ist die „unilaterally binding arbitration". Das ist ein Modell ähnlich dem Ombudsmannverfahren, wie es der deutsche Bankenverband eingeführt hat und das auf ausländische Vorbilder zurückgeht.

Was freilich die Situation in den USA besonders charakterisiert, ist die Einschaltung der Gerichte in die ADR. Das hing ursprünglich und hängt auch heute noch damit zusammen, daß in den USA nicht nur der Einzelrichter und der einzelne Spruchkörper ein sehr großes Maß an Unabhängigkeit haben, sondern daß auch die Gerichte als Institution es besitzen. Sie können bis zu einem gewissen Grad autonome Prozeßrechtsregeln erlassen. Sie begannen vor 20 bis 25 Jahren, sich der Überlast dadurch zu erwehren, daß sie die Rechtsuchenden auf ADR-Verfahren verwiesen. Die Bundesgerichte sind später durch Gesetz sogar ausdrücklich verpflichtet worden, solche ADR-Programme zu entwickeln und dem rechtsuchenden Publikum anzubieten. Der Civil Justice Reform Act von 1990[11] sah die Einführung von Pilotprogrammen in 15 district courts zwingend vor und gab für alle übrigen Bundesgerichte grünes Licht, ähnliches zu entwickeln. Heute gibt es bei allen Bundesgerichten und inzwischen auch bei einer Unzahl von Gerichten der Einzelstaaten sog. „court related ADR-programs". Ihr Charakteristikum besteht darin, daß der Richter die Fälle an institutionalisierte Vermittlungseinrichtungen verschiedenster Arten überweisen kann, ohne vorher die Zustimmung der Parteien einholen zu müssen.

Man mag sich fragen, was für einen Sinn es hat, widerwillige Parteien in außergerichtliche Streitschlichtungsverfahren zu zwingen. Einmal überwindet aber die richterliche Anordnung die Hemmschwelle einer Partei; der mögliche Eindruck, man stimme nur deshalb zu, weil man die Schwäche der eigenen Position erkannt habe, fällt bei einer richterlichen Anordnung weg. Zum anderen machen die amerikanischen Gerichte kurzen Prozeß, wenn es darum geht, „bad faith" einer Partei im Laufe der mediation-Verhandlung zu sanktionieren.[12] In einem Fall hat es ein Gericht rundheraus abgelehnt, einen

11 28 USC §§ 171-482.

12 In Gilling v. Eastern. Airlines Inc. 680 F.Supp. 169, 170 f., D.N.J. 1988 wurden der obstruierenden Beklagten sämtliche Kosten auferlegt, die die Klägerin für die court-related abritration und für das Verfahren auf Zulassung eines Gerichtsverfahrens („trial de novo") gehabt hat. Die zugrundeliegende Gerichtsregel lautet: „In the event that a party fails to participate in the arbitration process in a meaningful manner, as determined by the arbitrator, the Court may impose

Fall wieder anzunehmen, in dem der Kläger nach der Anordnung von „non-binding arbitration" obstruiert hatte.[13] Diese drakonische Sanktion wird freilich auch für verfassungswidrig gehalten.[14] „Binding arbitration" im strikten Sinne kann natürlich nicht angeordnet werden, weil dies einer Rechtsverweigerung gleichkäme, vor allem wenn die Parteien dadurch den Zugang zu einem jury-trial verlören. Jedoch wird vielfach großer Druck auf die Parteien ausgeübt, sich mit dem Spruch in einer „arbitration" zufriedenzugeben, die theoretisch nicht zu einer bindenden Entscheidung führt. Wenn jene Partei, die ein sog. „trial de novo" erzwingt, dort nicht wesentlich besser abschneidet als in der „non-binding arbitration", muß sie sämtliche Kosten tragen, und zwar auch diejenigen des gegnerischen Anwalts, was in den USA eine besonders einschneidende Sanktion ist.

Gelegentlich, vor allem in der Automobilindustrie wird eine Firma ein außerordentlich unattraktives System von ADR-Verfahren angedroht, wenn sie nicht auf eigene Kosten ein „dispute resolution scheme" zur Verfügung stellt, das nach dem Prinzip der „non-binding arbitration" konzipiert ist. „Lemon" Laws ist das ganz offizielle Stichwort, weil man in den USA „lemon" nennt, was hierzulande ein „Montagsauto" genannt wird. Nach einem Gesetz des Staates New York besteht sogar, ähnlich wie im System des Bankenombudsmann, eine einseitige Bindung zu Lasten des Automobilherstellers.[15]

Der vorläufige Kulminationspunkt dieser Bewegung ist das sog. „Multy-Door-Court-House"[16]. Jede eingehende Sache wird einer passend erscheinenden Konfliktsbehandlungsmethode zugewiesen. Aus der empirischen

appropriate sanctions, including, but not limited to, the striking of any demand for a trial de novo filed by that party".

13 New England Merchants National Bank v. Katy E. Hughes 556 F. Supp 712 (E.D. Penn).

14 *A Golann*, Making Alternative Dispute Resolution Mandatory: The Constitutional Issues 68? Law Review 487 (1989) m.N. aus der Gerichtspraxis zitiert nach *Mabey/Talb/Dizengoff* 46 University of South Carolina Law Review (1995) 44, 68 Fn 60.

15 *George H. Friedman*, New and Improved Automobile „Lemon Aid" N.Y.L.J. 27. Febr. 1987 = Arbitration and the Law (AAA General Counsel's, Annual Report), 73 ff.

16 In groben Zügen geschildert bei *Gottwald* und *Sanders/Duve* in *Gottwald/ Strempel* (Hrsg.) AKR-Handbuch 1997, 333.1.

Forschung wird berichtet, daß auch bei Zwangsweisezuweisung an „mediation" die Parteien zufriedener waren als mit förmlichen Gerichtsverfahren.[17]

2. Der besondere Weg von Kalifornien

a) In Kalifornien scheinen ADR-Verfahren sich nicht nur im allgemeinen besonderer Beliebtheit zu erfreuen. Dort hat man auch eine Art des ADR-Verfahrens wenn nicht erfunden, so doch erst zum Leben erweckt. Man könnte es „to hire a judge" nennen, wenn es nicht volkstümlich und etwas herablassend „to rent a judge" genannt würde. Die Parteien können sich einen Richter „mieten". Man kann sich zwar keinen im Staatsdienst stehenden aktiven Richter mieten, wohl aber einen anderen Juristen als Richter.[18]

Es gibt davon zwei Varianten, von denen eine sogar in der Verfassung Kaliforniens verankert ist.[19] Das Gericht kann mit Zustimmung der Parteien einen „temporary judge" ernennen, der Mitglied der „State Bar" sein muß. Das Gericht kann aber auch einen „general referee" bestellen, der nicht Mitglied der „State Bar" sein muß, es aber meistens doch ist. Die Befugnisse eines „referee" werden zusammen mit seiner Ernennung definiert und bleiben meist hinter denen eines „temporary judge" zurück. Die Entscheidung des letzteren haben die gleichen Wirkungen wie die Entscheidung eines instanzlich befindenen Gerichts,[20] was sehr viel bedeutet, weil in den USA durch Berufungsgerichte erstinstanzlich entscheidende Gerichte nur sehr beschränkt kontrolliert werden kann.

Praktisch teilen sich Rechtsanwälte und pensionierte Richter die Aufgabe. Es ist sogar eine Institution namens „Judicial Arbitration & Mediation Services Inc." entstanden, in der sich die an der Aufgabe interessierten pensionierten Richter zusammengeschlossen haben.[21] Die Institution bietet

---

17 *McEwen/Wilburg* 9 Negociation Journal, 1991, 22 ff. zitiert nach *Gottwald* a.a.O. Fn. 27.

18 Zum nachfolgenden *Chernick/Bendix/Barcett*, Private Judging: Privatizing Civil Justice, National Legal Center for the Public Interest, Briefly ... Perspectives on Legislation, Regulation and Litigation, No. 7, March 1997.

19 Article 6 Sec. 21 und Sec. 638-641 Code of Civil Procedure.

20 *Chernick u.a.* a.a.O. 9 f., 15.

21 Siehe Standardbedingungen der Wells-Fargo Bank abgedruckt in CPR Institute siehe Fn. 28 unten.

die Dienste der pensionierten Richter an. Für diese ist die Aufgabe sehr lukrativ, erhalten sie doch ein Honorar, das zwischen $ 250 und $ 450 pro Arbeitsstunde liegt. Allerdings trägt der „temporary judge“ das Risiko, daß er seinen Honoraranspruch verliert, wenn er den Fall nicht binnen 90 Tagen entscheidet. Gleichwohl ist das Verfahren für pensionierte Richter sehr attraktiv. Es sind auch schon Klagen laut geworden, daß zu viele fähige Richter vorzeitig in den Ruhestand treten, um sich dieser Aufgabe widmen zu können. Um den Beklagten die Zustimmung zu einem solchen Verfahren, in dem Verzögerungsmanöver wenig Aussicht haben, abzukaufen, bieten ihnen die Kläger gelegentlich an, ohne Rücksicht auf den Ausgang des Rechtsstreits alle Kosten des Verfahrens zu tragen. In einem Fall ist die Begeisterung der Parteien über das neue Verfahren so weit gegangen, das gleich auch eine „jury“ bestellt wurde, bestehend aus lauter Computer-experten.[22]

b) Man schätzt, daß in Kalifornien 5% aller Zivilverfahren über eine Form der ADR laufen, die mit den Gerichten verbunden ist. Dazu gehört aber nicht nur „private judging“, sondern auch „mediation“. Ein aufsehenerregender Fall soll zeigen, wie „mediation“ eingesetzt werden kann. Daß in den USA auch Banken mit einer Prozeßlawine, insbesondere in der Form einer „class action“, überschüttet werden können, haben jüngst dort tätige schweizerische und allerjüngst deutsche Banken erfahren müssen. Der kalifornische Bankenfall war weniger delikat und unpolitisch. Sein Ausgangspunkt hat eine frappante Ähnlichkeit mit der jüngsten Rechtsprechung des BGH zur formularmäßigen Festlegung von Gebühren für die Rückgabe nicht gedeckter Schecks und Überweisungsaufträge.[23] Der Unterschied bestand nur in folgendem: daß eine Bank für ihren Aufwand mit ungedeckten Schecks und Überweisungsaufträgen überhaupt kein Entgelt soll verlangen dürfen – das ist eine Idee, auf die in den USA niemand gekommen wäre. Die Crocker National Bank[24] hatte beansprucht, ihren Kunden für jeden einzelnen Fall $ 6 in Rechnung stellen zu können. Das war einem Kunden zu viel. Er rief das Gericht an. Entgegen aller Erwartung wies das Oberste Gericht von Kalifornien die Klage nicht, wie das Gericht erster Instanz,

22 *Chernick u.a.* a.a.O. 11.

23 BGH NJW 1998, 309.

24 Perdue v. Crocker National Bank 38 Cal. 3d 913 = 702 P. 2d 502 = 216 Cal. Rptr. 345 (1985).

mangels Aussicht auf Erfolg postwendend ab,[25] sondern sagte, es handele sich um eine ernsthafte Rechtsfrage, die in einem „trial“ verhandelt werden müsse. Allein dies schon war eine Grundsatzentscheidung, weil das Gericht sich anschickte, eine Inhaltskontrolle vorzunehmen, obwohl die Banken in Kalifornien in scharfem Konkurrenzverhältnis standen und stehen, also die Marktkräfte für das fragliche Dienstleistungsgewerbe durchaus funktionierten. Die Entscheidung ließ daher das Bankgewerbe befürchten, von ihr werde eine Sogwirkung auf Bankkunden und Anwaltschaft ausgehen, die dazu führen könnte, das gesamte Entgeltberechnungswesen der kalifornischen Banken gerichtlicher Kontrolle auszusetzen. Zahlreiche weitere Klagen, vor allem „class actions“, waren in der Zwischenzeit auch schon anhängig gemacht worden. In den USA geht es in solchen Situationen auch nicht um bloße Unterlassungsbegehren, sondern darum, daß im Falle des Erfolgs der Angreifer über viele Jahre hinweg alle zu Unrecht eingenommenen Gebühren zurückgezahlt werden müssen, unter Umständen sogar großer Schadenersatz zu leisten ist. Jahre kostspieliger Prozesse folgten, Prozesse angestrengt durch eine Vielzahl von Klägern, die aber meist durch Verbraucherverbände vorgeschoben waren. Schließlich sahen alle Prozeßbeteiligten ein, daß eine großflächige Einigung das beste für sie alle war, sie sich dazu aber der Dienste eines „facilitators“ vergewissern müßten. Kein geringerer als der frühere Generalstaatsanwalt der USA wurde mit der Aufgabe betraut. Er war vom Center for Public Resources, einer unabhängigen gemeinnützigen Organisation vorgeschlagen worden, die im Gebiet der ADR tätig ist. Das hierzulande häufig sehr mißtrauisch betrachtete Institut der „class action“ sieht die segensreiche Möglichkeit eines gerichtlich genehmigten Vergleichs vor, durch den ein Streit, an dem materiell eine unüberschaubare Vielzahl von Personen beteiligt ist, ein für alle Male bereinigt werden kann. Über diese Art der „mediation“ kam es schließlich dazu, daß das gesamte Gebührenwerk aller kalifornischen Banken auf eine verläßliche Grundlage gestellt wurde.[26] Die Ironie der Geschichte war freilich, daß die Banken für die Rückgabe ungedeckter Schecks nicht nur $ 6, sondern $ 8

---

25 „Demurrer for failure to state a cause of action“.

26 Ausführlich berichtet durch *Wayman J. Lundquist,* Alternative Dispute Resolution as a Settlement Strategy in the Vague of Perdue v. Crocker National Bank, Consumer Financial Service Survey, the Business Lawyer May 43, 1095 ff.

und für die Bearbeitung eines ungedeckten Überweisungsauftrags $ 5 nehmen durften. Allerdings erhielten Kunden, die eine bestimmte Kreditkarte verwandten, auch einen Sondervorteil, nämlich eine Überziehungskreditlinie.

Der Fall ist sicherlich besonders spektakulär gewesen, aber beileibe kein Einzelfall. In jüngster Zeit sind zwei umfangreiche Studien über ADR gerade im Bankengewerbe erschienen.[27] In einer vom Center of Public Resources herausgegebenen Veröffentlichung sind auch die Standardbedingungen von Banken abgedruckt. Am interessantesten sind diejenigen der Wells-Fargo Bank. Für Streitigkeiten mit einem Gegenstandswert von mehr als $ 25.000 ist dort ein dreistufiges Verfahren vorgesehen: good faith negociation; dann „mediation“ vor einem pensionierten Richter, den die schon genannte Vereinigung auszuwählen hat und, wenn auch dies noch keine Lösung bringt, Verfahren vor einem „rented judge“, wiederum ausgewählt durch die Vereinigung der pensionierten Richter. Wenn sich diese letzte Form schließlich nicht realisieren läßt, so soll ersatzweise ein normales Schiedsverfahren stattfinden, freilich mit einem Schiedsrichter, der wiederum durch die Vereinigung der pensionierten Richter auszuwählen ist. Warum die kalifornischen Kollegen noch keinen Verein der pensionierten Professoren gegründet haben, entzieht sich meiner Kenntnis.

3. Insolvenzverfahren

Das Feld, das sich die ADR zuletzt erobert hat, ist das Insolvenzverfahren. In der Variante „reorganization“ ist ein Reorganisationsplan zu erstellen, der Vorbild für den Insolvenzplan des neuen deutschen Rechts geworden ist. Jedoch ist er auf einem auch vom reformierten deutschen Recht etwas abweichenden Hintergrund zu betrachten. Einmal bleibt in den USA auch nach Stellung des Insolvenzantrags das bisherige Management im Amt. So ist etwa in der Insolvenz der bekannten Greyhound-Buslinie geschehen.[28] Der Hauptsinn eines solchen Antrags ist meist zunächst einmal nur: in den

27 *Moller/Rolph/Ebener,* Private Dispute Resolution in the Banking Industry, the Institute of Civil Justice RAND Corporation 1993; Center of Public Resources, Institute for Dispute Resolution: Banking Industry ADR 1994 a.a.O. I 49.

28 In re Eagle Bus Manufacturing, Inc., Greyhound Lines, Inc., a.o. 134 B.R. (1991) 584 Bankruptcy S.D.Tex; bestätigt durch district court 158 B.R. 421 (S.D. Texas 1993).

Genuß des „automatic stay“ zu gelangen, also bis auf weiteres keine Zahlungen an Gläubiger leisten zu müssen. Zum anderen erfordert die Feststellung der Konkursforderungen einen viel höheren Aufwand als hierzulande, weil es häufig um Schadenersatzforderungen geht, und deren Höhe nicht davon abhängt, was man als Vermögensschaden auf Heller und Pfennig genau nachweisen kann, sondern von Schätzungen, die zudem in den USA recht großzügig zu sein pflegen. Besonders dann, wenn mit der Einschaltung einer „jury“ zu rechnen ist, sind Grund und Höhe solcher Forderungen praktisch nicht zu kalkulieren. In Massenprodukthaftpflichtfällen kann vor Bestätigung des Reorganisationsplans niemand einen Überblick über die Höhe der berechtigten Ansprüche haben. Der Reorganisationsplan kann unter diesen Umständen nur einen nach oben begrenzten Fonds begründen, für dessen Aufteilung unter die Geschädigten dann ADR vorgesehen wird.[29] Es kommt dann zu Insolvenzplänen, in die in großem Umfange auch Dritte eingebunden werden, sei es, daß sie Sanierungshilfe leisten – bis hin zur Übernahme des Unternehmens des Schuldners –, sei es, daß sie von ihren Schulden befreit werden, und dafür eine Abstandssumme an die Insolvenzmasse bezahlen, etwa früheres oder bisheriges Management. Alle bankruptcy courts, halbautonome Unterabteilungen der jeweiligen Bundesgerichte erster Instanz, haben in den letzten ADR Programme entwickelt, die es ermöglichen, Streitigkeiten im Umfeld des Insolvenzplans an „mediators“ zu verweisen.[30] Bei einem der Gerichte ist die Überweisung für alle Streitigkeiten bis zu einem Gegenstandswert von $ 1 Mio. obligatorisch. Damit auch kleinere Fälle auf diese Art und Weise kostengünstig erledigt werden, werden professionelle „mediators“ gezwungen, eine bestimmte Anzahl kleinerer Verfahren durchzuführen, ohne ein persönliches Entgelt zu verlangen.[31] Die meisten dieser Streitigkeiten betreffen solche, die wir als Streitig-

29 Beispiel re A.H. Robins Company Inc. 88 B.R. 742 (E.D.Va. 1988) aff'd 880 F. 2d. 694 (4th Cir), certiorai denied, 493 U.S. 959 (1989) – es ging um eine intrauterine Methode der Empfängnisverhütung, die sich als verletzungsanfällig erwiesen hatte.

30 *Mabey/Talb/Dizengoff*, Expanding the Reach of Alternative Disputes Resolution in Bankruptcy: The Legal and Practical Bases for the Use of Mediation and other Forms of ADR, 46 University of South Carolina Law Review (1995) 1259 ff.; *Lisa A. Lomax*, Alternative Dispute Resolution in Bankruptcy. Rule 9019 and Bankruptcy Mediation Programs, 68 American Bankruptcy Law Journal (1984) 55.

31 *Mabey/Talb/Dizengoff* a.a.O., 1279.

keiten über die Feststellung zur Insolvenztabelle bezeichnen würden. Die Erfolgschance von „mediation“ liegt nicht zuletzt darin begründet, daß das Gericht sich weigert, den automatic-stay für Klagen vor den ordentlichen Gerichten aufzuheben. So können die Anspruchsteller in absehbarer Zeit nur dann an Insolvenzverfahren teilnehmen, wenn sie sich auf ein ADR-Verfahren eingelassen haben. So ist man etwa bei der Reorganisation der Greyhound-Linie verfahren.[32] Auffällig ist, daß sich unter den Gläubigern 3.200 Opfer von Verkehrsunfällen befanden, in die Greyhound-Busse verwickelt waren. Interessanterweise sind aber in anderen Verfahren auch einige sonstige Arten von Streitigkeiten an „mediators“ überwiesen worden, z.B. Konkursanfechtungsklagen[33] und Klagen über Ansprüche, die aus einem gerichtlich bestätigten Insolvenzplan hergeleitet wurden.[34] In einem Fall hat ein Gericht sogar „binding mediation“ angeordnet,[35] was aber als verfassungsrechtlich unzulässig kritisiert wurde.[36]

Im Greyhoundfall ist geschätzt worden, daß die Gerichte den Verkehrsunfallopfern über $ 60 Mio. zuerkannt hätten, während das ADR-Programm zu Lasten von Greyhound nur $ 25 Mio. vorsah.[37] Auch sonst ist es ganz unverkennbar, daß die Konjunktur von „mediation“ und „arbitration“ in den USA auch als Gegengewicht gegen die Exzesse der staatlichen Justiz aufgebaut wird. Von der Fa. Motorola, einem Unternehmen mit 6,7 Milliarden Umsatz, wird berichtet, es habe sein Budget für Gerichtsverfahren um 75% senken können, nachdem es ein ADR-Programm eingeführt hatte. Ich bin sicher, dieses „Budget“ betraf nicht nur Gerichts- und Anwaltskosten, sondern auch die Beträge, zu deren Zahlung das Unternehmen fürchtet, gerichtlich verurteilt zu werden.

Auch für die Planerstellung wird in verstärktem Maße „mediation“ eingeschaltet. In einem aufsehenerregenden Fall aus New York wurde der

32 In re Eagle Bus Manufacturing, Inc. (Fn. 28) ganz ähnlich: In re Apex Oil Company et al. 884 F 2d 343 (8th Cir. 1984).

33 In re Hunt, unveröffentlicht, zitiert bei *Mabey/Talb/Dizengoff* a.a.O., FN 54.

34 In re A.H. Robins 88 B. R. 742 a.a.O.

35 In re DORE & ASSOCIATES CONTRACTING INC. (v. American Druggists' Insurance Co.) 43 B.R. 717 (Bankruptcy E.D. Mich. 1984).

36 In re FELIX INC. 116 B.R. 37 (Bkrtcy. S.D.N.Y. 1990); Skepsis gegen die Zulässigkeit äußernd, aber wegen Anfechtungsfristversäumnis nicht entscheidungserheblich auch In re DORE ASSOCIATES CONTRACTING INC. a.a.O.

37 Penna in Arbitration and the Law, AAA General Counsel's Report 1990/91 p. 49.

frühere US-Außenminister, Cyrus Vance, zum „mediator" ernannt. Seine Aufgabe war es, einen Reorganisationsplan auszuhandeln. Es gelang ihm das Unwahrscheinliche.[38] Er konnte das Unternehmen, das bei Eröffnung des Insolvenzverfahrens auf einen Wert von $ 3 Mrd. geschätzt worden war, für $ 4,1 Mrd. an ein Konkurrenzunternehmen verkaufen, 98% der Arbeitsplätze erhalten und gegenüber einem normalen Ablauf des Insolvenzverfahrens $ 30 Mio. an Gerichts- und Anwaltskosten einsparen.

III. Andere Staaten

1. England

Im Vereinigten Königreich ist vor kurzem die neue „Financial Services Authority" gegründet worden.[39] Ihre Aufgabe ist es, ein Aufsichtsamt für alle gewerblichen Finanzdienstleistungsbetriebe einschließlich des Versicherungsgewerbes zu sein. Sie hat vor kurzem zusammengestellt, was es an sogenannten Ombudsmannaktivitäten in diesem Bereich gibt. In insgesamt neun Einrichtungen wurden 12.610 Fälle behandelt, davon 550 durch den „banking ombudsman". Gemeint sind aber mit letzterer Zahl nur die Fälle, die zu einer „full investigation" geführt haben. Rechnet man die vom „banking ombudsman" stammenden Zahlen hoch, dann ist der Geschäftsanfall insgesamt ein zehnfaches. Der „banking ombudsman" ist nämlich eine umfangreiche Behörde. Neben dem „deputy ombudsman", traditionellerweise ein Schotte, und dem „assistant ombudsman" beschäftigt das Amt noch weitere 14 Juristen und 26 Bedienstete ohne juristische Ausbildung. Zusammen beantworteten sie im letzten Geschäftsjahr 27.000 telefonische Anfragen und 9.000 schriftliche Beschwerden. Über 90% der letzteren erledigen sich dadurch, daß sich die Bank von sich aus mit dem Kunden einigte oder daß das Amt des Ombudsmanns, ohne sich mit dem Fall vertieft zu befassen, einen vorläufigen Einigungsvorschlag machte, der dann akzeptiert wurde. Nur der Rest wird nach einer „full investigation" in einer sog. „adjudication" entschieden und zwar gerade nicht vom Ombudsmann oder

38 N° 92-B-40, 477 Bkrptcy. S.D.N.Y. vom 22.2.1994. In re R.H. MACY & Co. INC. zitiert nach *Mabey/Talb/Dizengoff* a.a.O., 1183.

39 Die nachfolgenden Informationen stammen aus verschiedenen Materialien, die dem Verfasser durch den banking ombudsman zugänglich gemacht worden sind.

einem seiner beiden Stellvertreter. Erst wenn eine der Parteien mit der adjudication eines der juristischen Bediensteten des Amtes nicht zufrieden ist, werden Ombudsmann, deputy ombudsman oder assistant ombudsman persönlich eingeschaltet und entscheiden über den Einspruch. Das letztere geschieht in einem Drittel aller Fälle, die in eine „full investigation" gelangt sind, also in rund 220 Fällen jährlich. In rund der Hälfte der Fälle, in denen eine „full investigation" stattgefunden hat, wird zugunsten des Bankkunden entschieden. Das Budget des Amtes beträgt £ 2,6 Mio. Die herausragenden Besonderheiten des englischen „banking ombudsman"-Modells bestehen in folgenden fünf Punkten.

1. Niemals zu Lasten des Kunden, aber immer zu Lasten der Bank sind kundenseits unangefochten gebliebene „adjudication" und Sprüche der Ombudsleute verbindlich. Die häufig genannte Obergrenze von £ 100.000,- bezieht sich darauf, daß bei höheren Streitwerten der „ombudsman" gar nicht erst eingeschaltet werden kann.
2. Der Maßstab, nach dem entschieden wird, ist auffälligerweise nicht das objektive Recht. In einer Zusammenfassung seiner Tätigkeit, die für interessierte Fachleute bestimmt ist, sagt der Ombudsmann wörtlich: „We are not bound by precedent and can decide on the basis of what is fair in all the circumstances of the particular case". Es entsteht also eine Art neue „equity"-Rechtsprechung des Ombudsmanns.
3. Ein solches Zugeständnis können Gewerbetreibende nur in England wagen, wo eine beachtliche Mentalitätsresistenz gegenüber ideologischem Übereifer besteht. Denn immerhin ist der Einfluß der Banken auf die Besetzung der Position des Ombudsmanns gering. Getragen wird die Einrichtung von einer eigenen Gesellschaft, die sich nennt „The Office of the Banking Ombudsman". In dessen achtköpfigen council, der den Ombudsmann und seine Stellvertreter ernennt, sitzen nur drei Bankenvertreter. Auf dem europäischen Kontinent müßte man fürchten, daß Personen, die den erwartungsvollen Titel „ombudsman" tragen und nicht von der Bankwirtschaft eingesetzt werden, von einem missionarischen Verbraucherschutzeifer erfaßt werden, ja daß gerade Personen mit solchem Eifer in dieses Amt streben. Auch den Einfluß politischen Denkens in den Kategorien Schutz des Verbrauchers vor Ausbeutung durch kapitalkräftige Institutionen müßte man befürchten. Ohne strikte Bindung an den Maßstab des objektiven Rechts könnte man hierzulande an eine Kopie des englischen Modells kaum denken.

4. Der Geschäftsanfall ist sehr breit gestreut und erfaßt falsche Beratung über Kreditversicherung ebenso wie grobe Fahrlässigkeit bei Verlust einer Kreditkarte, wobei interessant ist, daß unterhalb der Schwelle der groben Fahrlässigkeit so gut wie kein Haftungsrisiko des Bankkunden besteht. Der Ombudsmann selbst vermutet, daß die meisten Kreditkartenbesitzer von ihrem Recht aus dem Verbraucherkreditgesetz noch gar nichts wissen, und erst in Zukunft auch aus diesem Bereich ein größerer Geschäftsanfall zu erwarten ist.
5. Für den Kunden ist das Verfahren kostenlos. Er muß aber die eigenen Rechtsverfolgungskosten selbst tragen. Wenn der Ombudsmann auf Wunsch der Bank seine Tätigkeit deshalb ablehnt, weil eine rechtliche Grundsatzentscheidung ansteht, muß sich die Bank bereit erklären, ohne Rücksicht auf den Ausgang des Gerichtsverfahrens dessen gesamte Kosten zu übernehmen. In den zwölf Jahren, seit die Einrichtung besteht, ist dies ein einziges Mal vorgekommen.

2. Deutschland

In Deutschland gibt es, ohne daß man in der Öffentlichkeit davon groß Kenntnis genommen hätte, eine ganze Reihe von Streitschlichtungseinrichtungen, die auf privater oder berufsständischer Basis errichtet sind.[40] Es gibt aber kaum Institutionen, bei denen die Teilnahme der angegriffenen Seite obligatorisch wäre. Die beiden einzigen mir bekannten Ausnahmen sind die Schiedsstelle nach dem Arbeitnehmererfindungsgesetz[41] und die Schiedsstelle nach dem Urheberwahrnehmungsgesetz, beide eingerichtet beim deutschen Patentamt. Die Schiedsstelle für Arbeitnehmererfindungen trifft jährlich knapp 100 Entscheidungen.[42] Zwei Drittel davon werden nicht angefochten. In Deutschland hat sich freilich in den letzten zwei bis drei Jahren in der vom deutschen Anwaltsverein beeinflußten Fachöffentlichkeit ein sehr starkes Echo bezüglich alternativer Konfliktslösungsmethoden aufgetan. Dieses Interesse fällt zusammen mit Bestrebungen aus Brüssel.

---

40 Siehe etwa die Zusammenstellung bei *Gängel/Gansel/Richter*, Rechtsberatung und Schlichtung, Beck-Rechtsberater im dtv, 1994.

41 §§ 28 ff. Bundesgesetzblatt 1957 I 756, zuletzt geändert Bundesgesetzblatt 1994 I, S. 2911.

42 Deutsches Patentamt, Jahresbericht 1996 S. 43.

3. Frankreich[43]

Man hat in Deutschland das Aufkommen von „conciliation" und „mediation" in den USA belächelt, weil man die Erfahrung hat, daß sich die staatlichen Richter selbst sehr intensiv als Vergleichsmittler betätigen und Druck auf die Parteien ausüben können, indem sie deutlich sagen, wie aller Wahrscheinlichkeit nach das Urteil aussehen wird, das sie erlassen werden, sollte es nicht zu einem Vergleich kommen. Auch in den USA ist im übrigen aber die Verbindung zwischen dem Richter und dem von ihm ernannten „mediator" so stark, daß der letztere versteckt mit dem drohen kann, was ihm der Richter hinter vorgehaltener Hand angedeutet hat.[44] Obwohl in Frankreich seit Inkrafttreten des neuen code de procédure civile[45] gesagt ist „Il entre dans la mission du juge de concilier les parties", ist es unüblich geblieben, daß die Richter selbst sich in Vergleichsverhandlungen unter den Parteien einschalten. Jedoch war die genannte Vorschrift das Einfallstor für „médiation". Die französische Version dieses Begriffs „médiation" geht jedenfalls sehr leicht von den Lippen. Unter dem Einfluß der Entwicklung in den USA[46] gebraucht man heute in Frankreich diesen Ausdruck anstatt der im Gesetz noch stehenden „conciliation". Es gibt zahlreiche veröffentlichte Hinweise, die belegen, daß französische Gerichte, gestützt auf die genannte Vorschrift, eine „médiation" unter Überwachung durch das Gericht anordneten.[47] Das Appelationsgericht von Paris hat dieses Verfahrenselement eine „institution prétorienne" genannt und für völlig gesetzeskonform erklärt.[48] Seine Präsidenten, zunächst Pierre Bellet und sodann Pierre Drai, gelten als sehr energische Promotoren dieser Neuerung. Ein Gesetz aus dem Jahre 1995 und, da in Frankreich Zivilprozeßrecht im Wege von Verordnungen und nicht durch Parlamentsgesetz geschaffen wird, zwei Verordnungen aus dem Jahre 1996 haben sodann der Praxis kräftigen Nachschub gegeben[49] und

---

43 Lit: *Pluyette*, Principes et applications récentes des décrets des 22 juillet et 13 décembre 1996 sur la conciliation et la médiation judiciaire; *Jarrosson*, Modes alternatifs de règlement des conflits, Rev. gén. des procedures, 1998, 167 ff.

44 Siehe den bei *Duve* (Fn 10) ausführlich geschilderten Agent Orange Fall.

45 Vom 5.12.1975, Art. 21.

46 So ausdrücklich eingeräumt von *Pluyette* a.a.O. 505.

47 Siehe nur die in der Textausgabe *Dalloz*, 1995, bei Art. 21 genannten Fälle und Beiträge.

48 Vom 16. Mai 1988 D 1988 Sommaire 328.

49 Dazu siehe *Pluyette* a.a.O.

den Ausdruck „médiation“ offen in die Gesetzessprache eingeführt.[50] Anders als in den USA setzt das Verfahren freilich die Zustimmung beider Parteien voraus. Der Richter kann aber beiden Verfahrensparteien gut zureden. Damit wird die berühmte Hemmschwelle überwunden, die eine Partei überspringen müßte, wenn sie von sich aus ihren Gegner eine „médiation“ vorschlagen wollte.

Im übrigen ist das Verfahren durch einige hochinteressante Elemente gekennzeichnet. Natürlich arbeitet der „médiateur“ nicht umsonst. Deshalb kann der Richter die Einzahlung von Vorschüssen anordnen. Das Entgelt, das der „médiateur“ endgültig bekommt, wird, wie das Gesetz schlicht und einfach sagt, „arbitré par le juge“, also vom Richter festgesetzt, ohne daß deshalb ein nennenswerter Verfahrensaufwand betrieben würde. Gesetz und Verordnungen lassen es sich angelegen sein sicherzustellen, daß alles, was im Laufe eines solchen Verfahrens geäußert worden ist, vor Gericht in keinerlei Zusammenhang verwertet werden darf. Der Richter setzt einen Endzeitpunkt fest, zu dem das gerichtliche Verfahren wieder aufgenommen wird, wenn es bis dahin dem „médiateur“ nicht gelingt, eine einvernehmliche Lösung zustande zu bringen. Länger als sechs Monate darf das Verfahren ohnehin nicht dauern. Die pragmatischen Franzosen haben aber herausgefunden, daß man das gerichtliche Verfahren auch nach Ablauf jener sechs Monate aussetzen kann, um Parteien und „médiateur“ gewissermaßen inoffiziell die Weiterarbeit an einer einverständlichen Lösung zu ermöglichen. Offenbar hat sich der in Frage kommende Personenkreis auch schon teilweise organisiert. Als „médiateur“ kann nämlich auch eine juristische Person eingesetzt werden, die dann die natürliche Person des eigentlichen „médiateurs“ aus ihrer Mitgliedschaft auswählt. Wie in den USA auch, verfügt der „médiateur“ über keinerlei Zwangsmittel, um die Parteien zu Erörterungen oder dazu zu veranlassen, Informationsmaterial zur Verfügung zu stellen. Denn andernfalls wäre das Vertrauen in die Mittelsperson dahin. Gleichwohl sagt das Gesetz rätselhafter Weise, der „médiateur“ habe den

---

50 Der Ausdruck „conciliation“ ist für die entsprechende Verfahrensgestaltung vor den tribunaux d'instance vorbehalten, ohne daß sie sich inhaltlich von der „médiation“ unterschiede. *Pluyette* a.a.O. 523 sieht den Strukturunterschied darin, daß der conciliateur „au nom et pour le compte du juge“ arbeite, was auf eine Delegation der Richterbefugnis hinauslaufe und nicht nur, wie bei einem „mediateur“, eine Beauftragung darstelle. Es ist jedoch schwer vorstellbar, wie sich dieser Unterschied praktisch auswirken soll.

Richter über Schwierigkeiten auf dem Laufenden zu halten, auf die er bei Erfüllung seiner Aufgabe stoße.[51] Genannt wird der Fall, daß beide Parteien Zugang zu Informationsquellen wünschen, die ein Dritter versperrt und demgegenüber nur eine richterliche Anordnung weiterhilft.

Über das eigentliche Gegenstück zur ADR in den USA und England, nämlich die organisierte Schlichtungstätigkeit ohne Einschaltung der Gerichte, erfährt man bzgl. Frankreich wenig. Allerdings hat die Cour de cassation jüngst darauf bestanden, daß Vertragsklauseln über Schlichtungsversuche unter Einschaltung Dritter strikt beachtet werden. Nach fünfjähriger Prozeßdauer wurde eine Klage als unzulässig abgewiesen, weil es der Kläger versäumt hatte, vor Anrufung der Gerichte einen Schlichter zu ernennen und die Beklagten aufzufordern, das gleiche zu tun.[52]

Über die Häufigkeit von „médiation" oder „conciliation judiciaire" erfährt man nichts. Man kann sich nur denken, daß der Gesetzgeber nicht die Anstrengung einer besonderen Regelung unternommen hätte, in der er im wesentlichen die bisherige Praxis bestätigte, wenn es sich nur um eine Randerscheinung gehandelt hätte.

4. Niederlande

Man kann gewiß nicht sagen, daß die Niederländer eine völlig andere Mentalität hätten als die Deutschen im angrenzenden Nordrhein-Westfalen. Jedoch beträgt gleichwohl in den Niederlanden der Anfall an streitigen Gerichtsverfahren nur einen Bruchteil der deutschen Zahlen, in Verkehrunfallsachen etwa nur ein Zehntel.[53] Eine traditionsreiche Infrastruktur von Schlichtungskommissionen verschiedenster Art wird dafür verantwortlich gemacht.[54] Besonders erwähnenswert sind die unter dem Dach einer Stiftung zusammengefaßten GESCHILLEN-commissies, in denen je ein Vertreter der Verbraucher und des Berufsverbandes der vom Streitfall betroffenen Branche sowie ein unabhängiger Vorsitzender tätig sind.[55] Sie verhandeln jährlich immerhin 7.000 Fälle. Ganz ähnlich arbeiten in einigen skandinavi-

51 *Pluyette* a.a.O. 517 f.
52 Rev. Arb. 1996, 613.
53 *Blankenburg*, Zeitschrift für Rechtssoziologie 1985, 255.
54 *Blankenburg* in *Gottwald/Strempel* (Hrsg.) Streitschlichtung, 1995, S. 139 ff.
55 Berichtet im Aktionsplan der EG-Kommission Zugang des Verbrauchers zum Recht, wiedergegeben in BRDrucks. 311/96, S. 5.

schen Ländern Verbraucherbeschwerdeausschüsse, die aber den Status einer Verwaltungsbehörde haben. Wer in den genannten Ländern das aufwendige Verfahren mit einem dreiköpfigen Entscheidungskollegium finanziert, entzieht sich meiner Kenntnis.

5. Die Schweiz

Bezüglich der Schweiz müßte man das Justizsystem von 25 Kantonen überprüfen, wenn man sich ein Bild davon machen wollte, welchen Stellenwert Schlichtungsverfahren haben. In manchen Zivilprozeßordnungen ist in der Tat ein obligatorisches Schlichtungsverfahren vor einem Friedensrichter vorgesehen. Ob ihm große Effizienz zukommt, entzieht sich meiner Kenntnis.

So will ich mich damit begnügen, den schweizerischen Bankenombudsmann kurz vorzustellen: Er heißt „Häni" und residiert in der Schweizer Gasse 21 in Zürich. Die Institution ist eingebettet in eine eigene Stiftung und steht nicht nur Verbrauchern zur Verfügung. Sie behandelt jährlich 650 neue Eingaben. Dazu kommt seit 1996 die Suche nach nachrichtenlosen Vermögenswerten. Die Aufgabe ist für den Mann eine Vollzeitbeschäftigung. Außer dem Sekretariat steht ihm insgesamt eine Arbeitskapazität von eineinhalb Vollzeitstellen zur Verfügung. Er finanziert sich zum guten Teil durch Gebühren, die von der jeweils im Einzelfall betroffenen Bank ohne Rücksicht auf den Ausgang der Sache erhoben werden. Entscheidungen, die für irgend jemanden verbindlich wären, kann er nicht treffen. Vielfach erteilt er auch nur eine mündliche Auskunft. Offenbar macht er überhaupt keine formalisierte Verlautbarung. Er berichtet auch, daß er nur in wenig mehr als 10% der Fälle die angegriffene Bank aufgefordert habe, ihr Verhalten zu korrigieren. Er hält es sich zugute, in vielen Fällen dem Kunden das Verhalten der Bank zu erläutern.

Der interessanteste Zug seiner Tätigkeit liegt in dem Maßstab, nach dem er sich richtet. Es ist nicht die Rechtmäßigkeit des Handelns der Bank. Vielmehr geht es dem Ombudsmann wie seinem englischen Homolog um „Recht und Billigkeit"[56]. Eine Rolle spielen dabei die Richtlinien der schweizerischen Bankiersvereinigung, obwohl sie im Verhältnis zum

56 Jahresbericht 1996, S. 4.

Kunden gerade nicht rechtsverbindlich sind. In einem Fall endete das Verfahren schlicht damit, daß der Ombudsmann dem Kunden den Rat gab, Konkurrenzangebote einzuholen.

IV. Initiativen der europäischen Kommission

Seit Ratifizierung der Maastrichter Verträge gehört nämlich der Verbraucherschutz zu den rechtsförmlich niedergelegten Zielen der EG.[57] Die Kommission ist außerordentlich stark von dem Drang geprägt, nicht nur materiellrechtliches Verbraucherschutzrecht zu schaffen, sondern auch sicherzustellen, daß Verbraucher die ihnen zustehenden Rechte in einem kostengünstigen und effektiven Verfahren geltend machen können.

Allerdings zeigt sich auch in diesem Bereich der Stil der Brüsseler Arbeit in fataler Weise. Sie ist inkonsistent und auf weiten Strecken von Intransparenz und substanzlosem Wortreichtum geprägt. Förmlich verabschiedete Aktionspläne, Empfehlungen, „Mitteilungen" und „Grünbücher" bis hin zu Richtlinien mit langatmigen Erwägungsgründen vermitteln ein verwirrendes Bild. Entscheidend ist jedoch folgendes: Seit Inkrafttreten der Maastrichter Verträge gehört der Verbraucherschutz zu den rechtsförmlich verankerten Zielen der EG.[58] Zu den übrigen Aufgaben, nämlich den grenzüberschreitenden Wirtschaftsverkehr zu fördern, bis schließlich ein vollständiger Binnenmarkt entsteht, hätte nur der grenzüberschreitende Verbraucherschutz gepaßt. Die EG ist aber zuständig für ein hohes Verbraucherschutzniveau schlechthin, also auch für sein Hauptfeld, nämlich den Schutz des Verbrauchers in einem Umfeld, das mit grenzüberschreitenden Wirtschaftsverkehr nichts zu tun hat, wenn man nur davon absieht, daß viele Verbrauchsgüter aus EG-Staaten importiert worden sind. Das ist natürlich eine willkommene Durchbruchstelle für eine ehrgeizige Institution. Da gegen den Ruf „mehr Verbraucherschutz" kaum einer opponiert, wird sich in diesem Bereich in unserem Rechtsleben einiges festsetzen, was aus Brüssel kommt.

Rechtsverbindlichen Niederschlag hat die Politik der Kommission in zwei neueren Richtlinien gefunden.

---

57 Titel XI EGV, Art. 129 a.
58 Titel XI EGV, Art. 129 a.

Es geht einmal um die Richtlinie über den Verbraucherschutz bei Vertragsabschlüssen im Fernabsatz, also im Versandhandel schlechthin und keinesfalls nur im grenzüberschreitenden.[59] Im eigentlichen Richtlinientext heißt es freilich noch recht allgemein (Art. 11) „Die Mitgliedstaaten sorgen im Interesse der Verbraucher für geeignete und wirksame Mittel, die die Einhaltung der Bestimmungen dieser Richtlinie gewährleisten". In den Erwägungsgründen (Nr. 21) ist aber bereits auf den Aktionsplan der Kommission und die darin ins Auge gefaßten „spezifischen Initiativen zur Förderung außergerichtlicher Verfahren" und die dabei sicherzustellenden „objektiven Kriterien" hingewiesen. In ganz ungewöhnlicher Weise ist in der Richtlinie auch eine Verpflichtung der Kommission festgehalten, nämlich zu untersuchen „ob wirksame Verfahren zur Behandlung von Verbraucherbeschwerden, die den Fernabsatz betreffen, geschaffen werden können" (Art. 17).

Die zweite Richtlinie, in der solche Einrichtungen angesprochen werden, ist die Richtlinie über grenzüberschreitende Überweisungen.[60] Warum es letztlich wieder nur um grenzüberschreitende Überweisungen und nicht um Überweisungen schlechthin geht, zwei Jahre vor Einführung des Euro, ist ganz unerfindlich. In dieser Richtlinie heißt es (Art. 10), die Mitgliedsstaaten hätten dafür Sorge zu tragen, „daß angemessene und wirksame Beschwerde- und Abhilfsverfahren zur Beilegung etwaiger Streitigkeiten zwischen dem Auftraggeber und seinem Institut bzw. zwischen einem Begünstigten und seinem Institut vorhanden sind", wobei hinzugefügt ist „gegebenenfalls unter Benutzung bestehender Verfahren". Offenbar war auch das nun schon über zehn Jahre alte englische Bankenombudsmannverfahren Anregung für die Europäische Kommission in Brüssel, ausgerechnet im Finanzdienstleistungsbereich auf die Einrichtung von außergerichtlichen, unparteiischen Instanzen zu pochen, vor denen Verbraucher ihre Beschwerden ohne unnötigen Formalismus, mit geringem und überschaubarem Kostenrisiko und mit Aussicht auf Behandlung in angemessener Zeit vorbringen können.

Diese beiden Richtlinien sind aber nur jene Erträgnisse der Politik der Kommission, die schon Rechtsformqualität erlangt haben. Niedergeschlagen hat sich diese Politik auch in einem Aktionsplan vom 14. Februar 1996 über

---

59 Dokument 97/7 EG vom 20. Mai 1997, ABl.EG L 144/19.

60 Richtlinie 97/5/EG des Europäischen Parlaments und des Rates vom 27.1.1997, ABl.EG 1997 L 43/25.

den Zugang des Verbrauchers zum Recht und die Beilegung von Verbraucherstreitfällen im Binnenmarkt.[61] Ausgehend von einer in der Tat verheerenden Kosten/Nutzen/Chancenanalyse eines von Verbrauchern bei kleinen Streitwerten anzustrengenden Gerichtsverfahrens wird dort die Förderung außergerichtlicher Streitbelegungsinstanzen, finanziell getragen allein von den betreffenden Wirtschaftszweigen, zum großen Programm erhoben. „Lemon Laws" und „banking ombudsmen" lassen also grüßen. Aus dem Dokument ist kurz darauf eine Reihe von förmlichen Empfehlungen der Kommission hervorgegangen, wie etwa zu den Geschäften, die mit elektronischen Zahlungsinstrumenten getätigt werden.[62] In einer Ende 1997 verlautbarten „Mitteilung" faßte die Kommission die Konsultationen zu ihrem im Jahr davor veröffentlichten „Grünbuch: Wahrung der Verbraucherinteressen" zusammen. In dieser Zusammenfassung bringt sie selbst zum Ausdruck, daß sie „eine klare Zusage von Finanzdienstleistungsinstitutionen" erhalten möchte, „daß in Zusammenarbeit mit den Verbrauchern Systeme zur Behandlung von Verbraucherbeschwerden geschaffen oder vollendet werden". Drohend fügt sie hinzu, bis Mitte 1999 zu beobachten, „ob die Probleme auf der Basis einer freiwilligen Selbstkontrolle gelöst werden können oder ob es weiterer Initiativen, u.a. Rechtsvorschriften bedarf".

Sieht man vom Fernabsatz einmal ab, so scheint Brüssel an eine Umsetzung seines Programms nur im Bereich der Finanzdienstleistungen gedacht zu haben. Jüngst wurde gegen die Stimme Deutschland die Richtlinie über den Verbrauchsgüterkauf und Garantien für Verbrauchsgüter verabschiedet.[63] Ihre Umsetzung wird das ganze Sachmängelgewährleistungsrecht des BGB auf eine neue Grundlage stellen. Es handelt sich um die mit Abstand bedeutsamste Richtlinie, die die EU auf dem Gebiet des Privatrechts erlassen hat. Man möchte meinen, daß auch dort „der Zugang des Verbrauchers zum Recht" ein zentrales Thema sein müßte. Jedoch nichts von alledem! Irgendwelche ADR-Verfahren sind in der Richtlinie nicht angesprochen. Auch was aus Brüssel kommt, ist also nicht immer konsistent!

---

61 KOM [96] 13/4 endg.; Ratsdokument 5985/96 wiedergegeben in BRDrucks. 311/96.

62 Veröffentlicht in Der Bankenverband informiert: Recht, Wertpapier, Börse III/1997 Nr. 17, S. 542.

63 Siehe vorerst Addendum zu Dokument 7561/98 CONSOM 20 CODEC 199.

V. Dogmatische Abschlußerwägungen

1. Es liegt auf der Hand, daß keine der Tätigkeiten des schweizerischen Ombudsmannes für das Verhältnis der Bank zu ihrem Kunden irgendeine Rechtsqualität erhalten könnte. Für die Schweiz ist es offenbar auch kein Problem, Sorge dafür zu treffen, daß Dinge, die im Schlichtungsverfahren offenbart wurden, nicht in einem nachfolgenden Gerichtsverfahren verwertbar sind. Im entsprechenden Reglement heißt es nur, der Ombudsmann unterstehe der Verschwiegenheitspflicht „des Beauftragten". Im Recht des Auftrages kennt aber das schweizerische Obligationenrecht eine besondere Verschwiegenheitspflicht nicht.

2. Wie liegen demgegenüber die Dinge in Deutschland. Zunächst eine Vorbemerkung: Bei den Sparkassen ist die Angelegenheit regionalisiert. Der deutsche Sparkassen- und Giroverband hat aber eine Musterschlichtungsordnung erarbeitet, die einen Einigungsvorschlag, aber keine für irgendeine Seite verbindliche Entscheidung vorsieht. Die Schlichtungsordnung des Sparkassen- und Giroverbands Hessen/Thüringen hält die 10.000-DM-Grenze wie sie der Bankenverband vorsieht, aber nicht nur für den gegenüber der Sparkasse verbindlichen Charakter der Entscheidung, sondern für die Zulässigkeit des Schlichtungsverfahrens generell. Im Jahr 1996 haben im Bereich des deutschen Sparkassen- und Giroverbandes insgesamt 500 Schlichtungsverfahren stattgefunden.[64] Sowohl für die Sparkassen wie für die Banken wird man wohl ein Zeugnisverweigerungsrecht der Ombudsleute im Zivilverfahren annehmen können. Denn die Ombudsleute sind sicherlich Personen, denen kraft ihres Amtes Tatsachen anvertraut sind, deren Geheimhaltung ihrer Natur nach geboten ist (§ 383 Abs. 1 Nr. 6). Vor den Strafgerichten gibt es demgegenüber kein „Bankgeheimnis", daher auch kein Geheimnis der Bankenombudsleute.

Daß sich eine Bank, die sich am Ombudsmannverfahren beteiligt, eine zu ihren Lasten ergangene Entscheidung nicht honorieren wird, wenn sie sich vorher bis zu einem Betrag von DM 10.000,- gebunden hat, ist allerdings nicht zu erwarten. Gleichwohl ist die Rechtsnatur einer solchen Entscheidung eines Ombudsmanns alles andere als klar. Zum einen ist nirgendwo gesagt, nach welchem Maßstab die Entscheidung zu treffen ist, sondern nur,

---

64 Informationen in zitierfähigen Publikationen nicht vorhanden. Auskunft des DSGV mit Anlagen an den Verfasser.

daß sie zu Lasten der Bank verbindlich ist, wenn sie für diese eine Beschwer von nicht mehr als DM 10.000,- mit sich bringt. Immerhin ist das gesamte System nur so zu verstehen, daß der Ombudsmann eine Rechtsentscheidung treffen soll. Er muß die Befähigung zum Richteramt haben. Wenn sich die Bank auf Verjährung beruft, ist eine etwaige Verjährung strikt zu beachten, obwohl dann der Ombudsmann die Beschwerde seltsamerweise als unzulässig abzuweisen hat.

Für die Schiedsstellen nach dem Arbeitnehmererfindungsgesetz wird gelehrt, daß ihre Sprüche Schiedsgutachten seien, wenn sie nach Ablauf der Einspruchsfrist verbindlich werden.[65]

Eine nach rechtlichen Maßstäben zu treffende verbindliche Entscheidung ist aber, wenn nicht von einem Gericht getroffen, im allgemeinen ein Schiedsspruch. Immerhin ist die Abgrenzung von Schiedsspruch und Schiedsgutachten flexibel und nicht durch den Inhalt der Entscheidung festgelegt. Allein die Parteien bestimmen, ob verbindliche Entscheidungen Dritter die Rechtsnatur von Schiedssprüchen oder von Schiedsgutachten haben sollen.[66] Wenn der zu Lasten der Bank ergehende Spruch des Ombudsmanns nur ein Schiedsgutachten sein sollte, dann stünde es der Bank frei geltend zu machen, der Spruch sei offenbar unrichtig. Liegt also vielleicht doch ein regelrechter Schiedsspruch vor?

Die Einseitigkeit der Bindungswirkung steht der Einordnung des Spruches als Schiedsspruch nicht entgegen. Schiedsgerichtsbarkeit unterliegt in weitem Umfange der Ausgestaltungsfreiheit der Parteien. Diese können vereinbaren, daß die Entscheidung des Dritten nur dann ein Schiedsspruch sein soll, wenn er zugunsten einer von ihnen ausfällt. Häufig wird man in einer solchen Situation zwar sagen müssen, der Schiedsvertrag sei sittenwidrig, weil er nicht jeder Partei Waffengleichheit verbürgt. Jedoch liegen die Dinge besonders, wenn der wirtschaftlich mit Abstand potentere Partner dem schwächeren Teil eine Option gewährt, deren Ausübung nur ihm einen Vorteil bringt. Daß ein Schiedsvertrag nicht auch zugunsten eines Dritten

---

65 Man sagt, der Spruch habe dann die Rechtsnatur eines Vertrages zwischen Arbeitnehmer und Arbeitgeber, *Bartenbach/Volz*, Arbeitnehmererfindungsgesetz, 3. Aufl. (1997) § 34, Rdn. 12; *Volmer/Gaul*, Gesetz über Arbeitnehmererfindungen, § 34, Rdn. 47. Das ist aber, aus der Perspektive der Spruchstelle betrachtet, nichts anderes als ein Schiedsgutachten.

66 BGHZ 6, 338; BGH ZIP 1981, 1097 (1099); *Lachmann*, Handbuch Schiedsgerichtspraxis, 1998, Rdn. 24 f.

soll geschlossen werden können, ist nicht einzusehen, wenn es dem Dritten freigestellt ist, das Schiedsgericht anzurufen oder an seiner statt die ordentlichen Gerichte.

Da es jedoch ausgeschlossen erscheint, daß eine Bank den zu ihren Lasten ergangenen Spruch des Ombudsmanns nicht honorieren wird, handelt es sich bei diesen dogmatischen Überlegungen eher um ein Glasperlenspiel, das ich mit Ihnen nicht länger betreiben möchte.

Erfahrungen als Ombudsmann*

Karl Dietrich Bundschuh, Vorsitzender Richter
am Bundesgerichtshof a.D., Ombudsmann, Wörth

Inhaltsübersicht

I. Grundzüge des Schlichtungsverfahrens

1. Verfahrensordnung

Grundlage des Ombudsmannverfahrens ist die vom Vorstand des Bundesverbands deutscher Banken im Rahmen eines verbraucherpolitischen Gesamtkonzeptes beschlossene Verfahrensordnung (VerfO).[1] Ihr lagen fol-

---

* Die Vortragsform wurde im wesentlichen beibehalten.

1 Abgedruckt in ZBB 1998, 59.

gende Zielvorgaben zugrunde: leichte Verständlichkeit für die Verbraucher und Gewährleistung eines unkomplizierten Verfahrensablaufs. Die Organisation sollte aus Kostengründen straff und konzentriert sein. Schließlich war für eine möglichst schnelle Erledigung der Beschwerden zu sorgen. Aus diesen Vorgaben erklären sich zahlreiche Bestimmungen der Verfahrensordnung.

2. Aufbau des Schlichtungsverfahrens

Das Schlichtungsverfahren ruht auf drei Säulen: Der Kundenbeschwerdestelle, dem bankinternen Schlichtungssystem und dem Ombudsmann.

a) Kundenbeschwerdestelle

Beim Bundesverband deutscher Banken[2] und beim Verband deutscher Hypothekenbanken[3] ist je eine Kundenbeschwerdestelle eingerichtet. Sie ist beim Bundesverband deutscher Banken mit zwei Juristinnen und einer Schreibkraft besetzt und ist im wesentlichen für den Geschäftsbetrieb verantwortlich. Bei den Hypothekenbanken, wo das Beschwerdeaufkommen erheblich geringer ist, nimmt sich ein Jurist neben anderem den Aufgaben der Kundenbeschwerdestelle an.

Die Beschwerden sind bei diesen Kundenbeschwerdestellen einzureichen. Von deren Existenz erfahren die Kunden vor allem durch Hinweise in den Medien, durch die Verbraucherverbände und durch das Bundesaufsichtsamt für das Kreditwesen, dagegen offenbar weniger von den Banken. Nicht selten beklagen sich Kunden darüber, daß die betroffene Filiale entweder keine Kenntnis von der Existenz des Schlichtungsverfahrens hatte oder nicht in der Lage war, deren Anschrift anzugeben. Dies war in allerletzter Zeit bei zwei Filialen ein und derselben Großbank der Fall. Ich möchte daher anregen, daß die Banken die vom Bundesverband deutscher Banken herausgegebene Kurzinformation „Der Ombudsmann der privaten Banken“ am Schalter auslegen und gegebenenfalls die Kunden darauf hinweisen. Dies würde die Glaubwürdigkeit des Bestrebens um Vertrauensbildung außerordentlich fördern.

---

2 Bundesverband deutscher Banken e.V., Kattenbug 1, 50667 Köln.
3 Verband deutscher Hypothekenbanken e.V., Holbeinstraße 17, 53175 Bonn.

b) Bankinternes Schlichtungssystem

Beschwerden werden grundsätzlich dem Vorstand, der Geschäftsführung oder der Geschäftsleitung der betroffenen Bank zugeleitet, es sei denn, es besteht ein eigenes Beschwerdemanagement, das zur hausinternen Erledigung berufen ist. Die Großbanken haben alle solche Abteilungen eingerichtet. Meistens residieren diese im Privatkundenbereich und sind mit Bankkaufleuten besetzt. Seltener nimmt die Rechtsabteilung die Aufgabe der Beschwerdebearbeitung wahr. Darüber, was besser ist, bin ich mir nicht schlüssig. Werden die Beschwerden im Privatkundenbereich bearbeitet, sind sie in der Regel gut aufgearbeitet, was die bankkaufmännischen und bankwirtschaftlichen Belange betrifft. Die juristische Aufarbeitung hat dagegen verständlicherweise Schwächen. Dies ist natürlich anders, wenn sich die Rechtsabteilung mit den Beschwerden befaßt. Die sich daraus für das Schlichtungsverfahren ergebenden Probleme haben bei mir zu einem Lernprozeß geführt. Ich habe anfangs die Beschwerden zu sehr mit juristischen Augen gesehen und das Verfahren eher wie eine Art Zivilprozeß behandelt. Das wurde dem Umstand nicht gerecht, daß auf Bankenseite in der Regel nicht Juristen sondern Bankkaufleute die Bearbeiter waren, von denen man nicht ohne weiteres erwarten kann, daß sie die Entscheidungserheblichkeit von Einzelheiten des Sachvortrags des Kunden erkennen. Mit anderen Worten, inzwischen weise ich auch die Bank darauf hin, wenn sie zu einem entscheidungserheblichen Punkt keine Stellung genommen hat, während ich anfangs davon ausgegangen bin, daß das bei den sachkundigen Banken nicht geboten sei.

Wesentlich in diesem Zusammenhang ist, daß die Beschwerden an eine herausgehobene Stabsstelle der Hauptverwaltung gelangen und nicht von der betroffenen Filiale bearbeitet werden. Diesem Organisationsprinzip ist es grundsätzlich zuzuschreiben, daß die Mehrzahl der zugunsten der Kunden ausfallenden Beschwerden bereits in diesem Verfahrensstadium einvernehmlich erledigt werden. Dennoch läßt sich nicht übersehen, daß der Einfluß der Filialen auch im Bereich des zentralen Beschwerdemanagements u.a. sich deshalb manchmal hemmend auswirkt, weil die Verluste im eigenen Rechnungswerk zu Buche schlagen. Hier kommt es maßgeblich auf die Durchsetzungsfähigkeit des Beschwerdemanagers an. Bei einigen Banken wird dessen Arbeit dadurch erleichtert, daß er über ein eigenes, meist jedoch kleineres Budget verfügt.

c) *Ombudsmann*

Der Ombudsmann, der die Befähigung zum Richteramt haben muß, wird durch den Vorstand des Bundesverbandes deutscher Banken auf die Dauer von drei Jahren berufen; er kann vor Ablauf seiner Amtszeit nur aus wichtigem Grund abberufen werden. Der Ombudsmann steht also nicht in einem Arbeitsverhältnis zum Bundesverband deutscher Banken. Es handelt sich vielmehr um ein Dienstverhältnis i.S. des § 611 BGB. Der Ombudsmann ist Alleinentscheider. Er ist räumlich und technisch nicht in die Verbandsgeschäftsstelle integriert. Er ist mit einem PC, einem Fax-Gerät und einem Anrufbeantworter ausgestattet und arbeitet Zuhause. Die Schlichtungssprüche schreibt er selbst. Zur Zeit sind zwei Ombudsmänner bestellt. Beide sind ehemalige Richter, die in der Lage sind, die ihnen durch die Verfahrensordnung eingeräumte persönliche und sachliche Unabhängigkeit zu wahren. Von Kunden, deren Beschwerden erfolglos geblieben sind, wird das allerdings gelegentlich anders gesehen. Es heißt dann: „Wes Brot ich eß, des Lied ich sing" oder: „Herr Bundschuh versteht sich in seiner Eigenschaft als Ombudsmann als Anwalt der Großfinanz, nicht jedoch als Interessenvertreter eines von der Bank geprellten Kleinanlegers" oder: „Ich habe mir... auch so meine Gedanken über die Ombudsmann-Geschichte gemacht. Fazit: Man darf einen Friseur nicht danach fragen, ob die Haare geschnitten werden müssen".

Die Verteilung der Geschäfte ist in einem vom Verbandsvorstand im Einvernehmen mit den Ombudsmännern aufgestellten Geschäftsverteilungsplan geregelt. Danach bearbeitet Herr Dr. Parsch die Beschwerden von Beschwerdeführern, deren Namen mit den Anfangsbuchstaben A – K beginnen; ich bin zuständig für die Buchstabengruppe L – Z.

3. Verfahrensablauf

a) *Vorprüfungsverfahren (Nr. 3 Abs. 1 und 2 VerfO)*

Nach Eingang der Beschwerde bei der Kundenbeschwerdestelle werden die Unterlagen geprüft und der Beschwerdeführer erforderlichenfalls zur Ergänzung aufgefordert. Außerdem erhält er die Verfahrensordnung und die erwähnte Kurzinformation zugeschickt.

b) Schlichtungsverfahren

aa) Prüfung der Zulässigkeit des Verfahrens (Nr. 2 i.V.m. Nr. 4 Abs. 1 VerfO)

In Nr. 2 der Verfahrensordnung sind eine Reihe von Gründen angegeben, bei deren Vorliegen eine Schlichtung durch den Ombudsmann nicht stattfindet. Gelangt die Kundenbeschwerdestelle nach Vorliegen aller Unterlagen zu der Auffassung, daß die Beschwerde unzulässig ist, legt sie diese dem Ombudsmann zur Entscheidung über die Zulässigkeit vor. Schließt er sich der Auffassung der Kundenbeschwerdestelle an, weist er die Beschwerde als unzulässig ab. Hält er sie dagegen für zulässig, gibt er die Akten zur Fortsetzung des Verfahrens an die Beschwerdestelle zurück.

bb) Weiterleitung an die Bank (Nr. 4 Abs. 2 VerfO)

Die zulässigen Beschwerden leitet die Kundenbeschwerdestelle an die betroffene Bank weiter. Diese hat binnen einer Frist von einem Monat zu der Beschwerde Stellung zu nehmen. Die Frist kann erforderlichenfalls um einen weiteren Monat verlängert werden. Die Monatsfrist wird ganz überwiegend – Ausnahmen bestätigen die Regel – eingehalten. Verlängerungen sind meistens sachlich bedingt in Fällen, die umfangreichere Recherchen erfordern.

Die Bank legt ihre Stellungnahme, wenn nötig unter Beifügung von Unterlagen, der Kundenbeschwerdestelle vor. Diese leitet sie dem Kunden zu und legt den Vorgang dem Ombudsmann vor.

cc) Verfahren beim Ombudsmann (Nr. 4 Abs. 4 VerfO)

Der Ombudsmann holt, wenn es zur Klärung des Sachverhalts notwendig ist, eine ergänzende Stellungnahme der Parteien ein, was nicht ganz selten ist. Wenn eine umfangreichere Sachaufklärung notwendig ist, geschieht dies durch eine Aufklärungsverfügung. In der Mehrzahl der Fälle genügt jedoch eine telefonische Anfrage bei der Bank, die alsdann wiederum per Telefon, per Fax oder auch schriftlich über die Kundenbeschwerdestelle erledigt wird. Die Bereitschaft der beteiligten Bankangestellten – in jeder Akte wird uns ein Ansprechpartner mit Telefonnummer genannt – zur Zusammenarbeit, auch wenn das Ergebnis zu Lasten der Bank ausfällt, verdient uneingeschränktes Lob. Darin liegt ein großer Vorzug des Ombudsmannverfahrens.

Der Ombudsmann entscheidet in der Regel durch einen Schlichtungsspruch. Zunehmend häufiger mache ich aber auch Vergleichsvorschläge.

Der Schlichtungsspruch muß nicht begründet werden. Von dieser Möglichkeit mache ich jedoch selten Gebrauch. Ich sehe z. B. von einer Begründung ab, wenn der Fehler der Bank auch für diese evident sein muß, es sich um kleine Summen handelt und es verwundert, daß man die Beschwerde bis zum Ombudsmann hat gelangen lassen. In der Regel werden die Schlichtungssprüche aber begründet. Das Schlichtungsverfahren würde m. E. seinen Zweck nur teilweise erfüllen, wenn die Banken nicht erfahren würden, was sie falsch gemacht haben. Das ist aber nur die eine Seite. Für beide Parteien ist das Verfahren glaubwürdiger und transparenter, wenn ihnen die Gründe für den Erfolg oder Mißerfolg nachvollziehbar dargelegt werden. Ein negativer Spruch ohne Begründung ist sicher nicht in der Lage, beim Kunden Zufriedenheit zu erzeugen. Dagegen ist ein Schlichtungsspruch mit einer Begründung, die dem Kunden aufzeigt, daß er sich geirrt hat und warum die Bank im Recht ist, viel eher geeignet, das Ziel des Schlichtungsverfahrens zu erreichen, nämlich das Vertrauensverhältnis zur Bank wieder herzustellen. Ich hoffe, daß dies uns trotz der gebotenen Kürze der Schlichtungssprüche gelingt. Im Durchschnitt besteht der Schlichtungsspruch aus einer halben Seite. Es können aber auch einmal zwei Seiten werden.

Ferner hat die Erfahrung gezeigt, daß Beschwerdeführer, deren Beschwerde ohne Begründung abgewiesen worden ist, sich damit nicht zufrieden geben und wieder und wieder vorstellig werden. Dies war z.B. der Fall bei einem gelernten Bankkaufmann, der behauptet hat, er hätte über die Möglichkeit von Kursverlusten bei Aktien aufgeklärt werden müssen. In diesem Zusammenhang ist allerdings darauf hinzuweisen, daß das Schlichtungsverfahren keine Rechtsmittel kennt. Auch Gegenvorstellungen werden nicht mehr berücksichtigt.

dd) Bindungswirkung des Schlichtungsspruchs (Nr. 4 Abs. 5 u. 6 VerfO)

Der Schlichtungsspruch ist für die Bank bindend, wenn der Beschwerdegegenstand den jeweils nach dem Gerichtsverfassungsgesetz maßgeblichen Höchstbetrag für vermögensrechtliche Klagen vor dem Amtsgericht (derzeit 10.000 DM) nicht übersteigt. Dem Beschwerdeführer hingegen steht in jedem Fall der Weg zu den ordentlichen Gericht offen. Schlichtungssprüche in Verfahren mit einem höheren Beschwerdegegenstand, die nicht selten sind, entfalten für beide Parteien keine Bindung.

Auf die rechtliche Konstruktion der Bindungswirkung soll hier nicht eingegangen werden. Dies ist nicht das Problem des Ombudsmannes, sondern der staatlichen Gerichte, bei denen Schlichtungssprüche durchgesetzt werden sollen. Außerdem gibt es noch keine Rechtsstreitigkeiten, in denen die Bank sich weigert, die Bindungswirkung anzuerkennen.

In welchem Umfang die Banken sich an Schlichtungssprüche halten, an die sie nicht gebunden sind, entzieht sich meiner genauen Kenntnis, da wir über den Ausgang des Verfahrens in der Regel nicht unterrichtet werden. Nach Auskunft der Kundenbeschwerdestelle, die in solchen Fällen häufiger als Schaltstelle zwischen Kunden und Banken fungiert, halten sich die Banken in der Regel auch an nicht bindende Schlichtungssprüche. Mir selbst sind allerdings zwei Fälle bekannt, in denen sich die Bank nicht an meinen Schlichtungsspruch gehalten hat. Im einen Fall haben mich die Kunden davon unterrichtet, von dem anderen Fall wurde in der Zeitschrift „Capital" berichtet.

In jüngster Zeit hat mir eine Bank mitgeteilt, daß mein Schlichtungsspruch für sie nicht bindend sei und sie sich nur teilweise daran halten wolle. Dieser Vorgang wirft einige Probleme auf, die hier erörtert werden sollen. Doch zunächst zum Fall selbst:

Der nicht börsentermingeschäftsfähige Kunde hat bei Geschäften mit Optionsscheinen Verluste erlitten. Er hat geltend gemacht, nicht ausreichend aufgeklärt worden zu sein und hat den Ersatz seines Schadens nebst Zinsen gefordert. Die Rückfrage bei der Bank ergab, daß es sich um Geschäfte mit selbständigen Optionsscheinen, also um Börsentermingeschäfte, gehandelt hat. Darauf erging ein Schlichtungsspruch, der die Bank verpflichtete, rund 9.000 DM nebst 5% Zinsen über dem jeweiligen Diskontsatz seit 1989 als Nutzungen gem. § 818 Abs. 1 BGB zu bezahlen. Der Zinsbetrag belief sich ebenfalls auf rund 9.000 DM. Die Bank hat mitgeteilt, sie zahle den Hauptbetrag, aber mit Rücksicht auf das damals bevorstehende, inzwischen ergangene Urteil des XI. Zivilsenats des Bundesgerichtshofes zur Herausgabe des Zinsnutzens[4] nicht auch die Zinsen. Der Beschwerdewert übersteige 10.000 DM, da die Zinsforderung, wenn überhaupt, jedenfalls nicht als Nebenforderung geltend gemacht worden sei.

4 Urt. v. 12.5.1998 – XI ZR 79/97, WM 1998, 1325 = ZIP 1998, 1063.

Die Bank stellte in erster Linie darauf ab, die Forderung aus ungerechtfertigter Bereicherung sei nicht Gegenstand des Schlichtungsverfahrens gewesen. Ihr schwebt wohl § 308 ZPO vor, wonach das Gericht nicht befugt ist, einer Partei etwas zuzusprechen, was nicht beantragt ist. Abgesehen davon, daß diese Vorschrift hier nicht eingreifen würde, weil der Kunde den Sachverhalt vollständig vorgetragen hatte aus dem sich, nach Aufklärung, ein Anspruch aus ungerechtfertigter Bereicherung ergab, und er eindeutig zum Ausdruck brachte was er ersetzt haben wollte, nämlich seinen Verlust und Zinsen, bin ich der Ansicht, daß diese Vorschrift im Schlichtungsverfahren nicht gilt. Es kommt nicht selten vor, daß beim Durcharbeiten der Akten z.B. falsche Wertstellungen oder zu Unrecht erhobene Gebühren entdeckt werden. M. E. entspricht es dem Zweck des Ombudsmannverfahrens, daß auch solche Fehler aufgegriffen und geregelt werden, natürlich unter Wahrung des rechtlichen Gehörs. Andernfalls besteht die Gefahr, daß der Kunde, wenn er später auf diese Fehler aufmerksam wird, sich hintergangen fühlt oder zumindest den Eindruck schlampiger Arbeit hat.

Das nächste Problem, das dieser Fall aufwirft, ist die Frage, wie der Wert des Beschwerdegegenstandes berechnet wird, wenn die 10.000 DM-Grenze nur wegen der Zinsforderung als Nebenforderung überschritten wird.

M. E. muß hier § 4 ZPO entsprechend Anwendung finden. Da die Verfahrensordnung die Bindungswirkung an den Höchstbetrag für vermögensrechtliche Klagen vor den Amtsgerichten knüpft, muß der Wert des Beschwerdegegenstandes für die Bindungswirkung grundsätzlich auch nach den Vorschriften bestimmt werden, aus denen sich der Zuständigkeitsstreitwert der Amtsgerichte ergibt, es sei denn, die Besonderheit des Schlichtungsverfahren erfordere, wie z.B. bei einer Teilbeschwerde, eine andere Entscheidung. Früchte, Nutzungen (um die es hier geht), Zinsen und Kosten bleiben also unberücksichtigt, wenn sie als Nebenforderungen geltend gemacht werden. Daran, daß dies im vorliegenden Fall so war (Schaden und Zinsen), kann kein vernünftiger Zweifel bestehen.

4. Sonstiges (Nr. 5 Abs. 1 bis 4 VerfO)

Für die Dauer des Schlichtungsverfahrens gilt die Verjährung für die Ansprüche des Kunden als gehemmt. Dies gilt nicht auch für Ansprüche der Banken. Solche sind durchaus Gegenstand von Kundenbeschwerden, wenn sich Kunden gegen Ansprüche der Banken zur Wehr setzen.

Die Kosten des Schlichtungsverfahrens trägt der Bundesverband deutscher Banken. Die Kunden und die Banken tragen ihre eigenen Kosten, auch die ihrer Rechtsanwälte.

II. Praxis des Ombudsmannverfahrens

1. Beschwerdezahlen

An den Anfang dieses Abschnitts möchte ich einige Zahlen aus der Statistik stellen.

Im Bereich der privaten Banken sind seit 1. Juli 1992 5.855 Eingaben gegen die rund 300 Mitgliedsinstitute eingegangen. Die Beschwerden sind von 941 im Jahr 1993, dem ersten vollen Jahr, auf 1.110 im Jahre 1997 gestiegen. Von den gegen die Mitgliedsinstitute gerichteten Beschwerden waren 2.051 nach der Verfahrensordnung unzulässig und 2.818 zulässig. Von den zulässigen Beschwerden sind 1.316 ganz oder teilweise zugunsten der Kunden entschieden bzw. im Einvernehmen mit ihnen beigelegt worden; 1.375 sind zugunsten der Banken entschieden worden. In 127 Fällen wurde vom Ombudsmann ein Vergleich angeregt.

Beim Verband der Hypothekenbanken sind bis zum 31. März 1998 1.067 Beschwerden gegen Mitgliedsinstitute eingegangen. Davon waren 205 Eingaben nach der Verfahrensordnung unzulässig. Von den zulässigen 790 Beschwerden wurden 224 ganz oder teilweise im Sinne des Kunden abgeschlossen. Hinzu kamen noch 82 Vergleichsvorschläge. Die Hypothekenbanken bieten also weniger Angriffsflächen als die Privatbanken. In diesem Zusammenhang ist jedoch noch folgendes zu beachten: Unter den abgewiesenen Beschwerden befinden sich seit den Urteilen des Bundesgerichtshofes zur Vorfälligkeitsentschädigung vom 1. Juli 1997[5] viele, auf Grund deren die Bank eine Nachberechnung nach den Kriterien der Rechtsprechung vornahm, die dann aber ergab, daß die früher verlangte Entschädigung niedriger war oder auch, daß ein bestimmter Betrag zurückzuzahlen war und die Kunden sich damit nicht zufrieden gaben. In diesen Fällen erlangten die Beschwerdeführer immerhin die Gewißheit, daß sie nicht zuviel gezahlt haben oder die Zuvielzahlung korrekt zurückerstattet wurde.

5 Urt. vom 1.7.1997 – XI ZR 267/96, WM 1997, 1747 = ZIP 1997, 1641, Urt. vom 1.7.1997 – XI ZR 197/96, WM 1997, 1799 = ZIP 1997, 1646.

2. Unzulässige Beschwerden

Die verhältnismäßig hohe Zahl unzulässiger Beschwerden beruht im wesentlichen darauf, daß die Verfahrensordnung eine Reihe von Ausnahmen vom Schlichtungsverfahren statuiert, die ihre Rechtfertigung in der Besonderheit des Verfahrens haben.

Die meisten der unzulässigen Beschwerden sind mit der Begründung abgewiesen worden, daß die Klärung des Sachverhalts eine Beweisaufnahme erfordert (Nr. 2 Abs. 2 e VerfO). Es handelt sich um 623 Eingaben. Beweisaufnahmen können, so wie das Verfahren organisiert ist, nicht durchgeführt werden. Sie scheitern auch daran, daß Zeugenvernehmungen nicht erzwungen werden können. Eine mündliche Anhörung der Parteien ist nach der Verfahrensordnung zwar möglich, findet in der Praxis aber nicht statt. Das Verfahren wird ausschließlich schriftlich durchgeführt.

Die Prüfung dieser Beschwerden ist für die Beschwerdestelle und den Ombudsmann zeitaufwendig, weil sie eine Schlüssigkeitsprüfung erfordern um feststellen zu können, ob der streitige Sachverhalt entscheidungserheblich ist.

Aus dieser Regelung ist schon gefolgert worden, es handle sich um ein Verfahren für leichte Fälle. Dies ist so nicht richtig. Das Verfahren ist auf unstreitige Sachverhalte zugeschnitten, die aber rechtlich schwierig sein können und es sehr häufig auch sind.

Bei der zweitgrößten Gruppe sind die Beschwerdeführer keine Verbraucher. Wenn der streitige Geschäftsvorfall der gewerblichen oder selbständigen beruflichen Tätigkeit des Beschwerdeführers zuzurechnen ist, steht ihm das Schlichtungsverfahren nicht zur Verfügung (Nr. 2 Abs. 1 a) VerfO). Hier gibt es oft schwierige Abgrenzungsprobleme.

Eine weitere Gruppe von Beschwerden wird als unzulässig abgewiesen, wenn der Schlichtungsspruch die Entscheidung über eine in der höchstrichterlichen Rechtsprechung noch nicht entschiedene Grundsatzfrage erfordert (Nr. 2 Abs. 2 d) VerfO). Nach meiner Praxis war dies der Fall bei Beschwerden über die Höhe der Vorfälligkeitsentschädigung bis zu den Entscheidungen des Bundesgerichtshofes vom 1. Juli 1997 und ist es jetzt noch beim Scheckkartenmißbrauch am Geldautomaten.

Im Scheckkartenfall ist die Rechtsprechung der Amts-, Land- und Oberlandesgerichte kontrovers. Da dieses Problem von großer wirtschaftlicher Bedeutung ist, handelt es sich um eine Grundsatzfrage, die höchstrichterlich noch nicht entschieden ist. Leider hat das Oberlandesgericht Hamm in seinem Urteil zur Haftung der Banken bei Mißbrauch von ec-Karten[6] die Revision mit der nicht zutreffenden Begründung nicht zugelassen, es handle sich um eine nicht revisible Tatsachenfrage. Die Haftungsfrage hängt maßgeblich davon ab, ob bei Geldabhebung am Automaten mit gestohlener ec-Karte unter Verwendung der PIN der Anscheinsbeweis dafür spricht, daß der Karteninhaber die PIN auf der Karte oder sonstwo für den Dieb zugänglich vermerkt und damit grob fahrlässig gehandelt hat. Der Begriff des Anscheinsbeweises ist ein Rechtsbegriff, der in der Revision dahin überprüft werden kann, ob ihn das Berufungsgericht verkannt hat.[7] Die Nichtzulassung der Revision ist umso bedauerlicher, als der Streitwert in der Regel im amtsgerichtlichen Bereich liegt und deshalb die Aussicht, daß ein Prozeß an den Bundesgerichtshof gelangt, gering ist. Zu einer Prorogation an ein Landgericht wird sich die Bankwirtschaft nicht bewegen lassen, da sie mit der herrschenden Rechtsprechung der Untergerichte gut leben kann.

Als weiterer ungeschriebener Unzulässigkeitsgrund wird im Schrifttum angesehen und in den Statistiken geführt, wenn der Beschwerdegegenstand eine geschäftspolitische Entscheidung betrifft. Es wird auch gefordert, dies bei der nächsten Änderung in die Verfahrensordnung einzuarbeiten. Ich bin dagegen, weil es ein zu gefährliches Instrument ist, um die Schlichtung zu torpedieren. Es ist m. E. auch dogmatisch falsch, hier von Unzulässigkeit zu sprechen. Geschäftspolitik – die selbstredend nicht überprüft werden kann – beginnt da, wo die rechtliche Verpflichtung aufhört. Wenn die Bank sich weigert, mit einem Antragsteller einen Kreditvertrag abzuschließen, dann ist sie im Recht, weil kein Kontrahierungszwang besteht und nicht deshalb, weil es den Grundsätzen ihrer Geschäftspolitik entspricht. Die Beschwerde ist dann sachlich unbegründet und nicht unzulässig. Andererseits ist es unzweifelhaft Geschäftspolitik, wenn eine Bank beschließt, sich von allen Kunden zu trennen, deren Depotwert unter 500.000 DM liegt. Wenn sie dann alle Verträge unter Verletzung der Kündigungsvorschriften in den Allgemeinen Geschäftsbedingungen fristlos kündigt, ist dies unberechtigt. Die dagegen gerichtete Beschwerde ist erfolgreich, obwohl der Kündigung allein eine geschäftspolitische Entscheidung zugrunde liegt.

---

6 ZIP 1997, 878.
7 Ebenso *Spindler* in EWiR 1997, 545.

3. Beschwerdeerledigung zugunsten des Kunden

Von den Beschwerden, die zugunsten des Kunden ausgehen, werden die meisten bereits einvernehmlich zwischen Kunde und Bank erledigt, nachdem die Bank zur Stellungnahme aufgefordert worden ist. Daran wird ersichtlich, welch heilsame Wirkung schon alleine die Existenz des Schlichtungsverfahrens hat. Es handelt sich immerhin durchweg um Eingaben, denen stets ein ergebnisloser und häufig umfangreicher Schriftwechsel mit der betroffenen Filiale vorausgegangen ist. Dies hat ein Leserbriefschreiber[8] auf den Punkt gebracht:

> Als erfolgreicher Rechtsstreiter mit der ...bank ... kann ich allen betroffenen Kunden den Bundesverband deutscher Banken...sehr empfehlen, der sich in der Kundenbeschwerdestelle ausführlich und kostenfrei aller Probleme der Kunden mit ihren Banken annimmt. Die ...bank lenkte erst mit diesem Druckmittel auf einen wochenlangen Papierkrieg ein, nachdem sie überzogene Forderungen gestellt hat.

Mit Sicherheit spielt dabei auch eine Rolle, daß die Banken sich vom Ombudsmann ebensowenig wie von den Gerichten gerne Fehler vorwerfen lassen. Dies hat aber auch zur Folge, daß vor den Ombudsmann fast nur Fälle gelangen, die vom bankinternen Beschwerdemanagement nach eingehender Prüfung und manchmal auch nach Einschaltung der Rechtsabteilung als unbegründet erachtet werden. Dementsprechend ist der Prozentsatz der erfolgreichen Beschwerden erheblich niedriger als der einvernehmlich erledigten. Daran sollte man aber die Effektivität der Tätigkeit der Ombudsmänner nicht messen. Abgesehen davon, daß in besonders verfahrenen Situationen doch manchem Kunden noch zu seinem Recht verholfen werden kann, können, wie ich schon ausgeführt habe, auch die für den Kunden im Ergebnis negativen Entscheidungen zur Wiederherstellung des Vertrauensverhältnisses zur Bank führen, wenn dem Kunden sachlich und objektiv dargelegt wird, warum seine Beschwerde keinen Erfolg haben kann. Bis die Beschwerden beim Ombudsmann landen, hat sich vielfach berechtigterweise so viel Ärger, Mißtrauen und schließlich Frust aufgebaut, daß der Bank und ihren Vertretern, auch den Beschwerdemanagern, kein Glauben mehr geschenkt wird. In dieser Situation hat nur noch der neutrale Ombudsmann eine Chance, den Kunden von der Richtigkeit der Stellungnahme der Bank zu überzeugen. Manche Kunden erklären ausdrücklich, daß sie den negativen

---

8 Finanztest 4/97 S. 6.

Ausgang des Beschwerdeverfahrens nur nach einer Entscheidung des Ombudsmanns akzeptieren.

4. Sachlicher Inhalt der Beschwerden

Die Beschwerden betreffen alle Bereiche des Bankgeschäfts, wobei sich zwei Schwerpunkte herausgebildet haben.

a) Einen Schwerpunkt bildet das Wertpapiergeschäft. Der Anteil dieser Beschwerden am Gesamtaufkommen beträgt rund ein Drittel. Enttäuschte Anleger werfen der Bank vor, sie über die spezifischen Risiken eines von ihnen erworbenen Papiers nicht aufgeklärt oder sie entgegen ihren ursprünglichen Vorstellungen zum Erwerb von Risikopapieren überredet zu haben. Oder sie machen geltend, beim Kauf von Anteilen eines Rentenfonds nicht auf das Risiko von Kursschwankungen hingewiesen worden zu sein oder darauf, daß der Kauf von solchen Anteilen wirtschaftlich nur sinnvoll sei, wenn der anzulegende Betrag längerfristig zur Verfügung stehe.

Eine erhebliche Rolle spielen Streitigkeiten über Börsentermingeschäfte. Hier haben die Banker erheblich größere mentale Schwierigkeiten als bei anderen Geschäften, wenn sie wegen der Unverbindlichkeit der Geschäfte die Prämien zurückzahlen sollen. Es werden alle nur denkbaren Register gezogen, wie z. B. die Berufung auf die Unverbindlichkeit sei rechtsmißbräuchlich, weil der Beschwerdeführer Jura-Professor sei, oder, es liege eine Leistung auf das Geschäft gem. § 55 BörsG allein darin, daß das Konto geschlossen worden ist. Auch der oben geschilderte Fall gehört hierher.

Viele Beschwerdeführer wollen Kursverluste ersetzt haben mit der alleinigen Begründung, die Bank habe eine Aktie empfohlen, die später im Kurs gefallen sei. Allein der Kursverlust – so der Vortrag eines Rechtsanwalts in eigener Sache – indiziere die Falschberatung. Nicht selten ist auch der Vorwurf, die Bank habe die Wertentwicklung des Depots nicht überwacht und nicht auf fallende Kurse hingewiesen. Auch bei der Abwicklung von Wertpapierkauf- oder -verkaufsaufträgen kommt es mitunter zu Problemen. Gebührenfragen, vor allem im Depotbereich, spielen ebenfalls eine Rolle.

Die Anlageberatungsfälle machen den Großteil der Beschwerden aus, die als unzulässig abgewiesen werden müssen, weil die Klärung des Sachverhalts eine Beweisaufnahme erfordert. Grob gesagt stellt sich das beiderseitige Vorbringen häufig wie folgt dar: Der Kunde hat nur eine sichere Anlage ohne jedes Kursrisiko gewollt; die Bank hingegen hat die gebotene Aufklärung erteilt.

Wie schon ausgeführt, ist die Regelung, daß – abgesehen vom Urkundenbeweis – keine Beweisaufnahme stattfindet, von der Konzeption des Schlichtungsverfahrens her richtig. Es besteht aber natürlich die Gefahr, daß über diese Bestimmung die Banken das Ombudsmannverfahren teilweise blockieren können. Dem kann aber begegnet werden, indem man darauf achtet, daß die Bank auch wirklich substantiiert bestreitet.

b) Der zweite Schwerpunkt mit einem Anteil von ebenfalls einem Drittel ist das Kreditgeschäft. Im Zusammenhang mit Konsumentenkrediten wird häufig über die Angemessenheit von Zinssätzen gestritten oder darüber, ob ein variabler Zins rechtzeitig angepaßt worden ist oder nicht. Sehr häufig sind Streitigkeiten wegen der Mithaftung oder Verbürgung für Kredite des Partners nach Auflösung der Ehe oder der Lebensgemeinschaft. In diesen Fällen liegen meist schon rechtskräftige Titel vor, so daß die festgestellte Forderung im Schlichtungsverfahren nicht mehr geprüft werden darf (Nr. 2 Abs. 2 a) VerfO). Dies schließt aber eine Schlichtung, die die Art und Weise der Vollstreckung betrifft, nicht aus. Hier gibt es aber weniger Rechtliches zu entscheiden als zu versuchen, die Parteien wieder ins Gespräch zu bringen und der Bank gegebenenfalls vor Augen zu führen, wie gering ihre Chancen sind, überhaupt Geld zu bekommen, wenn sie auf der vollen Forderung besteht. In einem Fall ist es gelungen, die Forderung der Bank vergleichsweise von 250.000 DM auf 50.000 DM zu reduzieren bei Raten von anfänglich 50,--DM monatlich und gegebenenfalls ansteigend bei steigendem Einkommen. Auch dieser Betrag war für die Schuldnerin noch hoch genug.

In letzter Zeit häufen sich die Fälle, wo der Beschwerdeführer wegen Arbeitslosigkeit seine Schulden nicht mehr bezahlen kann. Da diese Kunden meistens nicht nur bei einer Bank Schulden haben, eignen sich diese Fälle in der Regel nicht für das Schlichtungsverfahren. Ich rate dann, eine Schuldnerberatung in Anspruch zu nehmen.

Bei Hypothekarkrediten geht es meist um Beschwerden, die im Zusammenhang mit der vorzeitigen Rückzahlung des Darlehens stehen. Gestritten wird überwiegend über die Höhe des Vorfälligkeitsentgelts und die anteilige Erstattung des Disagios. Nicht gar so selten und sehr problematisch sind auch die Fälle, in denen der Beschwerdeführer von einem Immobilienhändler zum Kauf einer möglichst weit entfernt liegenden und deshalb nicht besichtigten Eigentumswohnung als Kapitalanlage verleitet wird. Wenn sich dann nach dem Kauf der Wohnung herausstellt, daß sie wegen erheblicher Mängel allenfalls die Hälfte wert ist und der Käufer die monatlichen Raten nicht mehr zahlen kann, weil die Miete ausbleibt, wendet er sich an die finanzierende Bank mit dem Vorwurf, sie hätte ihn warnen müssen. Dazu aber ist die kreditgebende Bank nach der Rechtsprechung grundsätzlich nicht verpflichtet, es sei denn, sie habe einen Wissensvorsprung. Dazu aber kann der Kunde nichts vortragen, weil er die Hintergründe nicht kennt.

An diesen Fällen lassen sich ganz gut die Grenzen der Leistungsfähigkeit und auch die Gefahren des Ombudsmannverfahrens für den Kunden zeigen: Wer aus Erfahrung weiß, wie schwierig es ist, in solchen Fällen herauszufinden, was die Bank über das Anlageobjekt wirklich weiß, wie ihre Verbindungen zu dem Immobilienvermittler sind, welches finanzielle Eigeninteresse dahintersteckt, etwa die Wohnanlage an den Mann zu bringen, wird ermessen können, daß das Schlichtungsverfahren die Aufklärung eines solchen Sachverhalts nicht leisten kann. Wird nun aber die Beschwerde als unbegründet abgewiesen, weil sie nicht schlüssig ist, besteht die Gefahr, daß der Kunde davon abgehalten wird, seine Rechte weiter zu verfolgen. Solche Fälle eignen sich nicht für das Schlichtungsverfahren, der Kunde muß vielmehr darauf hingewiesen werden, daß er Rechtsrat bei einem Rechtskundigen einholen soll. Diese Möglichkeit, von der ich schon Gebrauch gemacht habe, steht bislang nicht in der Verfahrensordnung, sollte aber dorthin aufgenommen werden.

c) Von diesen Schwerpunktthemen abgesehen, spielen Probleme aus dem Bereich des Zahlungsverkehrs eine nicht unerhebliche Rolle. Hier wird um Falschbuchungen, fehlerhaft ausgeführte Überweisungen, Lastschriftrückgaben oder zu spät erfolgte Gutschriften gestritten. Zunehmend wird auch die Höhe von Entgelten für Bankdienstleistungen beanstandet. Insbesondere seit dem Urteil des Bundesgerichtshofes zur Zulässigkeit von Postenpreisklauseln, die auch Ein- und Auszahlungen am Schalter erfassen, wenn die Bank monatlich mindestens fünf Freiposten gewährt[9], sind reihenweise Beschwerden eingegangen. Die Beschwerdeführer fordern die Rückerstattung von Bankgebühren, weil ihre Bank keine fünf Freiposten gewährte. Da

9 BGH, Urt. v. 7. 5. 1996 – XI ZR 217/95, WM 1996,1080 = ZIP 1996, 1079.

sie in der Regel keine Kontoauszüge mehr haben, fordern viele mit einem Formularschreiben eine Pauschale von 90,-- DM pro Jahr.

Auch das Urteil des XI. Zivilsenats des Bundesgerichtshofes vom 21.10. 1997[10] zur Unwirksamkeit von AGB-Bestimmungen über Entgelte für die Rückgabe von Schecks und Lastschriften hatte ein ähnliches Ergebnis. Überhaupt kann man feststellen, daß der XI. Zivilsenat einer der treibenden Motoren des Ombudsmannverfahrens ist.

Auch der Sparverkehr ist rege vertreten. Hier wird u.a. gestritten um die Anpassung von Zinsen bei variablen Sparanlagen und darüber, ob Sparguthaben ausbezahlt wurden, obwohl der Kunde ein nicht entwertetes Sparbuch vorlegen kann, die Bank das Guthaben jedoch ausgebucht und die Unterlagen vernichtet hat. In einem kuriosen Fall mußte das Namensrecht des § 12 BGB bemüht werden, um dem Kunden zu seinem Recht zu verhelfen. Dieser hatte ein Sparbuch unter seinem Künstlernamen, der im Reisepaß und im Personalausweis eingetragen ist. Er wollte bei derselben Bank ein weiteres Sparbuch unter seinem bürgerlichen Namen eröffnen. Die Bank lehnte es ab, für einen Kunden Sparkonten unter verschiedenen Namen zu führen. Trotzdem eröffnete sie das zweite Sparbuch unter dem bürgerlichen Namen und schrieb das erste gegen den ausdrücklich erklärten Willen des Kunden auf diesen Namen um. Darin lag eine Verletzung des Namensrechts des Kunden, das ihm auch für seinen Künstlernamen zusteht. Die Bank wurde zur Rückgängigmachung verpflichtet. Sie hätte, wenn sie bei ihrem Prinzip bleiben wollte, eben die Eröffnung des zweiten Sparbuchs ablehnen müssen.

Ein weiteres Problemfeld sind die SCHUFA-Meldungen. Die Eintragung von Negativmerkmalen kann für den Betroffenen zu schwerwiegenden Konsequenzen z.B. im Kreditbereich führen. Deshalb wird hier hartnäckig gestritten, auch gelegentlich mit Erfolg, d.h. daß die Bank verpflichtet wurde, die Meldung zurückzuziehen. Mir ist dabei aufgefallen, daß die Vorschriften im SCHUFA-Merkblatt über die Übermittlung von Negativmerkmalen gelegentlich recht großzügig gehandhabt werden. Zum Beispiel soll die Beantragung eines Mahnbescheids nur bei unbestrittener Forderung übermittelt werden, statt dessen geschieht die Mitteilung auch bei bestrittener Forderung.

---

10 XI ZR 5/97, WM 1997, 2298 = ZIP 1997, 2151.

5. Dauer der Verfahren

Statistische Werte dazu gibt es nicht. Nach meiner Einschätzung, die sich mit derjenigen der Leiterin der Kundenbeschwerdestelle deckt, beträgt die durchschnittliche Dauer zwischen drei und sechs Monaten. Das bislang kürzeste Verfahren in meinem Zuständigkeitsbereich dauerte einen starken Monat. Die Beschwerde ging zugleich mit der Stellungnahme der Bank am 25. April ein. Meine Entscheidung habe ich am 29. Mai getroffen. Die so schnelle Erledigung war nur deshalb möglich, weil Kundin und Bank sich auf die Vorlage der Sache an den Ombudsmann geeinigt hatten. Es mußte also keine Stellungnahme der Bank mehr eingeholt werden. Es gibt aber auch längere Laufzeiten als sechs Monate. Dies beruht dann meistens darauf, daß nicht nur die Kundenbeschwerdestelle den Beschwerdeführer zur Ergänzung seines Vortrags, sondern auch der Ombudsmann die Bank zu weiterem Vortrag auffordern mußte. Dadurch geht oft viel Zeit verloren.

III. Schlußbemerkung

Ich hoffe, daß ich mit diesem Überblick aufzeigen konnte, daß das Schlichtungsverfahren insgesamt positiv zu beurteilen und von den Verbrauchern auch so angenommen worden ist. Das Verfahren ist effektiv, weil es die Banken in den Entscheidungsprozeß verantwortlich einbindet und von diesen auch ernsthaft unterstützt wird. Durch die teilweise Bindungswirkung erlangt die Schlichtung erhebliches Gewicht, weil dadurch ein Großteil der zulässigen und für den Kunden erfolgreichen Beschwerden endgültig bereinigt wird. Dadurch kommt ihm eine starke außergerichtliche Befriedungsfunktion zu[11].

11 Zum vertieften Studium wird auf das Literaturverzeichnis von *Steuer* in Bankrechtshandbuch § 3 S. 28 verwiesen.

Streitschlichtung in der Revisionsinstanz?

Prof. *Dr. Achim Krämer*,
Rechtsanwalt beim Bundesgerichtshof, Karlsruhe

Inhaltsübersicht

I. Einleitung

Die Antwort auf das aus gutem Grund mit Fragezeichen versehene Thema „Streitschlichtung in der Revisionsinstanz" ist schnell gegeben: Es gibt so gut wie keine Streitschlichtung in Form von Vergleichen vor dem Bundesgerichtshof. Um es aber nicht bei diesem schlichten Befund zu belassen, will ich das Thema „Streitschlichtung" in einem weiten Sinne verstehen. Ich frage deshalb nach Kriterien, die speziell das Revisionsverfahren prägen und damit Voraussetzung für eine materiell wie prozessual sachgerechte Entscheidung des Revisionsgerichts sind. Der richterliche Urteilsspruch ist zwar keine gütliche Streitschlichtung, auch er hat aber den Maßstäben von Fairness und Equity zu entsprechen. Der Prozeß als Rechtsfindung und Rechtsprechung setzt eine Gleichgewichtslage zwischen Kläger und Beklagtem voraus – und hat sie durch die sorgfältige Anwendung der Prozeßvorschriften zu gewährleisten, erfordert damit die Berücksichtigung des

Paritätsgrundsatzes und des Gebots der Waffengleichheit. Daß sich auch unter verfassungsrechtlichen Aspekten Konsequenzen für die Handhabung prozessualer Vorschriften ergeben – sei es unmittelbar prozessual oder auf dem Wege über die Anwendung und Auslegung des materiellen Rechts – ist inzwischen communis opinio. Ein Beispiel für den erstgenannten Fall ist der Beschluß des Bundesverfassungsgerichts vom 25. Juli 1979[1] mit dem Leitsatz: „Verfassungsrechtliche Fragen im Arzthaftungsprozeß". Dort rekurriert das Bundesverfassungsgericht auf den sich auf Art. 3 Abs. 1 GG ergebenden Grundsatz der Waffengleichheit sowie auf Art. 2 Abs. 1 GG i.V.m. dem Rechtsstaatsprinzip (Art. 20 Abs. 2 und 3 GG). Dieses enthält eine materielle Komponente, die auf die Erlangung und Erhaltung materieller Gerechtigkeit im staatlichen und staatlich beeinflußbaren Bereich zielt, wozu auch der Zivilprozeß gehört, so daß sich das verfassungsrechtliche Gebot rechtsstaatlichen Verfahrens auch auf ihn bezieht. In diesem Sinne stehen – so das Bundesverfassungsgericht – die Beweislastregeln als Entscheidungsnormen im „Schnittpunkt von sachlichem und Verfahrensrecht". Der Richter, der diese prozessuale Lage ignoriert, verkennt damit nicht nur das einfache Recht, sondern auch das Verfassungsrecht. Als Beispiel für ein verfassungswidriges Procedere im Bereich des materiellen Rechts seien die Beschlüsse vom 7.2.1990[2] und vom 19.10.1993[3] genannt. Hier folgen aus der durch das Verfassungsrecht vorgegebenen und geprägten materiellen Rechtslage von Amts wegen zu berücksichtigende Konsequenzen für die Darlegungs- und Beweislast. Ich verstehe „Streitschlichtung" im folgenden daher als Postulat, diese prozeduralen Regeln zu beachten. Natürlich wissen wir alle, daß die unterlegene Partei selbst bei völlig korrektem Procedere des Gerichts das zu ihrem Nachteil ergangene Urteil kaum als gerecht empfinden wird. Dieses Akzeptanzproblem soll hier aber nicht weiter interessieren. Anhand von Beispielen aus dem Revisionsrecht soll vielmehr nach Kriterien dessen gefragt werden, was unter „Streitschlichtung" in diesem weiten Sinne verstanden werden kann. Beabsichtigt ist keine wissenschaftliche Analyse, sondern der Versuch des Praktikers auf Verfahrenselemente hinzuweisen, die der Sache nach etwas mit Streitschlichtung zu tun haben.

---

1 BVerfGE 52, 131.
2 BVerfGE 81, 242 – zu § 90 a Abs. 2 S. 2 HGB.
3 BVerfGE 89, 214 – zur Anwendung der §§ 138, 242 BGB im Bürgschaftsrecht.

II. Möglichkeit der Schlichtung

Der Richter ist zwar zur Entscheidung des zwischen den Prozeßparteien entstandenen Konflikts aufgerufen; er soll gleichwohl in jeder Lage des Verfahrens auf eine gütliche Beilegung des Rechtsstreits „bedacht" sein. § 279 Abs. 1 ZPO bezweckt die Befriedung der Parteien – ein Prozeßziel, das damit gleichwertig neben der Streitentscheidung steht. Man mag darüber räsonnieren, was „bedacht sein" bedeutet, und ob dies weniger als ein „Hinwirken" auf eine gütliche Einigung i.S. des § 495 Abs. 2 ZPO a.F. ist. Da es sich um keine mit Sanktionen versehene Vorschrift handelt, bleibt es letztlich dem Richter überlassen, ob und mit welcher Intensität er Aktivitäten in Richtung auf eine gütliche Einigung der Parteien entfaltet. In der Revisionsinstanz, in der § 279 Abs. 1 S. 1 ZPO gleichfalls gilt, spielt die Vorschrift freilich so gut wie keine Rolle. In bald 18 Jahren meiner Tätigkeit als Anwalt beim Bundesgerichtshof war ich an vier Vergleichen beteiligt, die auf Anregung des jeweiligen Berichterstatters zustandegekommen sind. Meine Kollegen verfügen über keine anderen Zahlen. In allen vier Fällen war für die Bereitschaft der Parteien, dem Vergleichsvorschlag zu folgen, sicherlich maßgeblich, daß es sich aus ihrer Sicht um die Anregung einer als besonders kompetent angesehenen Instanz handelte. Mit Verwunderung las ich in der Kommentierung von *Wieczorek* aus dem Jahre 1976, vor dem Bundesgerichtshof werde „sehr viel häufiger verglichen als vor dem Reichsgericht". Ich kann nicht beurteilen, ob dies für die Zeit vor 1977 zutrifft. Jedenfalls seit der Änderung des Revisionsrechts mit Einführung der Annahmerevision durch § 554 b Abs. 1 ZPO dürfte diese Norm wohl einer der maßgeblichen Gründe für die Zurückhaltung des BGH sein, auf Vergleichsabschlüsse hinzuwirken. Hiernach kann die Annahme der Revision abgelehnt werden, wenn die Rechtssache keine grundsätzliche Bedeutung hat. In seiner Plenarentscheidung vom Juni 1980[4] hat das Bundesverfassungsgericht die Bestimmung des § 554 b Abs. 1 ZPO dahin ausgelegt, daß ein Ablehnungsermessen besteht – freilich gebunden insoweit, als die Revision angenommen werden *muß*, wenn sich Fragen von grundsätzlicher Bedeutung stellen. Die Rechtsfortbildung – dies sind indes nur wenige Prozent der beim BGH anhängigen Fälle – ist Sache des Revisionsgerichts. Daneben muß die Revision aber auch dann angenommen werden, wenn das

---

4 BVerfGE 54, 277.

Rechtsmittel „im Ergebnis“ Aussicht auf Erfolg verspricht oder, wie das Bundesverfassungsgericht auch formuliert, jedenfalls „im Endergebnis“ erfolgversprechend ist – eine Differenzierung, die in der Praxis des Bundesgerichtshofs, worauf ich noch zu sprechen komme, zu weitreichenden Folgen geführt hat. Es liegt auf der Hand, daß ein Senat, der eine Frage von grundsätzlicher Bedeutung entscheiden will, nicht an einer gütlichen Einigung der Parteien interessiert ist. Auch diese selbst wollen in solchen Grundsatzfällen ein klärendes Wort des BGH. Die Revision ist aber eben nicht nur ein Rechtsmittel zur Rechtsfortbildung und zur Wahrung der Rechtseinheit. Aus § 554 b Abs. 1 ZPO hat das Bundesverfassungsgericht mit Recht gefolgert, die Ermessensregelung sei „in erster Linie getroffen worden, um dem Revisionszweck der Einzelfallgerichtigkeit Raum zu geben.“[5] Die überwiegende Zahl der Revisionen betrifft auch keine Fälle von grundsätzlicher Bedeutung. Vielmehr rügt der Revisionskläger die Verletzung materiellen und/oder formellen Rechts. Darunter befinden sich zahlreiche Fälle, in denen man sich ohne weiteres eine vergleichsweise Regelung im Interesse beider Parteien vorstellen kann. Ein Vergleichsvorschlag von seiten des zuständigen Senats hätte daher durchaus befriedende Funktion und würde auch in einer gewiß beachtlichen Zahl von Fällen akzeptiert werden. Stattdessen kommt es zur Zurückverweisung des Rechtsstreits an das Berufungsgericht. Als „Rückläufer“ erreicht die Sache dann eines Tages u.U. wieder den Bundesgerichtshof.

Ich sehe keinen sachlichen Grund, weshalb in solchen Fällen kein Vergleichsvorschlag unterbreitet wird und die Parteien stattdessen in eine u.U. umfangreiche Beweisaufnahme im neuerlichen Berufungsverfahren gedrängt werden, die bei einigem guten Willen – und auch bei gutem Zureden der beteiligten Anwälte – durch Vergleich beendet werden könnte. Da sich die Zivilsenate zudem für berechtigt – und befähigt – halten, den weiteren Fortgang des Verfahrens im Falle einer Zurückverweisung des Rechtsstreits an das OLG zu prognostizieren, müßte es möglich sein, dies auch im Rahmen des § 279 ZPO zu tun.

---

5 BVerfGE 54, 277(289).

III. Schlichtende Verfahrenselemente

Vier Kriterien von „Streitschlichtung" in dem von mir verstandenen weiten Sinne sollen im folgenden näher erörtert werden.

1. Funktion des Rechtsmittels Revision

Allen Tendenzen in Richtung einer Einschränkung der Revision in Zivilsachen zum Trotz – z.B. durch Einführung einer Zulassungsrevision oder einer auf Rechtsfortbildung und Divergenz beschränkten Annahmerevision – ist daran festzuhalten, daß die Revision ein *echtes Rechtsmittel* ist und nicht nur in zweiter Linie der Wahrung von Einzelfallgerechtigkeit dient. Das Bundesverfassungsgericht hat dies in seinem bereits zitierten Plenarbeschluß ausdrücklich hervorgehoben. Muß die Revision angenommen werden, wenn das Rechtsmittel im Ergebnis Aussicht auf Erfolg verspricht, so dient gerade dieser Annahmegrund dem Revisionszweck der Herstellung von Einzelfallgerechtigkeit. Daß hierbei dem Verfahrensrecht eine wichtige Funktion zukommt und die Vorschriften der Zivilprozeßordnung – zumal im Lichte der verfassungsrechtlichen Wertentscheidungen – Ausdruck dessen sind, was ich Streitschlichtung nenne, liegt auf der Hand. Die Masse der von einem an der Rechtsfortbildung interessierten Bundesrichter ungeliebten Revisionssachen besteht aus Fällen, in denen Verfahrensrügen erhoben werden. Ein einfaches Beispiel: Verkennt das Berufungsgericht die Darlegungs- und Beweislast, ist das Urteil schlicht falsch, da die Partei beweisfällig ist, welche die anspruchsbegründenden Voraussetzungen nicht zu substantiieren und zu beweisen vermag. Wird ein Zeuge nicht vernommen, obwohl aufgrund der erhobenen Rüge revisionsrechtlich zu unterstellen ist, daß er den Vortrag der darlegungspflichtigen Partei bestätigt hätte, beruht das angefochtene Urteil regelmäßig auf diesem Mangel und ist rechtsfehlerhaft, selbst wenn man dies als einen „einfachen Verfahrensfehler" qualifiziert. Diese Kontrolle hat der Bundesgerichtshof aus prozessualen und, wie ich hinzufügen möchte, auch aus edukatorischen Gründen wahrzunehmen, selbst wenn es sich dabei um manchmal mühselige Kärrnerarbeit handeln mag.

Die Klage, es würden trotz Selektion von gut und gerne etwa einem Viertel der „revisionsunwürdigen" Sachen nach Prüfung der Erfolgsaussichten des Rechtsmittels durch die eingeschaltenen Revisionsanwälte noch immer zu viele – angeblich offensichtlich unbegründete – Revisionen durchgeführt, ist bekannt. Die derzeitige Annahmequote aller Zivilsenate mit durchschnittlich unter 20% – bei abnehmender Tendenz(!) – ist aus Sicht der Revisionsanwälte keine angemessene Antwort auf die nach kritischer Prüfung gleichwohl durchgeführten Revisionen. In einer Vielzahl von Fällen läßt sich das Berufungsurteil zwar nur über Verfahrensrügen angreifen, hat die Sache also – was man dem Mandanten oder Kollegen selbstverständlich ganz offen sagt –, keine grundsätzliche Bedeutung i.S. des § 554 b Abs. 1 ZPO; gleichwohl erscheint die Revision erfolgversprechend, weil das Berufungsurteil auf einem Verfahrensmangel beruht. Mehr kann der Revisionsanwalt nicht tun, als auf die Risiken hinzuweisen, andererseits aber eben auch darauf, daß die Revision nach der Entscheidung des Bundesverfassungsgerichts dann angenommen werden *muß*, wenn das Rechtsmittel im Ergebnis Aussicht auf Erfolg verspricht. Solche Revisionen als „mutwillig" zu bezeichnen, wie dies gelegentlich zu hören ist, vermag ich nicht zu akzeptieren. Ohne dies belegen zu können, denn die Nichtannahmebeschlüsse werden regelmäßig nicht mit Gründen versehen, habe ich persönlich keinen Zweifel, daß sich hinter der hohen Nichtannahmequote eine Gewichtung nach Schwere oder Vertretbarkeit von Verfahrensmängeln verbirgt. Eine solche Abstufung als Maßstab für Nichtannahmeentscheidungen hat das Bundesverfassungsgericht aber ausdrücklich als Verstoß gegen das Gebot der Rechtsanwendungsgleichheit verworfen.[6]

Muß der BGH eine Revision annehmen, sofern das angefochtene Urteil auf einem Verfahrensverstoß – gleich welcher Art – beruht, ist dem Revisionsgericht hiermit eine Grenze gesetzt, die es ihm verbietet, Erwägungen anzustellen, wie sich das Verfahren im Falle einer Zurückverweisung des Rechtsstreits an das Berufungsgericht gestalten könnte. Eine solche antizipierte Beurteilungskompetenz nehmen manche Senate für sich in Anspruch, so beispielsweise der III. Zivilsenat in seinem Beschluß vom 28.9. 1993, wenn er feststellt, die nach § 114 ZPO für die Bewilligung von Prozeßkostenhilfe maßgebliche Erfolgsaussicht erstrecke sich „danach auch auf die Beurteilung der Hauptsache als Bestandteil des einheitlichen Verfahrens."[7] Der VI. Zivilsenat ist dem in einem Beschluß vom 14.12.1993 gefolgt.[8] Die Revision hatte dort Erfolg, weil das Berufungsgericht auf

---

6 BVerfGE 54, 295.
7 III ZA 3/93 – BGHR ZPO § 114 S. 1 – Erfolgsaussicht 1.
8 VI ZR 235/92 – LM Nr. 39 zu § 114 ZPO.

einem Verfahrensfehler beruhte. Dementsprechend wurde die Revision angenommen und der Rechtsstreit an das Berufungsgericht zurückverwiesen. Prozeßkostenhilfe wurde aber gleichwohl mit der Begründung versagt, eine materielle Änderung des Ergebnisses in der Berufungsinstanz sei „sehr unwahrscheinlich". Ausdrücklich spricht der VI. Zivilsenat in diesem Zusammenhang von einer „vorweggenommenen Beweiswürdigung" durch das Revisionsgericht, die „in eng begrenztem Rahmen" – was dies auch immer bedeuten mag – erlaubt sei. Den Einwand, es liege auf der Hand, daß das Berufungsgericht meist nicht anders entscheiden werde, wenn es nach Zurückverweisung des Rechtsstreits z.B. noch einen weiteren Zeugen vernehmen müsse, halte ich für unberechtigt. Woher weiß der Revisionsrichter dies? Im übrigen muß der Rechtsstreit dann eben an einen anderen Senat des OLG zurückverwiesen werden (§ 565 Abs. 1 S. 2 ZPO).

2. Prüfung der Revisionsaussichten durch die beim Bundesgerichtshof zugelassenen Rechtsanwälte

Natürlich bin ich nicht unbefangen, wenn ich auch die kritische Prüfung der Revisionsaussichten durch die beim Bundesgerichtshof zugelassenen Rechtsanwälte als Streitschlichtung in dem von mir verstandenen Sinne verstehe. Der Entlastungseffekt – und damit auch der Schlichtungseffekt – durch diese Aussichtenprüfung ist aber ganz erheblich. Würde jede Revision begründet, wären die Kapazitäten der derzeit 12 Zivilsenate, wie von niemandem bestritten wird, erschöpft. Auch wenn eine präzise Prognose über die Erfolgsaussichten der Revision nur eingeschränkt möglich ist, in einer nicht unerheblichen Zahl der Fälle läßt sich doch mit hinreichender Sicherheit sagen, daß weder grundsätzliche Bedeutung vorliegt, noch das Rechtsmittel im Ergebnis Aussicht auf Erfolg verspricht. Beispiele hierfür sind Fälle, in denen das Berufungsurteil ausschließlich auf der tatrichterlichen Beweiswürdigung beruht, die mit der Revision nicht mehr angreifbar ist, sofern sie – so die ständig verwendete Formel – vertretbar, nachvollziehbar und möglich ist. Auch die Auslegung einer Individualvereinbarung durch den Tatrichter unterliegt diesem Maßstab. Problematisch sind aber eben die zahlreichen Fälle, in denen Verfahrensmängel vorliegen. De lege ferenda mag man darüber streiten, ob der Verfahrensmangel eine bestimmte „Qualität" oder „Intensität" haben muß und damit „einfache" Verfahrensrügen um der Entlastung des Revisionsgerichts willen ausscheiden sollten. Daß diese

Unterscheidung höchst problematisch ist, liegt auf der Hand. De lege lata ist eine solche Differenzierung m.E. aber nicht zulässig. Eine Prognose in diesem Bereich wird zudem dadurch erschwert, daß es eben immer wieder Fälle gibt, in denen ein Senat eine Revision auf „einfache" Verfahrensrüge doch annimmt. Es liegt mir fern, hier von richterlicher Willkür zu sprechen. Ich habe aber keinen Zweifel, daß die Person des Berichterstatters – u.U. auch seine derzeitige Arbeitsbelastung oder diejenige des Senats – bei der Selektion von relevanten und nicht relevanten Verfahrensrügen eine Rolle spielt. Dies erschwert naturgemäß die Aussichtenprüfung durch den eingeschaltenen Revisionsanwalt.

Hinzu kommt ein praktisches Problem: Es ist schwierig, einer Partei, die bereits zwei Instanzen hinter sich hat und womöglich in einer Instanz obsiegte, begreiflich zu machen, daß das Revisionsrecht nur beschränkte Kontrollmöglichkeiten kennt. In bestimmten Verfahrensarten – beispielsweise in Arzthaftungsprozessen und bei schweren Verkehrsunfällen – ist es meist auch psychologisch unmöglich, den Mandanten davon zu überzeugen, die Revision nicht durchzuführen. Er lebt mit der Vorstellung, daß er beim Bundesgerichtshof doch noch recht bekommen könnte. Das Akzeptanzproblem ist in vielen Fällen der Grund, weshalb man die Revision dann doch begründet – meist in einem kurzen Schriftsatz, dessen Lektüre für den Richter mit keinem allzu großen Aufwand verbunden ist. Solche Fälle können für Berichterstatter und Senat daher auch keine wirklich nennenswerte Arbeitsbelastung darstellen – abgesehen davon, daß sich ein Beschluß dann auch in der Statistik positiv auswirkt. Erst recht sind solche Revisionen nicht „mutwillig".

Die auf die wesentlichen Fragen konzentrierten Revisionsschriftsätze und die Beschränkung auf relevante Verfahrensrügen stellt daher nicht nur eine Arbeitserleichterung für das Revisionsgericht dar, sondern ist auch Streitschlichtung. Erschwert wird die Prognose freilich dadurch, daß einige Senate inzwischen dazu übergegangen sind, Revisionen selbst dann nicht zur Entscheidung anzunehmen, wenn der Fall zwar grundsätzliche Bedeutung hat, der Senat die zu klärende Rechtsfrage aber nicht auf Kosten des Revisionsklägers entscheiden will und stattdessen die umgekehrte prozessuale Konstellation abwartet. Da es beim Bundesgerichtshof eine dem § 34 a Abs. 3 BVerfGG vergleichbare Regelung – Kostenerstattung auch bei Mißerfolg der Verfassungsbeschwerde, sofern die Klärung einer verfassungsrechtlichen Frage von Allgemeininteresse war – nicht gibt, mag diese

Praxis zwar verständlich sein; sie ist m.E. aber nicht mit § 554 b Abs. 1 ZPO vereinbar, wonach die Revision bei grundsätzlicher Bedeutung angenommen werden *muß* – selbst auf Kosten und Risiko des Revisionsklägers. Das Revisionsgericht hat hier keinen Dispositionsspielraum.

3. Mündliche Verhandlung

Ein wesentliches Element dessen, was ich Streitschlichtung nenne, ist die mündliche Verhandlung. Revisionsbegründung und Revisionserwiderung bereiten den Streitstoff auf und konzentrieren die Auseinandersetzung auf die aus revisionsrechtlicher Sicht maßgeblichen Aspekte. Hat der Senat die Revision angenommen, geht dem regelmäßig eine Beratung voraus, in der sich die Richter anhand des vom Berichterstatter erstellten Votums über die rechtliche Beurteilung verständigen. Daher mag der Ausgang der mündlichen Verhandlung vielfach bereits feststehen oder jedenfalls prognostizierbar sein. Es gibt aber auch eine durchaus ins Gewicht fallende Zahl von Fällen, in denen die Streitfragen in der mündlichen Verhandlung – im Dialog von Gericht und Anwälten – noch genauer konturiert werden. Gerade das Revisionsgericht muß daran interessiert sein, daß die beiderseitigen Rechtspositionen pointiert – auch im Blick auf die Auswirkungen für andere Fälle – vorgetragen und diskutiert werden. Es ist dann auch keine Besonderheit, daß die mündliche Verhandlung durchaus zu einer Änderung der rechtlichen Beurteilung beim Senat führen kann. Der Revisionskläger muß daher die Chance haben, durch ein in der Sache überzeugendes Plädoyer den „dritten Mann", den er für einen Erfolg der Revision benötigt, während für die Annahme des Rechtsmittels zwei Richter genügen, zu gewinnen. Ich lasse dahingestellt, ob es einen verfassungsrechtlich verbürgten Anspruch auf ein Rechtsgespräch gibt. *Adolf Arndt* hat diese These bekanntlich vor vielen Jahren vertreten;[9] das Bundesverfassungsgericht ist ihr nicht gefolgt. Wie auch immer, der Verlauf der mündlichen Verhandlungen vor dem Bundesgerichtshof zeigt, daß sich alle Beteiligten um ein solches Rechtsgespräch bemühen. Die Verhandlung beginnt in der Regel mit einer Einführung des Vorsitzenden, die entweder schon sehr deutlich die Richtung der späteren Entscheidung markiert oder die Punkte anspricht, die den Senat besonders interessieren. Es ist wünschenswert, wenn ein Vorsitzender in seiner Einlei-

---

9 *Adolf Arndt*, NJW 1959, 6; 1959, 1297; 1962, 27.

tung auch deutlich macht, daß der Senat in der Beurteilung einer bestimmten Rechtsfrage „gespalten" ist, um so eine hierauf gezielte Diskussion zu ermöglichen. Es sollte zudem eine Selbstverständlichkeit sein, daß alle für die Entscheidung letztlich relevanten Aspekte Gegenstand der mündlichen Verhandlung sind. Leider ist dies aber nicht immer der Fall. Gelegentlich findet man in einem Revisionsurteil auch eine Begründung, die zuvor nicht in der mündlichen Verhandlung erörtert worden ist.

Für die Richter mag die mündliche Verhandlung mit einem oft nicht unbeträchtlichen Zeitaufwand verbunden sein. Man mag daher Verständnis dafür haben, daß die Neigung hierzu jedenfalls bei manchen Richtern beschränkt ist. Aus anwaltlicher Sicht stellt sich dies anders dar. Bedenkt man, daß zwischen Anfertigung der Revisionsbegründung und mündlicher Verhandlung oft ein nicht unerheblicher Zeitraum liegt, währenddessen sich die Rechtsprechung oder die wissenschaftliche Diskussion einer bestimmten Rechtsfrage weiterentwickelt haben, kommen in der mündlichen Verhandlung durchaus auch Aspekte zur Sprache, die schriftsätzlich noch nicht erörtert wurden. Vor allem die Klärung von Grundsatzfragen – sei es im Wege der Rechtsfortbildung oder der Präzisierung bisheriger Judikatur – sollte nicht ohne mündliche Verhandlung erfolgen. Gleichwohl wird auch in solchen Fällen gelegentlich durch Nichtannahmebeschluß entschieden. Ein Beispiel hierfür ist der Beschluß des V. Zivilsenats vom 6.10.1994.[10] Der Nichtannahmebeschluß ist begründet und mit einem Leitsatz wie folgt versehen:

> „Der Grundstücksverkäufer kann im Rahmen des § 326 BGB den vereinbarten Kaufpreis nicht deswegen als Schadensersatz beanspruchen, weil er die Erfüllung seiner Verpflichtung zur Auflassung des Grundstücks dem Käufer anbietet (Abweichung von dem Senatsurteil BGHZ 20, 338/343 ...)"

Auch der für Kreditrecht zuständige XI. Zivilsenat macht von dieser Praxis gelegentlich Gebrauch. Der Nichtannahmebeschluß vom 23.1.1996[11] – gleichfalls mit zwei Leitsätzen versehen und zur Veröffentlichung in BGHR vorgesehen – war sogar Gegenstand einer Verfassungsbeschwerde, die das Bundesverfassungsgericht dann aber nach vorheriger Anhörung aller Zivil-

10 NJW 1994, 3351.
11 XI ZR 75/95 – LM Nr. 22 zu § 362 BGB.

senate des BGH nicht angenommen hat.[12] Hier wurde die Verletzung von Verfassungsrecht dadurch gerügt, daß trotz Klärungsbedürftigkeit der zur Nachprüfung gestellten Rechtsfrage nicht mündlich verhandelt worden sei. Unter *verfassungsrechtlichen* Aspekten mag die Entscheidung des Bundesverfassungsgerichts richtig sein. Unter *revisionsrechtlichen* Kriterien fällt es mir schwer, dies zu akzeptieren. Es bleibt in solchen Fällen immer das Gefühl zurück, im Falle einer mündlichen Verhandlung wäre u.U. doch anders entschieden worden oder würden die Entscheidungsgründe anders lauten. Der mit Gründen und mit Leitsatz versehene Nichtannahmebeschluß sollte daher der seltene Ausnahmefall bleiben. Auch dies ist in dem von mir verstandenen Sinne eine Frage der Streitschlichtung.

Noch zur mündlichen Verhandlung: Der Senat hat naturgemäß aufgrund der Vorarbeit des Berichterstatters und – in wichtigen Fällen – auch des wissenschaftlichen Mitarbeiters einen eindeutigen Informationsvorsprung vor den beteiligten Rechtsanwälten. Umso wichtiger ist die „Offenheit", mit welcher der Vorsitzende eine Einleitung in den Prozeßstoff und die aus der Sicht des Senats wichtigen Rechtsfragen gibt. Allerdings hat sich der Stil dieser Einleitung bei manchen Senaten geändert. In vielen Fällen läßt der Vorsitzende schon in seiner Einleitung keinen Zweifel daran, wie entschieden wird. Diese Praxis ist hilfreich und hinderlich zugleich. Hinderlich deshalb, weil sie eine Diskussion unterdrückt – vielleicht auch manchmal unterdrücken soll –, denn der solchermaßen mit einer bevorstehenden Prozeßniederlage konfrontierte Kollege weiß, daß ein noch so temperamentvolles Plädoyer nichts mehr auszurichten vermag. Hilfreich ist ein solches „Vor-Urteil", weil dann offenkundig ist, wie der Senat die Rechtslage beurteilt. Ich halte es zudem auch für nützlich, wenn manche Annahmebeschlüsse durch den ausdrücklichen Hinweis auf die grundsätzliche Bedeutung der Sache signalisieren, daß dies allein der Annahmegrund ist. Der Revisionskläger kann sich dann rechtzeitig hierauf einstellen.

Nur durch eine „offene" Verhandlungsführung werden die Beteiligten motiviert, die aus ihrer Sicht wichtigen Argumente vorzutragen. Dies mag zeitaufwendig sein, ist der Sache nach aber geboten. Für die Beratung muß ausreichend Zeit bleiben; sie darf nicht, wie gelegentlich, unter dem Druck der Medien stehen, die der „aktuellen" Berichterstattungen wegen meist auf eine rasche Urteilsverkündung drängen. Ich erinnere mich an einen Fall, in

12 2 BvR 540/96.

dem die Presseerklärung bereits per Fax in meinem Büro eingetroffen war, als ich vom Termin zurückkam – eine halbe Stunde nach Ende der Sitzung. Es lag also die Pressemitteilung offensichtlich schon formuliert vor, als noch verhandelt wurde; anderenfalls wäre eine solch rasche Reaktion nicht möglich gewesen.

Ein Rechtsgespräch lebt davon, daß sich die Beteiligten anhand des bisherigen Prozeßstoffs sorgfältig auf die mündliche Verhandlung und ihre Plädoyers vorbereiten können. Gelegentlich kann es freilich passieren, daß das Revisionsgericht auf Gedanken verfällt, die im bisherigen Verfahrensverlauf noch nicht diskutiert wurden. Während der Senat ausreichend Zeit hatte, sich auf diese neuen Erkenntnisse vorzubereiten, wird es den Anwälten auch bei sorgfältiger Terminvorbereitung nur schwerlich gelingen, spontan hierauf mit rechtlichen Argumenten zu reagieren. Ich habe dies in einem beim VII. Zivilsenat verhandelten Fall, in dem sich erstmals in der Revisionsinstanz schwierige IP-rechtliche Fragen stellten, zum Anlaß genommen, anzuregen, in solchen Fällen die mündliche Verhandlung durch eine prozeßleitende Verfügung vorzubereiten.[13] Bei allen Senaten kommt es gelegentlich vor, daß bislang nicht oder allenfalls marginal diskutierte Rechtsfragen in den Mittelpunkt der Diskussion in der mündlichen Verhandlung gestellt werden. Der Senat vergibt sich nichts, wenn er in einem solchen Fall den beteiligten Anwälten durch einen vorherigen Hinweis Gelegenheit gibt, sich auf diesen – neuen – Aspekt einzustellen. *Philipp Möhring*[14] hat vor Jahrzehnten sogar einmal die Frage aufgeworfen, warum die Senate nicht das Votum des Berichterstatters vor der mündlichen Verhandlung den beteiligten Anwälten zur Verfügung stellen, damit dann gezielt hierzu plädiert werden kann. Prozeßleitende Verfügungen würden jedenfalls aber den Wert der mündlichen Verhandlung und damit auch die Transparenz der Rechtsprechung fördern.

In diesem Zusammenhang seien noch zwei Aspekte angesprochen, die auch zum Thema Streitschlichtung gehören. Das eine ist die gelegentliche Neigung der Richter, über den konkreten Streitgegenstand hinaus auch solche Fragen gewissermaßen mitzuerledigen, die hierzu in einem wie auch immer gearteten Kontext stehen. Gerade das Revisionsgericht hat aber strikt

13 Vgl. §§ 136 Abs. 3, 139 Abs. 1, 278 Abs. 1 und 3 ZPO.

14 *Philipp Möhring/Rudolf Nirk*, Die mündliche Verhandlung in der Revisionsinstanz für Zivilsachen, in: 25 Jahre Bundesgerichtshof, 1975, 305.

den Grundsatz des judicial self-restraint zu beachten. Obiter dicta sind in einem Revisionsurteil besonders gefährlich, weil sie einen Streit über die Auswirkungen der Entscheidung für künftige Fälle geradezu provozieren. Hat der Senat dies bewußt auch für künftige Fälle ausgesprochen oder handelt es sich nur um eine eher beiläufige, letztlich damit aber überflüssige Erwägung – dies ist dann die entscheidende Frage.

Ein ähnliches Problem kann sich bei den Nichtannahmebeschlüssen ergeben, wenn das Berufungsurteil auf mehrere gleichermaßen relevante Erwägungen gestützt ist, der Senat die Revision nicht annimmt, ohne zu begründen, worauf seine Entscheidung letztlich beruht. Dann kann sich hieraus ein Streit für weitere Verfahren ergeben, ob ein möglicherweise nur hilfsweise angezogenes Argument im Sinne der Rechtskraft „verbraucht" ist. Auch wenn man akzeptiert, daß die Nichtannahmebeschlüsse aus Gründen der Entlastung des Revisionsgerichts nicht mit Gründen versehen sein müssen, fragt sich doch, warum es nicht möglich ist, auf der Grundlage des, wie man immer wieder hört, ausführlich erstellten Votums des Berichterstatters wenigstens eine Kurzbegründung zu geben. Dies könnte durchaus i.S. von § 313 Abs. 2 ZPO in Form einer „kurzen Zusammenfassung" der Erwägungen geschehen, auf denen die Entscheidung in tatsächlicher oder rechtlicher Hinsicht beruht. Für unakzeptabel halte ich freilich, wenn, wie kürzlich geschehen, mit nur *einem* Satz im Nichtannahmebeschluß die Begründung der Revision als „abwegig" zurückgewiesen wird. Eine derart massive Kritik, die dem Prozeßbevollmächtigten nicht nur bescheinigt, daß seine Argumentation aus revisionsrechtlicher Sicht unvertretbar ist, sondern ihm Ignoranz attestiert, obwohl dieser seine Auffassung unter Hinweis auf parallele Rechtsprechung im einzelnen begründet hatte, gehört nicht in einen Nichtannahmebeschluß, jedenfalls nicht ohne Begründung, warum diese These „abwegig" ist.

Zum Thema Streitschlichtung zählen schließlich auch die *Leitsätze*, welche die Senate ihrer Entscheidung beifügen. Es gibt keine gesetzliche Regelung, was Leitsätze sind und wie sie formuliert werden sollen. In § 18 Abs. 2 der aus dem Jahre 1952 stammenden Geschäftsordnung des Bundesgerichtshofs heißt es lediglich:

> „Die einzelnen Senate beschließen, welche ihrer Entscheidungen in dem Nachschlagewerk zu vermerken sind, und stellen die Rechtssätze (Leitsätze) fest, die in das Nachschlagewerk aufgenommen werden sollen."

Welche Bedeutung die Formulierung der Leitsätze haben kann – meist ist es die wichtigste Sentenz aus den Entscheidungsgründen – ist nicht nur graue Theorie. Dies zeigte vor Jahren die Diskussion um den schließlich geänderten Leitsatz in der Kruzifix-Entscheidung des Bundesverfassungsgerichts.[15] Leitsätze sind nicht Bestandteil der Entscheidungsgründe, mögen sie auch von dort übernommen worden sein. Da der Leitsatz nicht Teil der Entscheidung ist, kann man Entscheidungsgründe auch nicht über die jeweiligen Leitsätze auslegen. In der Praxis besteht freilich die Gefahr, daß die Leitsätze von Sachverhalt und Entscheidungsgründen abstrahiert ein Eigenleben führen und schließlich nur noch mit den Leitsätzen argumentiert wird. Die richtige Formulierung des Leitsatzes und seine Beschränkung auf die wirklich streitentscheidende Rechtsfrage, ist daher von besonderer Bedeutung.

Schließlich noch ein Wort zu den *Presseerklärungen* des Bundesgerichtshofs. Sie werden regelmäßig vom Senat selbst formuliert, was die Gewähr dafür bietet, daß sie den entschiedenen Fall zutreffend wiedergeben. Da sie in der Regel die Grundlage für die öffentliche Berichterstattung abgeben, muß auf ihren Inhalt und ihre Formulierung – vor allem auch auf ihre oft plakativen Überschriften – besondere Sorgfalt verwendet werden. Wie oft erhält man als Prozeßbeteiligter den Anruf eines Presse- oder Rundfunkreporters, der sich die Presseerklärung kommentieren läßt. Solange die Presseerklärung sich darauf beschränkt, den Sachverhalt und die Entscheidungsgründe kurz wiederzugeben, ist sie sicherlich hilfreich. Auf keinen Fall darf sie aber, wie auch gelegentlich vorgekommen ist, mit einer Wertung verbunden sein, die nur zu gerne von der Presse aufgegriffen wird, um die besondere Verwerflichkeit des Verhaltens einer Prozeßpartei zu illustrieren. Bei der Auseinandersetzung zwischen dem XI. Zivilsenat und dem IX. Zivilsenat in Fällen der Inanspruchnahme einkommensloser und vermögensloser Abkömmlinge, Ehegatten etc. – Sittenwidrigkeit nach § 138 Abs. 1 BGB oder Rückgriff auf § 242 BGB – hat sich die Presse meist auf die Seite des XI. Zivilsenats geschlagen nach dem Motto: Wieder einmal die bösen Banken. Bezeichnend war die Äußerung eines Fernsehkommentators, der mir einmal sagte, wenn die Bank dieses Verfahren gewinne, werde er – natürlich – nicht berichten, wohl aber, wenn sie, wie wünschenswert,

15 BVerfGE 93, 1.

verliere. Auch und gerade Presseerklärungen sind daher Teil dessen, was ich Streitschlichtung nenne.

4. Die Entscheidungszuständigkeit des Revisionsgerichts

Ein weiteres Element von Streitschlichtung ist aus meiner Sicht schließlich die strikte Wahrung der Entscheidungszuständigkeit des Revisionsgerichts. Nach § 565 Abs. 1 ZPO ist die Sache im Falle der Aufhebung des Berufungsurteils zur anderweitigen Verhandlung und Entscheidung an das Berufungsgericht zurückzuverweisen. Das Berufungsgericht hat die rechtliche Beurteilung, die der Aufhebung zugrundeliegt, bei seiner erneuten Entscheidung zu berücksichtigen. Selbst kann das Revisionsgericht entscheiden, wenn die Aufhebung des Urteils nur wegen Gesetzesverletzung bei Anwendung des Gesetzes auf den festgestellten Sachverhalt erfolgt und nach letzterem die Sache zur Entscheidung reif ist oder wenn die Aufhebung des Urteils wegen Unzuständigkeit des Gerichts oder wegen Unzulässigkeit des Rechtswegs erfolgt. Schwierigkeiten macht der erstgenannten Fall. Manche Senate neigen dazu, auch in Fällen Entscheidungsreife anzunehmen, in denen nach der Regel des § 565 Abs. 1 ZPO die Zurückverweisung zum Zweck weiterer Sachverhaltsaufklärung geboten ist. Es ist nicht Aufgabe des Revisionsgerichts, sich den für die Entscheidung maßgeblichen Sachverhalt aus den Gerichtsakten selbst zu beschaffen oder, um weiteren Streit zu unterbinden, „kurzen Prozeß" zu machen. Hat sich in den Vorinstanzen die Diskussion auf bestimmte rechtliche Aspekte konzentriert, hat die Revision aber mit einer Verfahrensrüge Erfolg, beruht also das Berufungsurteil auf einem Verfahrensmangel, kommt nur in seltenen Fällen eine Aufrechterhaltung der angefochtenen Entscheidung nach § 563 ZPO in Betracht. Ist die Sachverhaltsaufklärung, die Auslegung einer Individualvereinbarung sowie die Feststellung der maßgeblichen Tatumstände Aufgabe des Tatrichters, für die er allein zuständig ist, hat das Revisionsgericht dies zu respektieren. Ihm ist es versagt, die rechtlich vertretbare und nachvollziehbare tatrichterliche Würdigung zu überprüfen, es besteht also insoweit eine Bindung an die tatrichterliche Wertung. Umgekehrt folgt hieraus die fehlende Entscheidungszuständigkeit des Revisionsgerichts in allen Fällen, in denen der maßgebliche Sachverhalt ergänzungsbedürftig oder entscheidungsrelevante Umstände aufklärungsbedürftig sind. Es widerspricht diesem Grundsatz, wenn der IX. Zivilsenat in einem Beschluß vom 26.9.1991 die

Annahme einer Revision mit der Begründung abgelehnt hat, es sei „mit Sicherheit“ zu erwarten, daß der Tatrichter nach einer erfolgten Zurückverweisung des Rechtsstreits „im Ergebnis nicht anders entscheidet und dies auch rechtsfehlerfrei zu begründen vermag.“[16] Mögen die Bundesrichter auch mit besonderer Weitsicht ausgestattet sein, es scheint mir aber doch zweifelhaft, ob sie über prophetische Gaben verfügen. Den weiteren Verlauf und den Ausgang eines neuerlichen Berufungsverfahrens wird man schwerlich prognostizieren können, zumal dann, wenn es Sache des Tatrichters ist, die noch zu erhebenden Beweise abschließend und umfassend zu würdigen. Im übrigen kann der BGH von der Möglichkeit Gebrauch machen, die Sache an einen anderen Senat des Berufungsgerichts zurückzuverweisen. Die soeben wiedergegebene Aussage des IX. Zivilsenats ist also der geradezu klassische Fall einer vorweggenommenen Beweiswürdigung, die dem Revisionsgericht nicht zusteht. Die Respektierung seiner – beschränkten – Entscheidungszuständigkeit ist auch ein Element von Streitschlichtung.

IV. Zusammenfassung

Fasse ich zusammen worüber ich hier berichtet habe, dann läßt sich – zugegebenermaßen vereinfacht – sagen: Sachgerecht ist die Entscheidung des Revisionsgerichts, wenn die für diesen Verfahrensabschnitt wesentlichen Standards beachtet werden. Von den Parteien solchermaßen erlebte Verfahrensgerechtigkeit, wie es *Gottwald* jüngst formuliert hat,[17] ist dann auch Teil dessen, was Streitschlichtung genannt werden kann.

16 IX ZR 167/90 – unveröffentlicht.

17 Gutachten zum 61. Deutschen Juristentag Karlsruhe 1996.

Außergerichtliche Streitschlichtung im Bereich der Kreditwirtschaft – einleitender Diskussionsbeitrag[1]

Rainer Metz, Verbraucher-Zentrale NRW, Düsseldorf

Inhaltsübersicht

I. Einleitung

Durch die vorgesehene Novellierung der Zivilprozeßordnung, die den Bundesländern das Recht einräumt, den Versuch einer außergerichtlichen Streitlösung vorzuschreiben, sind die seit längerer Zeit bestehenden Schlichtungsmechanismen der Kreditwirtschaft verstärkt in das öffentliche Interesse gerückt. Nach Auffassung der Verbraucherverbände kann eine Analyse und Bewertung der teilweise völlig unterschiedlichen Schlichtungsmodelle der Kreditwirtschaft in Deutschland aber nicht der Selbsteinschätzung der Kreditwirtschaft bzw. der Schlichtungspersonen überlassen werden, sondern sollte sich an generellen Strukturelementen und auch an den Erfahrungen der Schlichtungseinrichtungen der Kreditwirtschaft in anderen Ländern orientieren.

II. Rahmenbedingungen

Finanzdienstleistungen haben sich in den letzten Jahren immer stärker auf das Alltagsleben der Bürger ausgewirkt. Vom Zahlungsverkehr, der prak-

1 Dem tatsächlichen Programm des Bankkreditstages folgend wurde auch in der schriftlichen Darstellung der Stil des einleitenden Diskussionsbeitrages beibehalten.

tisch die Finanzbuchhaltung vieler Haushalte geworden ist, bis zur zukünftig noch stärker steigenden Bedeutung der privaten Altersvorsorge haben sich die Berührungspunkte zwischen Banken und ihren Kunden ausgedehnt und intensiviert. Dies führt naturgemäß auch zu einer erheblichen Zunahme der potentiellen Reibungspunkte. Dabei waren die öffentlichkeitswirksamen Auseinandersetzungen primär nicht von individuellen Fehlern einzelner Bankmitarbeiter geprägt, sondern die Strukturprobleme bestimmten die Konflikte. Von der Tilgungsverrechnung bei Hypothekendarlehen über die Disagioerstattung und Vorfälligkeitsfragen im Baufinanzierungsbereich bis hin zu zahlreichen strittigen Bankentgelten hat es eine Vielzahl von grundsätzlichen Konflikten gegeben. Auch für die Zukunft ist nicht zu erwarten, daß die Beziehungen zwischen Banken und Verbrauchern gänzlich konfliktfrei verlaufen werden. Dies wäre eine Illusion. Ziel kann es nur sein, möglichst wenige Konflikte entstehen zu lassen und die entstandenen Konflikte produktiv zu lösen. Vielfach wurden diese, da sie grundsätzlichen Charakter hatten, nur über den Weg des Verbandsklageverfahrens gelöst. Die Bedeutung der außergerichtlichen Streitschlichtung war zumindest in der Vergangenheit auf Einzelfälle ohne grundsätzliche Bedeutung reduziert.

Für die individuellen Verbraucher erweist sich vielfach der Weg über die Gerichte, schon aus Kostengründen, zunehmend als wenig effizient Probleme angemessen zu lösen. Neue Wege der „außergerichtlichen Problemlösung" können deshalb bei entsprechender Ausgestaltung individuell durchaus vorteilhaft sein.

Dabei sind die unterschiedlichen Ansätze

— Aufsichtsämter
— Ordnungsbehörden
— Gerichte
— Verbraucherverbände
— Interne Kundendienste/Beschwerdeabteilungen
— Schlichtungsstellen und Ombudseinrichtungen

mit ihren Schwerpunkten jeweils gangbare und legitime Lösungen. Je nach Schwerpunktsetzung und Ausgestaltung sind sie mit punktuellen Vorteilen versehen. So führt z.B. die Einrichtung eines Beschwerdemanagementsystems innerhalb der Bank[2] sicherlich eher zu hausinternen Erkenntnissen

2 Eine andere Frage ist, ob diese interne Einrichtung die neutralitäts-heischende Bezeichnung „Ombudsmann der ... Bank" führen sollte.

und Nutzen für das einzelne Kreditinstitut. Während Schlichtungssysteme Alltagsfälle ohne grundsätzliche Bedeutung unter dem Gesichtpunkt der Kostengünstigkeit und reduzierter Formalien für individuelle Verbraucher lösen können, haben Verbraucherverbände über Musterverfahren qua Rechtsprechung die effizienteste Möglichkeit strukturbereinigende Rechtsfortbildung zu betreiben. Auffällig ist sicherlich bei der Betrachtung der Vielzahl der Institutionen des Kunden- und Verbraucherschutzes, daß die Zersplitterung auch zur Ineffektivität beigetragen hat. Als wenig sinnvoll erscheint es aus Sicht der Verbraucherverbände, daß das Bundesaufsichtsamt für das Kreditwesen sich auch für grundsätzliche zivilrechtliche Fragen nicht zuständig erklärt und z.B. Allgemeine Geschäftsbedingungen akzeptiert, die später wiederum von der Rechtsprechung beanstandet werden. Auch das offizielle Rollenverständnis im politischen Raum scheint völlig unklar, etwa wenn der Ombudsmann als „eine Art Oberaufsicht" der privaten Banken ausgewiesen wird.[3]

Soweit anderen Institutionen pauschal und hoffnungsvoll justizentlastende Wirkung zugesprochen wird, scheint dies nach unseren Erfahrungen für Deutschland zweifelhaft. Auf der einen Seite haben viele der oben aufgelisteten Institutionen kein ausgeprägtes Verbraucherschutzverständnis. Auf der anderen Seite besteht auch eine nationale Rechtskultur, die offensichtlich nach dem Allgemeinverständnis den ungehinderten und ungefilterten Zugang zur Justiz umfaßt. Auch die Erfahrungen mit den Schlichtungssystemen und Ombudseinrichtungen haben in den letzten Jahren gezeigt, daß diese keinen entlastenden Effekt haben. Weder ist bei den Verbraucherverbänden die Anzahl der Beschwerden über Kreditinstitute gesunken, noch ist die Anzahl der zivilrechtlichen Bankrechtsstreite reduziert worden. Am ehesten noch kam den Musterverfahren zu Allgemeinen Geschäftsbedingungen der Verbraucherverbände entlastende Wirkung zu. Hierdurch wurde, wie z.B. zu den Freistellungsaufträgen, eine Vielzahl von Einzelverfahren vermieden und den Ergebnissen kommt faktisch allgemeinbindende Wirkung zu. Ohne zusätzliche Stützungsmaßnahmen dürfte auch der vorgesehenen außergerichtlichen Streitschlichtung im Entwurf der Zivilprozeßordnung keine „alternative" Streitlösungskultur zukommen, sondern allenfalls eine ergänzende („additionale") Funktion. Dabei muß auch berücksichtigt werden, daß

3 Bundesministerium für Familie, Senioren, Frauen und Jugend: Was mache ich mit meinen Schulden?, S. 35.

etwa der Streitschlichtung beim Bundesverband Deutscher Banken kein lokales oder regionales Modell zugrunde liegt, sondern ein zentraler Ansatz. Die Kunden aller Zweigstellen in Deutschland können dieses Verfahren nur über den Bundesverband Deutscher Banken in Köln durchführen. Der Änderungsentwurf zur Zivilprozeßordnung sieht aber in § 15 a III eine örtliche Zuständigkeit gemäß der örtlichen Gerichtszuständigkeit vor. Ein zentrales Modell beinhaltet daneben eine Konzentration auf das Element der Schriftlichkeit. Nicht alle Bevölkerungsschichten sind in diesem Ausdrucksmittel aber gleichermaßen bewandt. Aus der Sicht der Verbraucherverbände muß immer wieder betont werden, daß viele Bürger sich mit dem Wunsch nach Formulierungshilfe an unsere Beratungsstellen wenden. Zentralisierte und auf Schriftlichkeit konzipierte Schlichtungssysteme benachteiligen erhebliche Teile der Bankkunden. Schlichtungsmodelle in anderen europäischen Ländern haben ebenfalls als eine der wesentlichen Erfolgsvoraussetzungen den regionalen Bezug und die Möglichkeit der Einlegung einer mündlichen Beschwerde.[4]

III. Inhaltliche Ausgestaltung

Neben den formalen Rahmenbedingungen ist aus Sicht der Verbraucherverbände die inhaltliche Bindung der Schlichter an bestehende Rechtsprechung ein Prüfstein. Im Rahmen der Schlichtungseinrichtung der Kreditwirtschaft ist verschiedentlich ausgeführt worden, daß Schlichter nicht strikt an die Rechtsprechung gebunden seien.[5] Dies hat in einer Reihe von Fällen zu Konflikten geführt, etwa zur Frage der wirksamen Einbeziehung von Kreditkartenbedingungen bis hin zur Frage der Vorfälligkeitsberechnung. In diesem speziellen Punkt kam das Problem der Vereinbarkeit der Entscheidungen mit den eigenen Satzungsfestlegungen hinzu, da eine Entscheidung des Bundesgerichtshofes in dieser ungeklärten Rechtsfrage damals noch ausstand. Die Divergenz zwischen Rechtsprechung und Schlichtungsentscheidung zeigt sich nicht nur bei solchen großen Streitfällen, sondern durchaus auch im Detail. Gerade bei der Einführung eines Zwanges zur

---

4 Mündliche Beschwerden sind z.B. beim Rheinischen Sparkassen- und Giroverband zulässig. Auch das Büro des Schweizer Bankenombudsmannes hat viele Anfragen mündlich beantwortet, Handelsblatt vom 19.7.94.

5 Vgl. etwa die Angaben in DM 8/94, S. 131.

außergerichtlichen Streitschlichtung wird durchaus nach dem Maßstab zu fragen sein, an den sich der Schlichter gebunden fühlt. Die formelle Vorschaltung von „Instanzen“, die sich selbst nicht strikt durch die Rechtsordnung gebunden sehen, erscheint mit dem Rechtstaatsgebot schwer vereinbar. Aber auch für Anbieter dürfte gelten, daß ihnen mit einer, zugespitzt ausgedrückten, Entscheidungsfreiheit nach Gusto des Schlichters wenig gedient sein dürfte.

Auch hinsichtlich weiterer Fragen wird es noch Klärungsbedarf zwischen der geplanten ZPO-Änderung und Schlichtungsordnungen geben. Wenn etwa die Verfahrensordnung des Schlichtungsverfahrens Beschwerden für unzulässig erklärt, weil eine Beweisaufnahme erforderlich ist oder weil der Schlichtungsspruch die Entscheidung über eine in der höchstrichterlichen Rechtsprechung noch nicht entschiedenen Grundsatzfrage erfordert, so dürfte ein solches Verfahren dem Verbraucher nicht zwingend vorgeschrieben werden können bzw. eine solche Einrichtung als Gütestelle nicht geeignet sein. Es erscheint wenig rechtsstaatlich den Verbraucher zwingend an außergerichtliche Institutionen zu verweisen, wenn bereits vorab feststeht, daß sein Streitfall dort gar keine Lösung erfahren kann. Insbesondere unter dem Gesichtspunkt der nicht geregelten Verzugs- und Prozeßzinsen[6] dürfen Schlichtungsverfahren nicht zu Verzögerungen führen.

IV. Verfahrensanforderungen

Je weniger sich aber die Konfliktentscheidungen strikt an materiell-rechtlichen Vorgaben orientieren, desto stärker sollte es verfahrensmäßige Rahmenbedingungen für einen Interessenausgleich geben. Diesen Rahmen bestimmt das europäische Parlament im Grünbuch Finanzdienstleistungen für ein Schlichtungssystem wie folgt:

> „Das Europäische Parlament befürwortet ein Schlichtungs- und Vermittlungssystem für den Finanz- und Versicherungssektor unter der Voraussetzung, daß ausreichende Unabhängigkeitsgarantien vorhanden und die Interessen der Verbraucher und Dienstleistungsanbieter in derartigen Schlichtungs- und Vermittlungsgremien gleichwertig vertreten sind. Es ist der Ansicht, daß die Schlichtungs- und Vermittlungs-

6 Vgl. *Hoeren*, Das neue Verfahren für die Schlichtung von Kundenbeschwerden im deutschen Bankgewerbe, NJW 1992, 2727 (2732).

gremien über die Beschwerden und ihre Weiterbehandlung Bericht erstatten müssen, und daß diese Information sowohl für die Anbieter als auch für die Verbraucher umfassend publiziert werden sollte."

Professor Tonner[7] hat acht Standardelemente als Anforderung für eine effektive Schlichtung formuliert, nämlich Unabhängigkeit, Schriftlichkeit der Entscheidung, Verbindlichkeit, Transparenz, Orientierung an rechtlichen Lösungen, Effektivität, Mischfinanzierung durch den Staat oder Anbieter und Spezialisierung der Schlichtungseinrichtung auf Fachgebiete. Diese Strukturprinzipien finden sich fast durchgehend in allen europäischen Untersuchungen. So hat z.B. die Arbeiterkammer Wien folgende Mindestvoraussetzungen aufgestellt:

- Unterwerfungspflicht des Vertragspartners
- Finanzielle Abgeltung der Arbeitsleistung der Vertreter der Konsumenten durch die Branche oder Berufsgruppe, deren Interessenvertretung oder das auftraggebende Ministerium
- Gut organisierte und personell ausgestattete Geschäftsstellen
- Vernünftig gestalteter Verfahrensablauf und kurze Verfahrensdauer
- Zugang zu allen fallrelevanten betriebsinternen Informationen
- Verhaltenskodex für den Vertragspartner im Umgang mit Beschwerdeführern
- Paritätische Besetzung
- Miteinbeziehung des Konsumenten in das Ermittlungsverfahren
- Kulanz zugunsten des Kunden bei unklarer Beweislage
- Publizistische Verwertungsmöglichkeit.

V. Praxis der Streitschlichtung

Die Praxis der bisher bestehenden außergerichtlichen Streitregulierung in Deutschland erfüllt diese Maßstäbe jedoch nur teilweise. Dies beginnt schon damit, daß sich manchmal die bankinternen Beschwerdemanagementstellen offensichtlich schwer damit tun, den richtigen Ton zu finden. Auch unter dem Kriterium der persönlichen Eignung des Schlichters sind deutliche Unterschiede festzustellen. So gibt es in Deutschland eine auffällige Diver-

7 *Tonner*, Vorgeschaltete Streitschlichtung bei Verbraucherprozessen mit niedrigem Streitwert, FS Reich 1997, Recht und diffuse Interessen in der Europäischen Rechtsordnung, S. 861 f.

genz. Während gegen einen der beiden Schlichter viele Beschwerden bei den Verbraucherverbänden eingingen, blieb die Arbeit des anderen Schlichters bisher ohne Beanstandung. Die Kritik läßt sich fortsetzen über Schlichtungsstellen, die ungebrochen die Argumentation der bankinternen Rechtsabteilung übernehmen, daß der Bundesgerichtshof zwar ein Entgelt für nicht ausgeführte Lastschriften und Überweisungen für unzulässig erklärt habe, das Urteil aber auch festgestellt habe, daß grundsätzlich dem betreffenden Kreditinstitut Schadensersatzansprüche gegen den Kontoinhaber zustehen.[8] Eine solche positive Feststellung findet sich im Urteil aber eindeutig nicht. Ein korrektives Element in den Schlichtungseinrichtungen der Kreditwirtschaft, das verhindern würde, daß die Schlichtungsstellen zur anders firmierenden Fortsetzung der Rechtsabteilungen werden, existiert aber nicht. Dies ist in anderen Ländern durchaus anders gelöst.[9] Dort ist eine gleichwertige Beteiligung der Verbraucherverbände sichergestellt. Diese Beteiligung kann entweder auf der Ebene der Trägerschaft stattfinden, etwa im Rahmen eines Beirates, der die Richtlinien für die Arbeit der Schlichtung erläßt und den oder die Schlichter beruft. Eine andere Variante ist die gemischte Besetzung der Schlichtung, indem zu je einem Bank- und Verbrauchervertreter eine neutrale dritte Person hinzukommt. Beide Modelle werden gerade in den angelsächsischen Ländern erfolgreich praktiziert. Nur eine solche Organisation verdient nach Auffassung der Verbraucherverbände zu Recht die Bezeichnung „Ombudssystem". Dementsprechend hat die Arbeitsgemeinschaft der Verbraucherverbände auch darauf hingewiesen, daß die Streitschlichtungsstellen und Ombudsleute, die von Kammern und der anbietenden Wirtschaft eingerichtet wurden, bisher nicht die erforderliche Neutralität für ein staatlich anerkanntes Schlichtungsverfahren bieten. „Eine einseitige, interessengeleitete Streitschlichtung darf keinen offziellen Nimbus erhalten."[10]

Dem Schlichtungssystem der Kreditwirtschaft in Deutschland mangelt es auch an einer umfassenden Berichterstattung. Während z.B. die Schlich-

---

8 So die Schlichtungsstelle des Sparkassen- und Giroverbandes Hessen-Thüringen.

9 Vgl. *Reich*, Die Einrichtung eines Bankenombudsmannes in Australien – Ein Modell für selbstverwalteten Verbraucherschutz, WM 1992, 804 ff.; *Buck/Sonnenberg*, Außergerichtlicher Rechtsschutz durch den Bankenombudsmann – Das britisch-australische Modell, ZBB 1993, 15 ff.; International Consumer Policy Bureau, Consumer Redress in Relation to Crossboarder Payments within the European Community, 1992.

10 Jahresbericht 1997 der AgV, S. 36.

tungskommissionen der belgischen Sparkassen einen Sachbericht mit einer Übersicht über die Einzelprobleme vorlegt, sind die Veröffentlichungen bei deutschen Schlichtungssystemen sehr allgemein gehalten oder erfolgen gar nicht. Abgesehen von einer Schilderung weniger Einzelfälle lassen sich die Entscheidungen nicht bestimmen. Wenn etwa ausgeführt wird, von den zulässigen Beschwerden seien 48% zugunsten der Kunden entschieden oder im Einvernehmen mit ihnen beigelegt worden,[11] so läßt sich dem nicht entnehmen, welcher Prozentsatz denn nun genau zugunsten der Kunden, und ob voll oder zu welchen Teilen zu ihrem Vorteil entschieden wurde. Die Themenfelder, die durchaus auch ein Signal für andere Verbraucher sein könnten, sind nur überblicksartig erwähnt. Dabei zeigt sich in der Praxis der Verbraucherverbände auch, daß es durchaus eine selektive Berichterstattung zugunsten der Banken gibt. So finden sich in Bankenantworten immer Hinweise darauf, daß der Ombudsmann der Banken diese oder jene Praxis, z.B. die Berechnung der Vorfälligkeitsentschädigung nach dem KAPO-Programm akzeptiert habe, obwohl es z.B. beim OLG München durchaus auf Bedenken gestoßen ist. Eine selektive Veröffentlichungspaxis, die allein einseitig die zugunsten der Kreditwirtschaft ergehenden Ombudssprüche verbreitet, muß als Desorientierung verstanden und abgelehnt werden. Eine anonymisierte Veröffentlichung der Spruchpraxis wäre auch dazu angetan, das Mißtrauen gegen branchengebundene Schlichtungssysteme abzubauen.

Ein weiterer Gesichtspunkt in der Kritik der Verbraucherverbände ist die fehlende Generalisierung. Zwar kann man auch in Deutschland, zumindest aus der Haltung eines der beiden Ombudsmänner, eine kritische Haltung zur Sicherheit von EC-Karten erkennen. An anderer Stelle klingt jedoch beim anderen Ombudsmann die Auffassung durch, daß Probleme in der Aufklärbarkeit der technischen Risiken zu Lasten des Bankkunden gehen und infolgedessen dem Bankkunden auch keine Ersatzansprüche gegen die Bank zuerkannt werden könnten.[12] Einen anderen Weg ist das Büro des Bankenombudsmannes in Großbritannien gegangen. Dieses hat darauf gedrängt, daß klare betragsmäßige Haftungsobergrenzen in den Verhaltens-

11 Andere Informationen sind noch weniger aussagekräftig, der Schlichter der Rheinischen Sparkassen etwa hat „die große Mehrzahl" der Beschwerden für unbegründet erachtet, FAZ vom 10.1.96.

12 Vgl. *Parsch*, 5 Jahre Schlichtungsverfahren der privaten Banken, WM 1997, 1228 (1230).

kodex der Banken aufgenommen wurden. Danach sei die Zahl der Kundenbeschwerden drastisch zurückgegangen, unter anderem auch weil sich die Banken darauf beschränken, von den Kunden nur bei tatsächlich konkreter nachgewiesener grober Fahrlässigkeit eine Schadensbeteiligung zu verlangen. Die Vielfalt der Risiken, vom shoulder-surfing bis zu nicht funktionierenden Computerprogrammen, ist also nicht wie in Deutschland von einem Ombudsmann zu Lasten der Kunden gelöst, sondern vom britischen Ombudsmann in eine generalisierende verbraucherschützende Modifikation umgewandelt worden. Wenn neue außergerichtliche Modelle wesentliche justizentlastende Funktion haben sollen, kann auf eine generalisierende Wirkung nicht verzichtet werden.

Ein weiterer Kritikpunkt wäre die Intransparenz der bestehenden Schlichtungssysteme. Wenn etwa der Bundesverband der Deutschen Banken in seinem Bericht darauf hinweist, daß ein erheblicher Prozentsatz der an ihn gerichteten Beschwerden außerhalb seiner Zuständigkeit liegen würde, so deutet dies an, daß vielen Kunden von anderen Kreditinstituten entweder diese Zuständigkeit nicht bekannt ist, oder dort unbekannt blieb, daß für ihren Bereich eigene, andere Schlichtungssysteme existieren. Die Einrichtung eines Schlichtungssystems sollte aus Sicht der Verbraucherverbände mit einer klaren Wegweiserfunktion verbunden sein.[13] Denkbar wäre z.B. der Aufdruck bei allen Bankverträgen, daß etwa das Schlichtungssystem XY mit der jeweiligen Adresse zuständig wäre. Einen solchen Hinweis gibt es bereits bei vielen ausländischen Anbietern. Die Angabe der zuständigen Schufagesellschaft in den Vertragsmustern der deutschen Kreditwirtschaft, könnte ebenfalls praktisches Vorbild sein. Alternativ denkbar wäre z.B. auch ein Aufkleber am Eingang eines jeden Kreditinstitutes oder Handzettel, die wie bei den niederländischen Eisenbahnen, die Kunden über das Schlichtungssystem, seine Anschrift und seine Möglichkeiten informiert. Diese Information muß aber vorab auch aktiv verteilt werden und darf nicht die Lagerbestände in Zweigstellen erhöhen. Aus diesen Informationsmaterialien muß sich auch ergeben, welche Entscheidungsfunktion die jeweilige Schlichtungseinrichtung denn tatsächlich hat. Während einige Stellen zumindest bis zu bestimmten Beträgen die Kreditinstitute bindende Entscheidungen treffen können, steht es bei anderen Systemen allen Beteiligten frei den Vorschlag des Schlichters zu akzeptieren, z.B. beim Schlichtungs-

13 So auch *Hoeren*, Der Bankenombudsmann in der Praxis, NJW 1994, 362.

verfahren des Rheinischen Sparkassen- und Giroverbandes. Ohne eindeutige Vorab-Information lösen derartige Unterschiede bei Verbrauchern immer wieder Verwirrung aus.

VI. Zusammenfassung

Selbst wenn also die Kritik der Verbraucherverbände an den Schlichtungsverfahren der Kreditwirtschaft in Deutschland in der Vergangenheit in Einzelfällen überzeichnet gewesen sein mag, lassen sich im europäischen Vergleich durchaus strukturelle Defizite feststellen. Hinzukommen muß aber die weitere Überlegung, daß es meines Erachtens keinen einseitigen Sonderweg für die Kreditwirtschaft geben kann. Was Banken für sich in Anspruch nehmen, werden andere Anbieter im Rahmen der außergerichtlichen Streitschlichtung ebenfalls realisieren wollen. Mit Entsetzen sehen Verbraucherschützer bereits das Modell des Bundesverbandes Deutscher Banken durch einen selbsternannten Ombudsmann der dubiosen Anbieter des grauen Kapitalmarktes, und noch dazu mit der von der ZPO erzwungenen Kontaktpflicht, realisiert. Objektive Maßstäbe, identisch für alle Wirtschaftsbereiche, sind geboten; nicht aber Systeme, die sich allein an dem Wunsch eines anbietenden Wirtschaftsbereiches orientieren. Auch die vom europäischen Parlament, der Wissenschaft oder Verbraucherverbänden genannten Strukturelemente lassen in der Praxis noch hinreichend Raum, den spezifischen Anforderungen einzelner Wirtschaftsbereiche gerecht zu werden. Sie bieten gleichzeitig Gewähr für eine außergerichtliche Streitschlichtung, die nicht im Verdacht steht, einseitig Interessenpolitik zu betreiben.

Tagungsbericht*

Inhaltsübersicht

I. Einleitung

So unterschiedlich die ausgewählten Themenkomplexe eines Bankrechtstages sein mögen, eines ist ihnen in jedem Fall gemein – ihre wissenschaftliche Durchdringung hat für die kreditwirtschaftliche Praxis große Bedeutung: In seinen einleitenden Grußworten wies Professor Dr. Dr. Dres. h.c. *Klaus J. Hopt*, Direktor am Max-Planck-Institut für ausländisches und internationales Privatrecht, Hamburg, darauf hin, daß der kartengesteuerte Zahlungsverkehr sich in seinen unterschiedlichen Erscheinungsformen rasch fortentwickele und eine Vielzahl kontrovers diskutierter Rechtsfragen beinhalte. Der Trend gehe – wie bei fast allen Zahlungsverkehrsinstrumenten – hin zu einer transnational einheitlichen Ausgestaltung und berühre damit europäisches Bankrecht. Dagegen sei die außergerichtliche Streitschlichtung ein noch rechtspolitisches, um nicht zu sagen außerrechtliches Thema von hoher Aktualität. Bestätigt wurden diese Ausführungen durch Dr. *Michael Weiss*, Vorsitzender des Vorstandes der die Veranstaltung unterstützenden Landesbank Sachsen, Girozentrale, Leipzig, mit seiner Bemerkung, daß die Bankrechtliche Vereinigung mit ihren Aktivitäten mitten im Leben der Banken stehe.

---

* Auszüge aus *Ahlers*, Kartengesteuerter Zahlungsverkehr und außergerichtliche Streitschlichtung – Bericht zum Bankrechtstag am 26. Juni 1998 in Dresden, WM 1998, 1561 und *Singhof*, Bankrechtstag 1998 der Bankrechtlichen Vereinigung e.V. am 26. Juni 1998 in Dresden – „Zivilrechtliche Fragen des kartengesteuerten Zahlungsverkehrs" und „Außergerichtliche Streitschlichtung im Bereich der Kreditwirtschaft", ZBB 1998, 352.

II. Zivilrechtliche Fragen des kartengesteuerten Zahlungsverkehrs (1. Abteilung)

Sodann übernahm Professor Dr. *Walther Hadding*, wissenschaftlicher Leiter des Institutes für deutsches und internationales Recht des Spar-, Giro- und Kreditwesens an der Johannes Gutenberg-Universität in Mainz und Vorstand der Bankrechtlichen Vereinigung, den Vorsitz und führte in das Thema ein. Er wies darauf hin, daß die Kartenzahlung eine zunehmende Bedeutung bei der Erfüllung von Geldschulden erlange. Dabei gehöre die Nutzung einer Karte sowohl zum bargeldlosen Zahlungsverkehr als auch zur Barzahlung. Sie verfüge über beide Elemente, was sowohl der Bezug von Bargeld am Geldautomaten oder in einer Bankfiliale mittels ec-Karte oder Kreditkarte als auch die bargeldlose Bezahlung bei dem Erwerb von Waren und Dienstleistungen mittels Kreditkarte oder ec-Karte (POS, POZ, edc) zeige. Einzelaspekte würden die Referenten in ihren Vorträgen beleuchten.

Den Vortrag zum Thema „Zahlung mittels Kreditkarten" hielt Professor Dr. *Jochen Taupitz*, Universität Mannheim. *Taupitz* legte zunächst die Rechtsbeziehungen zwischen den Beteiligten dar, also zwischen Kreditkartenherausgeber und Vertragsunternehmen, Kreditkartenherausgeber und Karteninhaber sowie Karteninhaber und Vertragsunternehmen. Spezielle gesetzliche Regelungen zu diesen Beziehungen gäbe es nicht. Ein Kreditkartengesetz sei Anfang der neunziger Jahre gescheitert. Das Verbraucherkreditgesetz sei nur anwendbar, wenn längere Abrechungsperioden als drei Monate vereinbart würden. Um so wichtiger seien deshalb die Allgemeinen Geschäftsbedingungen, die Grundlage der Rechtsbeziehungen zwischen den Beteiligten sind. *Taupitz* behandelte sodann einzelne Aspekte näher.

Mit der „Zahlung an automatisierten Kassen mit und ohne Zahlungsgarantie sowie Bargeldauszahlung und Geldautomaten" beschäftigte sich Professor Dr. Dr. *Stefan Grundmann*, Universität Halle-Wittenberg.

In der Diskussion merkte Professor Dr. *Horn*, Institut für Bankrecht, Universität Köln, an, daß beim Kreditkartenvertrag nicht von einem Dreipersonenverhältnis ausgegangen werden könne, sondern von einem Vierpersonenverhältnis. Das Acquiring-Unternehmen, das mit den Vertragsunternehmen den Vertrag abschließe, sei oft nicht identisch mit den Kartenemittenten. Außerdem stelle sich das Problem, daß Karteninhaber von im Ausland herausgegebenen Kreditkarten oftmals andere Rechte und Pflichten als im Inland hätten. So stände den Karteninhabern in den USA das bei uns umstrittene Widerspruchsrecht per Gesetz zu. Werde in den Bedingungen das Widerrufsrecht ausgeschlossen, so sei dieses gleichwohl bei Rechtsmißbrauch gegeben. *Horn* zweifelte aber daran, ob aus den Rückgaberechten, die Vertragsunternehmen und Kartenimmitent vereinbart hätten, ein Recht des Karteninhabers erwachsen könne.

Professor Dr. *Schwintowski*, Humboldt Universität Berlin, stellte die These von *Taupitz*, die Haftungsabwälzung auf das Vertragsunternehmen sei mißbräuchlich im Sinne von § 9 AGBG, in Frage. Er verwies darauf, daß in der Regel Kaufleute handelten und der Preis das regulierende Element sein müsse. Werde die Bestimmung nicht wirksam, entstünden dem Kartenemittenten höhere Aufwendungen. Dann müsse auch das Vertragsunternehmen mehr bezahlen. Hinsichtlich des Kundenrisikos schlug er vor, dem Kunden gegen Entgelt eine Risikoentlastung anzubieten.

Rechtsanwalt *Probst* verwies darauf, daß ein Vertrag zugunsten Dritter zwischen Vertragsunternehmen und Kartenemittent die Offenlegung derartiger Verträge verlange. Dies sei aber schwierig. Rechtsanwalt *Eyles* schloß sich der kritischen Auffassung mit dem Hinweis auf das Mehrparteienverhältnis, wie von *Horn* dargelegt, an.

Vorsitzender Richter am BGH a.D. *Bundschuh*, Ombudsmann der privaten Banken, hinterfragte die These von *Grundmann* zum Problem, ob die Aufzählung der Gründe für die grobe Fahrlässigkeit in den Bedingungen der ec-Karten abschließend sei. Dann müsse man fragen, ob die Klausel nicht intransparent sei. Außerdem trat er den Ausführungen zum Anscheinsbeweis entgegen. Er habe es bedauert, daß das OLG Hamm die Revision nicht zugelassen habe.

Herr *Metz*, Verbraucherschutzverein Nordrhein-Westfalen, knüpfte daran an und verwies darauf, daß es eine Reihe ungeklärter Probleme mit der Verknüpfung PIN/Magnetstreifen bei der ec-Karte gebe. Im Ausland werde dies nicht mehr als zeitgemäß angesehen. Da die nicht aufklärbaren Fälle zu Lasten der Kunden gingen, sah er im Anscheinsbeweis eine verkappte Sphärentheorie.

Hopt schloß die Diskussion mit der Anmerkung, es sei nicht geklärt, welche rechtliche Relevanz Empfehlungen der EG-Kommission zukomme. Bei der Überweisungsrichtlinie plane die Bundesregierung erstmals eine Umsetzung einer Richtlinie mittels Artikelgesetz. Hierbei sei fraglich, welche Auswirkungen ein derartiges Gesetz auf den Inlandszahlungsverkehr oder den Zahlungsverkehr mit anderen Staaten habe.

Anschließend stellte *Lothar Wand*, Bundesverband deutscher Banken e.V., Köln, die noch in den Anfängen stehende „Zahlung mittels elektronischer Geldbörse (Geldkarte)“ vor.

Den letzten Vortrag in der ersten Abteilung hielt *Reinfrid Fischer*, stellvertretender Geschäftsführer und Chefsyndikus des Deutschen Sparkassen- und Giroverbandes (DSGV). Allerdings konnte *Fischer* wegen der fortgeschrittenen Zeit nur noch eines seiner vorbereiteten Themen vortragen. Er wählte ein hochaktuelles und geschäftspolitisch brisantes Thema, den Streit der Verbände und Institutsgruppen um die Preisvereinbarung für die institutsübergreifende Benutzung von Geldautomaten. Die Preisvereinbarung, wonach für institutsfremde Nutzer ein Entgelt von 1% des Ausgabebetrages, mindestens aber 4 DM anfielen, habe der DSGV gekündigt, um dem verschärften Wettbewerb durch die Direktbanken, die selbst keine Automaten betreiben, zu begegnen. *Fischer* meinte, daß der Kunde durch die Nutzung des Automaten eine Willenserklärung als Vertreter seiner Bank abgebe, mit der diese den neuen Preis akzeptiere. Mit diesem Entgelt könne die Bank ihren Kunden dann weiterbelasten. Dies blieb nicht unwidersprochen. So wies *Hadding* darauf hin, daß es fraglich sei, ob eine Vollmacht an den Kunden bestehe und diese auch dazu berechtige, den am Automaten ausgewiesenen Preis zu akzeptieren, zumal sich beide Seiten über den maximalen Preis ausdrücklich erklärt hätten.

III. Außergerichtliche Streitschlichtung im Bereich der Kreditwirtschaft (2. Abteilung)

Nach der Mittagspause begann die zweite Abteilung. Den Vorsitz übernahm *Stephan Steuer*, stellvertretender Hauptgeschäftsführer und Chefsyndikus des Bundesverbandes deutscher Banken und Mitbegründer des Ombudsmannsystems, zu dem *Bundschuh* als Referent geladen war. *Steuer* führte kurz in das Thema ein und verwies darauf, daß die EG-Kommission bereits seit 1986 ein Schlichtungsverfahren für die Kreditwirtschaft fordere. Mit dem Thema Streitschlichtung befasse sich auch der Deutsche Anwaltstag im September diesen Jahres. Die Ergänzung der ZPO (§ 15 a EGZPO) sei wohl gescheitert. Die Motive für die außergerichtliche Streitschlichtung seien nicht ganz klar. *Steuer* ließ offen, ob man der Justiz Mißtrauen entgegen bringe oder ob diese zu schnell oder zu langsam arbeite. Nach seiner Auffassung sei jedenfalls ein Bedarf vorhanden, Streitigkeiten mit kleineren Streitwerten im Vorfeld einer gerichtlichen Auseinandersetzung zu klären.

Die nachmittägliche Vortragsreihe zum Thema der zweiten Abteilung leitete Professor Dr. *Peter Schlosser*, Universität München, ein, der mit einem engagierten und unterhaltsamen Vortrag dafür sorgte, daß der Nachmittag mit einem Glanzpunkt der Veranstaltung begann. In seinem Vortrag führte er die Zuhörer durch die Rechtstatsachenwelt der organisierten außergerichtlichen Streitschlichtung innerhalb und außerhalb Deutschlands. In Deutschland seien erste Ansätze erkennbar.

Die Aufgabe, über „Erfahrungen als Ombudsmann" zu berichten, übernahm *Karl Dietrich Bundschuh*, Vorsitzender Richter am Bundesgerichtshof a.D., Karlsruhe. Gestützt auf seine reiche Erfahrung als Mitglied des früher für Bankrecht mitzuständigen II. Zivilsenats sowie des XI. Zivilsenats wirkt er nun seit geraumer Zeit in diesem Amt.

Den Abschluß dieses Themenkomplexes bildeten die Ausführungen von Professor Dr. *Achim Krämer*, Rechtsanwalt beim Bundesgerichtshof, Karlsruhe, über „Streitschlichtung in der Revisionsinstanz".

Steuer leitete die Diskussion ein und übergab das Wort zunächst an Herrn *Rainer Metz*, Verbraucherschutzverein Nordrhein-Westfalen. Dieser verwies noch einmal darauf, daß es durchaus möglich gewesen wäre, sich mit dem Verband auf ein einheitliches Ombudsmannverfahren zu einigen. Dies hätte Kritik im Vorfeld erspart. *Metz* bezweifelte, ob die Streitschlichtung zu einer Verringerung der Gerichtsverfahren führe. Allenfalls hätte sie eine ergänzende Funktion. Dies zeige auch das Ombudsmannverfahren. Im übrigen solle ein einheitliches Verfahren entworfen werden, an dem auch die Verbraucher mitbestimmen könnten.

Rechtsanwalt beim BGH *Raeschke-Kessler* verwies darauf, daß das vorgerichtliche Streitverfahren in den USA (due process) ein aktives Teilnahmerecht und eine Teilnahmepflicht erfordere, weil andernfalls die Partei ihre Rechte verliere.

Rechtsanwalt *Horst* aus München stellte die von ihm gegründete Gesellschaft für Wirtschaftsmediation und Management vor und verwies dazu auf einen Kongreß im Oktober in München. Er widersprach im übrigen *Metz* in seiner Beurteilung, die Mediation könne nicht zur Entlastung der Gerichte beitragen. In Florida habe dies zu einer Verringerung um 50% geführt. Für die außergerichtliche Streitschlichtung seien die ec-Fälle außerdem gut geeignet.

Bundschuh sagte, es sei nicht zulässig, die Entscheidungen des Ombudsmannes zu veröffentlichen. Dies bringe auch nichts, weil der Sachverhalt nicht in der Entscheidung enthalten sei.

Horn wies darauf hin, daß die außergerichtliche Streitschlichtung eine Rückkopplung auf das Verhalten der Wirtschaft habe, ebenso wie dies beim Haftungsrecht der Fall sei. Um eine Imageverbesserung in der Öffentlichkeit zu erlangen, seien die Unternehmen an der außergerichtlichen Streitschlichtung interessiert. Im übrigen widersprach er der Auffassung, dieses Thema sei nur für kleine Streitfälle geeignet. Gerade große Fälle mit hohem Streitwert eigneten sich gut dafür. Er verwies in diesem Zusammenhang auf die internationalen Umschuldungsverhandlungen. Im übrigen hielt er es durchaus für wünschenswert, noch vor einer Gerichtsentscheidung die gütliche Einigung zu suchen. Viele Parteien seien erst dann überhaupt vergleichsbereit, wenn vor Gericht eine Niederlage drohe. Solche Verhandlungen (in the shadow of the court) hätten die höchsten Erfolgsquoten.

Steuer dankte allen Referenten und Diskussionsteilnehmern. Er könne auf einen erfolgreichen Bankrechtstag zurückblicken, der wieder aktuelle und wichtige Themen behandelt habe. Den Teilnehmern wünschte er eine gute Heimreise und ein Wiedersehen auf dem nächsten Bankrechtstag.

IV. Schlußbemerkung

Der Bankrechtstag 1998 bot seinen Teilnehmern die Gelegenheit, aktuelle Fragen zweier unterschiedlicher Themen in einem hochkarätig besetzten Referenten- und Teilnehmerkreis zu erörtern. Für die Diskussionen hätte man gerne noch mehr Zeit gehabt. Ohne die Leistung der Referenten zu den Rechtsfragen des kartengesteuerten Zahlungsverkehrs schmälern zu wollen, war vor allem die Abteilung „Außergerichtliche Streitschlichtung" in besonderem Maße gewinnbringend. So kompetent ist zu diesem, noch in den Anfängen befindlichen Thema wohl noch nicht vorgetragen worden. Angesichts der permanent hohen Teilnehmerzahl bleibt zu hoffen, daß der Bankrechtstag auch weiterhin selbst zur „Streitschlichtung" in der engagierten Diskussion bankrechtlicher Probleme beiträgt.

Stichwortverzeichnis

Kolibri 360 GmbH
Ferdinand-Jühlke-Straße 7
99095 Erfurt, Deutschland
produktsicherheit@kolibri360.de